U0616259

趋向动词演变举要

Quxiang Dongci Yanbian Juyao

获得湖南省教育厅科研项目(11C1005)经费资助

刘芳 著

西南交通大学出版社

图书在版编目（ＣＩＰ）数据

趋向动词演变举要 / 刘芳著. —成都：西南交通
大学出版社，2015.12
ISBN 978-7-5643-4439-9

Ⅰ. ①趋… Ⅱ. ①刘… Ⅲ. ①汉语 – 动词 – 研究
Ⅳ. ①H146.2

中国版本图书馆 CIP 数据核字（2015）第 299824 号

趋向动词演变举要	刘 芳 著	责任编辑 罗小红
		特邀编辑 郭鸿玲
		封面设计 米迦平面设计工作室

印张 13.75 字数 247千	出版 发行 西南交通大学出版社
成品尺寸 165 mm×230 mm	网址 http://www.xnjdcbs.com
版本 2015年12月第1版	地址 四川省成都市金牛区交大路146号
印次 2015年12月第1次	邮政编码 610031
印刷 成都蓉军广告印务有限责任公司	发行部电话 028-87600564 028-87600533

书号：ISBN 978-7-5643-4439-9 定价：45.00元

图书如有印装质量问题 本社负责退换
版权所有 盗版必究 举报电话：028-87600562

前　言

这本小书是在我的博士毕业论文《几组趋向动词演变研究》的基础上修改完成的。以趋向动词的演变为研究方向不仅是因为我一直对汉语趋向动词问题比较感兴趣，更重要的是因为导师王云路先生的肯定。我至今仍然清晰地记得，博一的第二学期快期末时，我拿着自己写的一篇小文《上去的"语法化"》向王老师求教，王老师肯定了小文语料的翔实，并指出可以以此类问题作为博士论文的研究课题。于是我便一头扎进古代文献中去找寻趋向动词中"起、起来、起去"组、"出、出来、出去"组、"往、至、到"组的历时演变踪迹。

汉语趋向动词是汉语中比较有特色的一类词，对趋向动词的研究自20世纪20年代始至今已延续近百年，前辈学者时贤对趋向动词问题进行了富有价值的研究，并取得了不少成果。但毋庸讳言，趋向动词的研究还存在许多欠缺，尤其是对某一类型词语或结构作穷尽式的考察并不多见，从历时角度全面梳理趋向动词发展演变脉络的工作还远远没有完成，而这种考察应该是语言历时演变研究中不可或缺的一环。

本书主要选取了"起、起来、起去"组、"出、出来、出去"组、"往、至、到"组动词进行考察。之所以选择这三组趋向动词，是因为它们在历时演变中既有共性，又有个性。这些趋向动词在汉语史上究竟是怎样一步步地发展成今天的样子的？有哪些因素导致或阻止了它们的发展？在历时发展过程中，句法和语义之间是怎样相互制约和相互影响的？这些都是本书关注的问题。

当轻轻地在键盘上敲下最后一个句号，当这本小书终将付梓之际，往事如电影般一幕幕在脑海闪现，各种滋味一齐涌上心头。而当一切都将成记忆的时候，心中永存的是难以言说的感谢。

首先我要感谢的是业师王云路老师。王老师学识渊博，治学严谨，却丝毫没有大学者的架子，每次怀着惴惴的心情向老师请教，老师总是耐心地解答、指导，并对学生多予鼓励、提携。从选题到写作定稿，小至字词、标点符号，大到文章结构、框架，老师都一一审定。最让学生感到不安的是这一切都是老师拖着多病的身体在繁重的工作中挤出时间完成的，而学生资质驽钝，对于老师的指导并不能完全领会，以致文章存在许多的缺憾，深感有负于老师的教导和栽培。

　　感谢林玉山老师对我的关心和培养。林老师在繁重的工作之余，为我的专业学习和文章写作提供了极大的帮助。在本书的写作过程中，林老师对选题和结构安排进行了仔细的推敲和细心的指导。

　　感谢福建师范大学汉语言文字学导师组马重奇老师、陈泽平老师、林志强老师、刘永耕老师为我们讲授各门专业课，进一步开阔了我们的研究视野。

　　感谢方一新老师在选题、写作方面给予的指导。

　　感谢浙大博士后杜轶对本书写作的指导，她诚恳的、有见地的意见让我获益匪浅。

　　感谢我曾经工作和生活过 20 多年的怀化学院，你让我深切地体会到了集体的温暖。感谢我现在的工作单位长沙师范学院，你为我提供了前行的动力！

　　感谢湖南省教育厅课题 11C1005 的经费资助。

　　我还要感谢我的同窗好友们，无论学习、生活上，我们都相互扶持，相互关心，让彼此的心中时常充满兄弟姐妹的温情。三年的博士求学生涯永远都是我温馨的回忆。

　　最后，我要感谢我的家人，是父母的无私奉献、爱人的默默支持、儿子的乖巧懂事使我有勇气和可能走上这条艰辛的探索之路。

刘　芳

2015 年 7 月于长沙

目　录

绪　论

一、趋向动词的性质、范围及分类

（一）趋向动词的性质

趋向动词是汉语中比较特殊的一类动词。它的数量较小，而且基本上两两相对，如"进、出""上、下""来、去""进来、出去"等。同时，趋向动词的句法功能和语义类别又灵活多样，如趋向动词可以充当谓语，也可以充当补语，还可以充当定语等，语义上可以表示实在的位移，也可以表示抽象的位移，还可以表示更加虚化的时体意义等。对于趋向动词的研究，汉语学界早在 20 世纪 20 年代就已经开始。但到目前为止，学术界对于趋向动词性质的界定一直比较模糊，以致对趋向动词的范围及分类也是众说纷纭，各执一词。学界对趋向动词性质的界定主要有以下几种说法：

1. 认为趋向动词是表示动作的趋向等含有一定词汇意义的词

黎锦熙、太田辰夫、吕叔湘、陆志韦、张志公等持这类观点。

1）"助动词"说

黎锦熙《新著国语文法》（1924）把表示实在意义的趋向动词归为"内动词"，把动词前的趋向动词"来、去"归为"前附的助动词"，把动词后的趋向动词"来着、来、去、起来、下去"归为"后附的助动词"。太田辰夫《中国语历史文法》（1958）把趋向动词归为"后助动词"，认为"这是表示动作的方向，或者进一步虚化而表示单纯的趋向的"。

2）"副词"说

吕叔湘《中国文法要略》（1942）把表示动态的和表示动向的趋向动词合称为"动态、动向限制词"（限制词即副词）。陆志韦《北京话单音词词汇》（1956）则将附加在动词后面"表示变化的方向"的"下、上、来、去"等词称为"后附的副词"。

3）"趋向动词"说

张志公主编的《暂拟汉语教学语法系统》（1956）把它们作为动词的附类，称作趋向动词。丁声树等《现代汉语语法讲话》（1961）认为趋向动词是"表示趋向的动词，可以单用，也可以作趋向补语用"。这两种观点在 20 世纪影响深远，为大多数人所接受。

2. 把趋向动词看成表示某种附加的语法意义的词

俞敏、房玉清、宋再前等持这一观点。

1）"词尾"说

陆宗达、俞敏《现代汉语语法》（上）（1954）认为趋向动词符合词尾的四个条件，应该归为词尾。

2）"助词"说

房玉清《从外国学生的病句看现代汉语的动态范畴》（1980）认为趋向动词符合"轻读、粘附"两大特征，应看成动态助词，徐静茜《"趋向动词"应归属何种词类？》（1982）也持类似观点。宋再前《现代汉语情态初探——兼谈"趋向动词"的范围问题》（1981）把"来、去"看作表示动向态的情态助词。

3. 多重说：认为趋向动词可以表达不同的意义，具有不同的性质

王力、赵元任、李临定、陈昌来等持多重说。

王力《中国现代语法》（1985）区别了趋向动词的趋向用法、引申用法和情貌标志。赵元任《汉语口语语法》（1979）提出：趋向补语"来、去"有相当"实"的意义；把"起来"看作有多重的词类。刘月华《趋向补语通释》（1989）把趋向补语的意义分为三类：趋向意义、结果意义、状态意义。陈昌来《动后趋向动词性质研究述评》（1994）、《论动后趋向动词的性质——兼谈趋向动词研究的方法》（1994），卢英顺《论趋向动词问题》（2001）等文章都对趋向动词的性质进行了细致的分析和研究，基本倾向于多重说。

我们认为，趋向动词概念的确立，主要是由于这一类动词在语义上有比较明显的特征，即可以表示动作的"趋向"；同时在语法上也有跟一般动词不一样的地方，既可以像一般动作行为动词一样充当谓语，又可以附在动词后充当补语。从趋向动词命名之初，我们可以看到，它主要是从语义的角度来确立的，但语义本身是一个比较抽象、模糊且包容性比较大的概念，因此我们不应该把"趋向"一词理解得过于实在，动作方向性的位移是趋向，空间上的方向是趋向，事物的发展、变化（如从无到有、从隐蔽到显现），状态的开始、持续等也可以看作是趋向。而这种种"趋向"意义实际上正好折射出了趋向动词从空间领域到时间领域的语义转变轨迹，涵盖了趋向动词由实到虚的用法：单独使用充当谓语动词——充当补语的趋向动词（一体标记），这种共时的差异正是历时演变不同层次的反映。尽管趋向动词的趋向可以作多种理解，但其各种意义、用法之间存在着明显的历时演变关系，所以，我们还是基本倾向于采用多重说，把趋向动词看作是能够表达各种趋向意义（包括实在的趋向意义、虚化的趋向意义）的动词。

（二）趋向动词的范围及分类

由于学界历来对趋向动词性质的认识有分歧，因此对趋向动词的范围及分类也是在保持大体一致的情况下，有一定的差别：一般都将趋向动词分为主观趋向动词（以下 I 类）、客观趋向动词（以下 II 类）、复合趋向动词（以下 III 类）三类，但对于客观趋向动词、复合趋向动词所包含的具体范围则各家有所不同。我们首先列举一些比较有影响的说法。

赵元任《汉语口语语法》（1979）列出四类，除去第四类，共 26 个：

I.　来、去

II.　上、下、进、出、回、过、起、开、拢

III. 上来、下来、进来、出来、回来、过来、起来、开来、拢来、
　　　上去、下去、进去、出去、回去、过去　　──　　──　　──

吕叔湘主编的《现代汉语八百词》（1980）共列出 27 个：

I.　来、去

II.　上、下、进、出、回、过、起、开、到

III. 上来、下来、进来、出来、回来、过来、起来、开来、到（来*）、
　　　上去、下去、进去、出去、回去、过去、　──　　──　　到（去*）

朱德熙《语法讲义》（1983）共列出 24 个：

I.　来、去

II.　上、下、进、出、回、过、起、开

III. 上来、下来、进来、出来、回来、过来、起来、开来、
　　　上去、下去、进去、出去、回去、过去、　──　　──

刘月华《趋向补语通释》（1998）共列出 28 个：

I.　来、去

II.　上、下、进、出、回、过、起、开、到

III. 上来、下来、进来、出来、回来、过来、起来、开来、到…来、
　　　上去、下去、进去、出去、回去、过去、　──　　开去、到…去

通过比较我们发现：各家的分歧主要集中在对"拢、到"和"起去、开去、拢来、拢去、到来、到去"的认同上。我们认为趋向动词概念的确立主要是以语义为基础的，趋向动词的语义中应该包含"位移""方向"。因此，可以确定"来、去、上、下、进、出、起、过、回"是比较典型的趋向动词，"到"则因为表示人或物体到达了终点，而使人觉得其语义中并不包含位移和方向，实际上，"到"还是能够表达位移和方向的，王国栓（2005）曾指出："'到'不是不表示起点和续段，而表示已经离开了起点，路程也走完了，这个位移已经完成了。"[①]因此我们比较倾向于刘月华关于现代汉语趋向动词范围、类型的说法，但认为"起去"仍是趋向动词。同时，要说明的是，趋向动词是一个历时的范畴，不同时期，趋向动词的范围会有所不同，我们研究趋向动词的历时演变，会涉及不同时期的趋向动词，因此我们所说的趋向动词的范围会比现代汉语的趋向动词更广一些。

二、趋向动词演变研究现状综述

（一）关于动趋式产生时代的研究

趋向动词产生的时间很早，甲骨文中就已经见到。趋向动词在后来又发展出了作趋向补语的用法，这是汉语发展史中的一件大事。学界对趋向动词的历时演变研究，主要集中在动趋式产生时间的研究，归纳起来，主要有五种代表性观点。

1. 先秦说

尹玉、周迟明、杨建国、潘允中等人持这一观点。

尹玉（1957）认为："早在先秦时代，汉语中已出现了趋向补语，但从汉代开始，趋向补语才被广泛运用，在汉后的诗词中，趋向补语更为常见。宋代出现了复合趋向补语。"[②]杨建国（1959）认为："早在先秦时代，单纯趋向式就已出现，却十分少见，汉代，动趋式日渐盛行。"[③]潘允中（1980）认为先秦后期就有了"动+单趋补""动+单趋补+宾"这两种动趋式。持先秦说者主要以语义为判定的标准，只要动词后的趋向动词可以表示前一动词的趋向，就认为这一

---

① 王国栓：《趋向问题研究》，华夏出版社2005年版，第18页。
② 尹玉：《趋向补语的起源》，载《中国语文》1957年第9期，第14页。
③ 杨建国：《补语式发展试探》，载《语法论集》第3集，中华书局1959年版。

结构是动趋式。

2. 汉代说

王力（1980）认为使成式产生于汉代，逐渐扩展于南北朝，普遍应用于唐代。祝敏彻（1958）、魏丽君（1996）等也主张汉代说。

3. 魏晋南北朝说

魏晋南北朝说以孙锡信（1992）为代表，他明确提出了判断动趋式的三个重要标准：

① 趋向动词的词义有一定程度的虚化。

② 趋向动词不表示主语的行为，因而不能与前面的动词共戴同一主语。

③ 如果"动词+趋向动词"带有宾语，应该是"动+趋动"整个格式支配宾语，不是单个动词支配宾语而趋向动词却另与主语关联。

4. 唐代说

太田辰夫（1958）主张唐代说。他认为趋向后助动词（即我们所说的趋向动词）是等立复合动词的后一部分虚化而成的。他认为"使成式复合词产生于唐代，趋向补语与使成式复合词有很深的关系，因此，趋向补语也产生于唐代"。

5. 不同类型的动补（含动趋）结构产生于不同时代说

蒋绍愚（1994）说："动补结构产生于什么时代？这个问题不能用一句话来回答，因为动补结构还可以分几类，各类产生的时代并不相同。"[①]吴福祥（1999）表达了类似的看法，石毓智（2004）、梁银峰（2005）也都认为不同类型的动补结构产生的来源和时代各不相同。不过，吴福祥、石毓智、梁银峰对于各类动补结构产生的看法并不完全相同。吴福祥将句法结构和语义关系结合起来，将动补结构分成指动补语、指受补语和指施补语三种类型，分别探讨其来源。他认为："指动补语产生最早（东汉），主要来源于连动式'Vt$_1$+Vt$_2$+O'中'Vt$_2$'的自动词化。指受补语的产生时间次之（南北朝），主要来源于'Vt+Vi-t+O'中'Vi-t'使动用法的消失。指施补语出现最晚（宋代），主要来源于'[Vt+Vi]+[O]'的结构变化以及'VCO'中'C'位置上自动词的代入及替换。"（V指动词，C指补语，O指宾语，Vt指自动词，Vi指他动词，Vi-t指通过使动用法变成使动词的他动词。笔者注）[②]石毓智认为："总的来说，动补结构的语法化过程是在 V

---

① 蒋绍愚：《近代汉语研究概况》，北京大学出版社1994年版，第182页。

② 吴福祥：《试论现代汉语动补结构的来源》，载《语法化与汉语历史语法研究》，安徽教育出版社2006年版，第178-204页。

和 C 紧密相邻的句法环境中，经过长期的使用而完成的。C 与 O 的关系不同，C 与 V 的具体语法化途径也不一样。"他把动补结构按 C 与 O 的关系分为两种大的类型：C 与 O 具有行为—受事关系的动补结构和 C 与 O 没有行为—受事关系的动补结构，在此基础上分别讨论其语法化的过程。[①]梁银峰则从语用的角度对古代汉语有趋向动词的非常规句式进行考察，揭示趋向补语的产生动因与演变机制。他指出："东汉魏晋南北朝时期产生了三种句法格式：在'NP+V+Vd'格式中，名词短语（施事主语）后置形成'V+Vd +NP'格式；在'V+Vd+LP'格式中，LP（处所宾语）前置形成'V+ LP +Vd'；在'NP₁+Vt+NP₂+来/去'格式中，NP₂（受事宾语）前置形成'NP₂+NP₁+Vt +来/去'格式。这三种名词性成分的句法位置改变以后，导致两个动词的结构发生重新分析，促使它们由两个独立的句法单位向一个句法单位——动趋式转化。结构上的重新分析最终带来了表层形式的变化，受事主语句'S(无生名词)+V+来/去''V+来/去+O(无生名词)'格式的产生，标志着趋向补语作为一种专门表示位移方向的语法范畴正式确立。"[②]（NP 指名词，Vd 指趋向动词，NP₁ 指第一个名词，这里指施事主语。笔者注）

前人对动补结构的研究成果良多，特别是近些年来吴福祥、石毓智、梁银峰等对汉语动补结构产生问题的探讨，为动补结构（包括动趋结构）的发展及其动因勾勒了一个大致的轮廓，把对动补结构的研究大大地推进了一步。但由于汉语的趋向补语是一个非常复杂的结构，内部各个小类的发展历程和发展动因有可能是不完全相同的，具体到每一个趋向动词，它由趋向连动结构中充当等立的谓语成分发展到在动趋式中作补语成分，是有其特殊性的。特别是，趋向动词内部各小类之间在意义和用法上有很大的不同，在虚化的程度上也各不相同。因此，要说明动趋式的语法化过程，既不能以动补结构的整体演变来代替，也不应仅以其中的一类（如主观位移趋向动词"来/去"）来概括整个趋向补语的发展演变，而应该全面地考察内部各类动趋式的发展历程。

（二）关于趋向动词历时演变的研究

邢福义在 20 世纪 80 年代提出"大小三角"理论，倡导语言研究要从"古-普-方"三角进行，"表-里-值"三角论证。蒋绍愚也曾指出："对某种语法现象的共时的研究（专书和某一时期的研究）是研究的基础，对于研究基础比较薄弱的近代汉语来说尤其如此。但共时的研究必须和历时的研究结合起来，才能

---

① 石毓智、李讷：《汉语语法化的历程》，北京大学出版社 2004 年版，第 54-79 页。
② 梁银峰：《汉语趋向动词的语法化》，学林出版社 2007 年版，第 40-69 页。

看清楚这一语法现象的来龙去脉，也才能加深对这一共时平面上的语法现象的理解。"①当代语法化理论更是强调共时的变异是历时演变的结果，提倡将共时和历时结合起来研究。趋向动词的研究在 20 世纪 80 年代以后的一个重要的变化，就是有意识地将共时和历时结合起来进行研究。主要的成果有：梅祖麟《唐宋处置式的来源》（1990），宋绍年《汉语结果补语式的起源再探讨》（1994），吴福祥《试论现代汉语动补结构的来源》（1999），冯胜利《汉语动补结构来源的句法分析》（2002），邢福义《"起去"的普方古检视》（2002）、《"起去"的语法化与相关问题》（2003），王灿龙《"起去"的语法化未完成及其认知动因》（2003），石毓智、李讷《现代汉语语法系统的建立——动补结构的产生及其影响》（2003），李明《趋向动词"来/去"的用法及其语法化》（2004），王国栓《趋向问题研究》（2005），胡敕瑞《"去"之"往/至"义的产生及相关问题》（2006）、梁银峰《汉语趋向动词的语法化》（2007）、魏兆惠《上古汉语连动式研究》（2008）等。

（三）关于"出、出来、出去""起、起来、起去""往、至、到"的研究

前面我们概要介绍了与本书研究有关的趋向动词研究的情况。这里，我们再简要地介绍一下本书所涉及的几组趋向动词的研究现状。

1. 汉语（语法）史专著

在汉语（语法）史专著中有关动趋式或趋向动词的论述中，会提到"出"组、"起"组、"到""至"作趋向补语产生的时代。其中著名的有王力《汉语史稿》（1958）、太田辰夫《中国语历史文法》（1958）、潘允中《汉语语法史概要》（1982）、孙锡信《汉语历史语法要略》（1992）等。

2. 专书和专题研究

近二十年来，古汉语学界的专书和专题语法研究有了很大的发展，在专书研究中，多有关于动趋式的格式、语义等方面的讨论。有代表性的有吴福祥《敦煌变文 12 种语法研究》（2004）、李霞《〈金瓶梅词话〉中动词语法研究》（2007）、朴元基《〈水浒传〉述补结构研究》（2007）、刘子瑜《〈朱子语类〉述补结构研究》（2008）等。专题研究中，崔达送《中古汉语位移动词研究》（2006）主要以中古语料为考察对象，对"出""往"等趋向动词的入句情况作了比较细致的考察。王国栓《趋向问题研究》（2005）对包含"出"组、"起"组、"到、至"在内所有趋向动词的历时发展作了轮廓式的介绍，对相关格式的性质进行了理

---

① 蒋绍愚：《汉语词汇语法史论文集》，商务印书馆 2000 年版，第 335 页。

论上的探讨。梁银峰《汉语趋向动词的语法化》（2007）对汉语趋向补语结构的产生与演变、趋向补语产生的句法动因等问题进行了有益的探讨，认为"汉语的趋向补语结构产生于六朝至唐代，是由趋向连动结构发展而来的，导致趋向补语结构产生的演变机制是重新分析和类推，趋向补语的语义演变呈现出'趋向意义>结果意义>时体意义'的规律性路径，演变的机制主要是'隐喻'"。并从语用的角度对古汉语的趋向动词所在的非常规句式进行考察，揭示趋向补语的产生动因与演变机制，为研究趋向补语的历时演变提供了比较新的思路。魏兆惠《上古汉语连动式研究》（2008）讨论了周秦两汉时期趋向连动式向动趋式的发展过程。

3. 论文

相比之下，关于"出"组、"起"组及"往、至、到"的论文则数量庞大。主要有以下几方面的内容：

（1）关于动趋式产生

比较有代表性的有尹玉《趋向补语的起源》（1957）、杨建国《补语式发展试探》（1959）、潘允中《汉语动补结构的发展》（1980）、魏丽君《也谈动趋式的产生》（1996）等。

（2）趋向动词及相关成分的句法、语义、语用问题

现代汉语学界对趋向动词及动趋式的性质、语义、宾语位置、结构关系等各个方面进行了比较深入的研究。比较有代表性的成果有：林焘《现代汉语补足语里的轻音现象所反映出来的语法和语义问题》（1957），范继淹《动词和趋向性后置成分的结构分析》（1957），刘月华《关于趋向补语"来、去"的几个问题》（1980），陈信春《关于动词形容词充当的"补语"同宾语并见于动词之后的结构关系》（1981），陈永生《也谈动词后面的"到"》（1981），邵霭吉《关于"到"的用法的一点补充》（1981），杉村博文《试论趋向补语"下""下来""下去"的引申用法》（1983），张嘉宾《动补结构与其宾语之间的语义、语法关系》（1984），吴洁敏《谈谈非谓语动词"起来"》（1984），肖国政、邢福义《同一语义指向的"动/趋来"》（1984），黄华《"动（形）+到+……"的结构分析》（1984），李冠华《由"上、下、进、出"充当的趋向补语对处所宾语的语义制约》（1985），杨石泉《趋向补语及其引申意义》（1986），朱景松《补语意义的引申和虚化》（1987），刘月华《几组意义相关的趋向补语语义分析》（1988），喻遂生《重庆方言的"倒"和"起"》（1991），张伯江《动趋式里宾语位置的制约因素》（1991），房玉清《"起来"的分布和语义特征》（1992），居红《汉语趋

向动词及动趋短语的语义和语法特点》（1992），杨桦《试论"V 出"结构及其句式》（1992），张清源《成都话的"V 起来、V 起去"和"V 起 XY"》（1998），刘广和《说上₂、下₂……起来₂》（1999）、陆俭明《动词后趋向补语和宾语的位置问题》（2002），郭春贵《复合趋向补语与非处所宾语的位置问题补议》（2003），方小燕《广州话里的动态助词"到"》（2003），储泽祥《"V 往+O"的语义约束》（2005），杨德峰《"时间顺序原则"与"动词+复合趋向动词"带宾语形成的句式》（2005），高顺全《复合趋向补语引用用法的语义解释》（2005），马玉汴《趋向动词的认知分析》（2005），杨凯荣《论趋向补语和宾语的位置》（2006）等。

（3）趋向动词（及动趋式）的历时演变及语法化

对趋向动词的历时演变及语法化研究起步相对较晚，但近年来的成果也不少。代表性的有：武振玉《动·将·补句式的历史演变》（1991），唐韵《近代汉语的"述+宾+补"结构》（1991），刘子瑜《敦煌变文中的三种动补式》（1994），储泽祥等《近代汉语的"V 出+N 外"格式》（1999），邢福义《"起去"的普方古检视》（2002）、《有关"起去"的两点补说》（2002）、《"起去"的语法化与相关问题》（2003），王灿龙《"起去"的语法化未完成及其认知动因》（2004），唐正大《从独立动词到话题标记——"起来"语法化模式的理据性》（2005），全国斌《"到"的语法化过程》（2006），张谊生《"看起来"与"看上去"》（2006），刘光明《单音动词后"往"的语法化》（2006）等。这些论文对某种结构或某个趋向动词的历时演变进行了比较细致的描写，或对其语法化过程、语法化机制、认知动因等方面进行了深入的分析和探讨，为后人的研究打下了很好的基础。

尽管对趋向动词的研究已经持续了近百年，但通过梳理、分析，我们发现，对于趋向动词的研究还存在一些明显的不足，表现在对现代汉语趋向动词的研究比较多，对趋向动词历时演变过程的整体性考察还比较欠缺，特别是在历时演变过程中各个趋向动词所出现的句法环境、各个趋向动词在不同环境中的语义变化等还亟待深入考察。同时，"出"组、"起"组趋向动词在现代汉语中都存在不对称现象，这种现象是否历来如此？历时的发展情况如何？同一语义场中的一组词在历时演变中是怎样发生分化的？是什么因素影响和制约了它们的发展？这些都是值得关注的现象，但学界对这些问题的探讨还没有深入进行。因此，我们希望在对趋向动词进行语义分类的基础上，对同类趋向动词的历时演变过程分别进行细致的描写，并加以分析和比较，力图能从历时演变的角度对上述问题进行探讨，丰富趋向动词历时研究的成果。

三、本书关于动趋式的判断标准及趋向补语的分类

（一）关于动趋式的判断标准

前面我们列举了前贤时修对于动趋式产生时间的种种观点，之所以对动趋式的产生时间有如此大的分歧，根本原因在于各家对动趋式的判断标准不同。我们认为孙锡信从意义和形式上明确地提出了判断标准，有比较强的操作性。但觉得第二个标准过于严格，因为趋向补语不仅有指向动词中心语的，也有指向主语的，如"他站起来"不仅指"他站"，而且指"他起来"，而第二条标准就把指向施事（主语）的趋向补语都排除在外了。同时我们认为还应该补充一个形式上的标准：趋向动词之前不应再有表示并列或转折关系的连词"而"或其他修饰性副词。因为"而"显示了前面的动词和趋向动词并列或转折的关系，修饰性的副词则常常位于主要动词之前，这些词语的出现会凸显趋向动词的动词性。

因此，我们认为，动趋式的判断标准是第一，趋向动词的词义有一定程度的虚化；第二，如果"动词+趋向动词"带有宾语，应该是"动+趋动"整个格式支配宾语，不是单个动词支配宾语而趋向动词另与主语关联；第三，趋向动词之前不应再有表示并列或转折关系的连词"而"或其他修饰性副词。

（二）关于趋向补语的分类

关于趋向补语的分类，可以按照不同的标准进行。我们主要是按照语义对趋向补语进行分类。刘月华《趋向补语通释》（1998）对现代汉语中的趋向补语进行了语义分类，将趋向补语分为趋向义、结果义、状态义三类，我们采用的就是刘月华的分类标准。对各类趋向补语的界定，我们借鉴刘月华的研究，归纳了几条标准：第一，趋向补语本身的意义：趋向义是方向意义，表示"人或物体通过动作移动的方向"；结果义表示"动作有结果或达到了目的"；状态义表示"动作或状态在时间上的展开、延伸等"。这是最主要的标准。第二，处所词：趋向义趋向补语一般可以带上处所宾语，结果义、状态义趋向补语不能带。第三，与趋向补语共现的述语类型：趋向义趋向补语一般与位移动词共现，不能与非位移动词共现（比喻用法除外）；结果义趋向补语可以与位移动词、非位移动词共现；状态义趋向补语主要与非位移动词共现，也可以与位移动词共现，还可以出现形容词作述语。

四、本书研究的主要问题

本书主要考察趋向动词的历时演变问题。本书选取了三组有代表性的趋向动词，详细地描写其历时演变过程，主要通过对趋向动词在各个历史时期所进入的句法格式、与趋向动词搭配的述语类型、宾语类型的考察，观察其发展演变的轨迹，并与同组趋向动词进行比较，力图比较细致地考察趋向动词发展演变的过程、原因和制约因素。

本书选取了"起、起来、起去"组、"出、出来、出去"组、"往、至、到"组动词进行考察。之所以选择这三组趋向动词，是因为它们在历时演变中既有共性，又有特殊性。同为趋向动词，它们在发展过程中基本遵循从谓语到补语，从趋向义补语到结果义、状态义补语的演变路径，语义上基本是由表示具体空间位移向抽象位移演变，影响其演变的主要机制是泛化、隐喻、重新分析、类推等，这些是这三组趋向动词发展演变过程中体现出来的共性。同时，这三组趋向动词又各有特点："起"组动词本身是不及物动词，在汉语史上，发展出了作状态补语的用法，而其内部发展又很不均衡，导致"起去"是否是趋向动词还存在争议；"出"组本身是及物动词，又是现代汉语中使用频率很高的一组动词，而它们只发展到结果义趋向补语为止，并未发展成状态义趋向补语；"到"组在语义上与"去"属于同一语义场，但"到"组趋向动词在历时发展过程中并不是完全遵循一般趋向动词的发展轨迹的，有的甚至主要发展成了别的类型。这些趋向动词在汉语史上究竟是怎样一步步地发展成今天的样子的？有哪些因素导致或阻止了它们的发展？在历时发展过程中，句法和语义之间是怎样相互制约和相互影响的？这些都是值得关注的，而当前学界对这些问题的研究还不够深入。同时，学界对趋向动词"来、去、上、下"的研究比较深入，成果较多。由于时间精力、学识水平的限制，我们不能对整个趋向动词系统作详细的考察，只能选取其中比较有特色的、有代表性的几组来作尽可能细致的考察，以求达到窥斑见豹的效果。

五、本书研究的意义

趋向动词是汉语中比较特殊的一类词。它们作为一个整体，与其他词类相比，在语义、句法、语用上有其特殊性。在趋向动词的内部，它们又有类义、反义、单用、复合等种种关系，而且它们的演变途径也并不完全相同。这些，都便于我们从多种角度考察，在比较中发现其历时演变的共性和特殊性。

趋向动词的研究还存在许多欠缺，尤其是从历时角度全面梳理趋向动词发展演变脉络的工作还远远没有完成，需要我们继续努力系统描述趋向动词的变化过程。

当前对趋向动词历时演变研究的重点主要放在宏观理论问题的探讨和微观的个别词语或结构历时演变的考察上，但对某一类型的词语或结构作穷尽式的考察并不多见，而这种考察应该是历时演变研究中不可或缺的一环。因为宏观的理论需要实际语言事实的检验，这种语言事实不应该是个别的。把某种类型的词语或结构作为考察对象，通过内外比较，不仅考察同一类型词语或结构历时演变的共性，也可以清楚地看到其特殊性，从而比较全面、细致、深入地考察这种类型词语或结构的历时演变问题。

六、本书的研究方法

本书采取了共时和历时相结合、描写和解释相结合、定量分析和定性分析相结合的研究方法，同时采用了比较法、举例法、图表法、统计法等多种说明方式。具体的步骤：第一步，从先秦至清代的文献中各选取有代表性的一至二部作品作为主要语料，搜集整理所有含"出、出来、出去""起、起来、起去""往、到、至"的用例。第二步，描写各组趋向动词的历时演变过程，主要从句法格式、语义以及相关成分分析等几个方面尽可能详细地描写。第三步，分析各组趋向动词的演变过程，发现其中有意思的现象，试图运用三个平面理论、认知理论、语法化理论对相关问题进行探讨。

七、本书使用的符号和主要语料来源

为行文简便起见，本书使用了一些符号，现将符号及其意义列举如下：

S：主语。

O：宾语（如果宾语不止 1 个，则用 O_1、O_2 等分别表示）。

V：句中除趋向动词外的其他动词（如果其他动词不止 1 个，则用 V_1、V_2 等分别表示）。

Vt：及物动词。

Vi：不及物动词。

本书的主要语料来源：

《论语译注》，杨伯俊译注，北京：中华书局 1980 年版。

《春秋左传注》，杨伯俊编著，北京：中华书局 1990 年版。

《史记》，[汉] 司马迁，北京：中华书局 1982 年版。

《论衡》，[东汉] 王充，上海：上海人民出版社 1974 年版。

《搜神记》，[晋] 干宝，罗尉宣评注，长沙：湖南文艺出版社 1997 年版。

《世说新语译注》，张万起、刘尚慈译注，北京：中华书局 1998 年版。

《敦煌变文集》，王重民等编，北京：人民文学出版社 1957 年版。

《祖堂集》，[南唐] 静、筠禅僧，郑州：中州古籍出版社 2001 年版。

《景德传灯录》，禅文化研究所编集，福州：福州东禅寺 1990 年版。

《朱子语类》，[宋] 黎靖德编，王星贤校注，北京：中华书局 1986 年版。

《元曲选》，[明] 臧晋叔，北京：中华书局 1958 年版。

《西游记》，[明] 吴承恩，北京：人民文学出版社 1980 年版。

《红楼梦》，[清] 曹雪芹、高鹗，北京：人民文学出版社 1982 年版。

《骆驼祥子》，老舍，北京：人民文学出版社 2001 年版。

第一章 "出、出来、出去"的历时演变

第一节 "出"的历时演变

一、"出"的历时演变过程

"出"在古代汉语中，是个用法和意义比较多样的词，大致可以归为两大类：一类是非趋向动词，另一类是趋向动词。我们主要考察趋向动词"出"的历时演变，不讨论非趋向义的"出"，只在讨论涉及的时候作简要说明。

讨论分为两个大的部分：一是作谓语的"出"，二是作趋向补语的"出"。

（一）作谓语的"出"的历时演变过程

作谓语的"出"表示"由内向外移动"的意思。它的语义中包含动作行为、位移、方向、立足点等义素。单独作谓语的"出"和趋向义趋向补语"出"在语义上的主要区别在于：动作行为这一语义特征在"出"单独作谓语时是隐含在"出"的语义中的，而在"出"作趋向义趋向补语时，动作行为是通过具体的动作行为动词来体现的。例如：

① 田生劝泽急行，毋留。出关，太后果使人追止之，已出，即还。(《史记·荆燕世家》)

② 周文败，走出关，止次曹阳二三月。(《史记·陈涉世家》)

例①中的"出"实际就是例②中的"走出"。

作谓语的"出"主要能进入两类大的格式：一是单独作谓语，二是和其他动词构成连动式①一起作谓语。下面我们对汉语史上各时期作谓语的"出"能进入的句法格式分两大类作具体的描述。

---

① 我们所说的连动式是广义的，只要句中出现两个（或以上）动词性成分充当谓语的，都归入连动式，即包括通常所说的连动式和兼语式。除非特别的需要，我们会区分兼语式和连动式，一般情况下都归入连动式，下同。

1. 单独作谓语的"出"

从先秦到元明清时期，单独作谓语的"出"所进入的句法格式基本相同，主要有六种格式。

1）"出"不带宾语：（S +）（S 指主语，下同）出（S 有时会不出现，但可以补出）

这是《论语》中最常见的用法，在《论语》中有 12 例。例如：

① 子曰："参乎！吾道一以贯之。"曾子曰："唯。"子出，门人问曰："何谓也？"（《论语·里仁篇》）

② 子贡曰："诺，吾将问之。"入曰："伯夷、叔齐何人也？"曰："古之贤人也。"曰："怨乎？"曰："求仁而得仁，又何怨？"出，曰："夫子不为也。"（《论语·述而篇》）

以上例句中的 S 均为表人的名词，"出"的意义是表示实在的"由内向外移动"的趋向意义，没有出现引申意义的用法。

《左传》中的"S+出"格式有了一定的变化，请看：

③ 火出，于夏为三月，于商为四月，于周为五月。（《左传·昭公十七年》）

④ 明日，绞人争出，驱楚役徒于山中。（《左传·桓公十二年》）

⑤ 至则告守曰："不可待也。"夜与国人出。（《左传·闵公二年》）

与《论语》相比，《左传》中主要是 S 和"出"的意义发生了一定的变化：例③中的 S 是无生的事物名词，"出"的意义也就很自然地由表示人或动物等有生名词的由内而外的位移而引申为无生事物或现象的出现、产生。例④、例⑤中的 S 虽然是人，但"出"的意义已经发生了引申：由"由内而外移动"引申出"出动""逃出"等多种引申义。

汉代及以后，S 更是扩展到了抽象名词，"出"的意义也随之更为抽象：

⑥ 论说之出，犹弓矢之发也；论之应理，犹矢之中的。（《论衡·超奇篇》）

⑦ 使张程之说早出，则这许多说话自不用纷争。（《朱子语类·性理一》）

⑧ 须是细嚼教烂，则滋味自出，方始识得这个是甜是苦是甘是辛，始为知味。（《朱子语类·学四》）

"出"的本义是人或动物自身或通过动作由内向外移动，而在这个意义上使用的"出"如果出现 S 的话，一定是人或动物，这也是"S+出"格式中"出"和 S 最常见、最自然的搭配，《论语》中的"S+出"基本上是这种搭配。但当 S 为表人或动物的名词时，"出"就不一定是用本义了，"出"常常会隐含表示由内向外移动的方式等意义，这样"出"就引申为"逃出、赶出"等意义。同时，随着 S 类推为表示事物或抽象事理的名词,"出"的意义也发生了引申。

2)(S+)出+介词+O(O 指宾语,下同)

(1)先秦时期:

《论语》中有 2 例,其中介词 1 例是"于",1 例是"由"。"出"的意义用的是本义,O 表示"出"的处所[①],表示的是起点处所。

① 且尔言过矣,虎兕出于柙,龟玉毁于椟中,是谁之过与?(《论语·季氏篇》)

② 子曰:"谁能出不由户?何莫由斯道也?"(《论语·雍也篇》)

《左传》中,介词主要是"于",也有"自、在"等,"出"的意义除了本义外,也有"逃出、离开、出身"等引申义。O 表示"出"的处所,可以是处所名词,表示比较具体的处所,也可以是表人的名词,因为"人"要占据一定的空间,也可以看作是一种比较特殊的处所。O 可以是起点处所,也可以是终点处所。例如:

③ 赋《韩奕》之五章,穆姜出于房,再拜。(《左传·成公九年》)

④ 偃曰:"男女辨姓,今君出自丁,臣出自桓,不可。"(《左传·襄公二十五年》)

⑤ 臧贾、臧为出在铸。(《左传·襄公二十三年》)

例③、例④中的 O 表示起点处所,例⑤中的 O 表示终点处所。

(2)汉代:

介词主要是"于",《史记》中有少量用"自"等。"出"的意义有的是本义,有的是引申义。O 多为处所名词,但也有表人的名词和抽象名词。

⑥ 郑之出自厉王,而晋之出自武王。(《史记·晋世家》)

⑦ 十六年,肃侯游大陵,出于鹿门。(《史记·赵世家》)

⑧ 所说出于厚利者也,而说之以名高,则见无心而远事情,必不收矣。(《史记·老子韩非列传》)

⑨ 世谓童子为阳,故妖言出于小童。(《论衡·订鬼篇》)

例⑥的介词用"自",例⑦、例⑧、例⑨的介词用"于"。例⑦的 O 为处所名词,"出"的意义用的是本义;例⑥、例⑨的 O 为表人的名词,"出"的意义引申为"出身""发出"等;⑧的 O 为抽象的事物名词,"出"的意义为比较抽象的"产生"。

---

① 本书将趋向动词的宾语按惯例分为三类:处所宾语、施事宾语、受事宾语,为了保持行文的一致,表示方位和处所的词语都称为处所词,而不再区分方位词和处所词。同时,不再区分方位和处所,一律以处所指称。

（3）魏晋南北朝：

介词主要是"于"，《搜神记》中用"在"等。"出"的意义有的是本义，有的是引申义。O 多为处所名词，但也有表示原因、理由的动词性词语。

⑩ 汉平帝元始元年二月，朔方广牧女子赵春病死，既棺殓，积七日，出在棺外。（《搜神记》卷六）

⑪ 桓公问 桓子野："谢安石料万石必败，何以不谏？"子野答曰："故当出于难犯耳。"（《世说新语·方正》）

例⑩介词用"在"，O 表示终点处所，"出"的意义是本义。例⑪的介词是"于"，O 为表示原因的动词性词语，原因和结果是相对的一组概念，通常是先有原因，再有结果，这和空间域中的"起点—终点"这一组概念具有相似性，这样，通过隐喻，表示起点的词语就有可能表示原因，这就是"出"后能带表示原因的动词性词语在认知上的理据。

唐五代及以后在用法上没有多大的发展，在此举几例如下：

⑫ 莲花出在污泥中，烦恼变城果。（《敦煌变文集·佛说阿弥陀经讲经文（三）》）

⑬ 太子（半）出自于天时，太半兼归于地闰（润）。（《敦煌变文集·双恩记》）

⑭ 尔时迦叶说是偈已，世尊大悲，则现二足；千辐轮相出于棺外，回示迦叶。（《祖堂集》卷一）

⑮ 曰："稽首提婆师，而出于仁者。仁者无我故，我欲师仁者。"（《景德传灯录》卷二）

⑯ 答叔京"参乎""伯奇"之语："天命无妄；父母之命，有时而出于人欲之私。"（《朱子语类·张子之书一》）

⑰ 不知此时正是危急存亡之秋，万分出于无奈，虽是外有所答，其实内无所欲。（《西游记》第八十二回）

⑱ 如今且说袭人自幼见宝玉性格异常，其淘气憨顽自是出于众小儿之外，更有几件千奇百怪口不能言的毛病儿。（《红楼梦》第十九回）

总的来说，"（S+）出+介词+O"中的介词主要是"于"，《左传》及后代文献中出现了"自、在、由"等。"自、由"后所带的 O 表示起点处所，"在"后所带的 O 表示终点处所，"于"后所带的 O 在早期有表起点处所的，也有表终点处所的，不过后代基本上是表终点的处所了。"出"的意义可以是本义，也可以是引申义，这主要跟句中的 S 或 O 有关。当 S 为表示能自身移动的人或动物，且 O 为处所宾语时，"出"的意义是本义；当 S 为表示事物或事理的名词，或者 O 为受事或施事宾语时，"出"的意义就有可能发生引申。

3）（S＋）介词+O+出

（1）先秦：

《论语》中，介词均为"自"，O为表人的名词，"出"的意思是"发出、发布"。例如：

① 天下有道，则礼乐征伐自天子出；天下无道，则礼乐征伐自诸侯出。（《论语·季氏篇》）

《左传》中，介词有"自、从"等，O均为处所名词，"出"的意义为本义。

② 姜入于室，与崔子自侧户出。（《左传·襄公二十五年》）

③ 遂行，从近关出。（《左传·襄公二十六年》）

（2）汉代：

《史记》中，介词主要是"从"，也有少量"自、由"等，"O"为处所名词或表人的名词，"出"的意思可以是本义，也可以是引申义。

④ 舜既入深，瞽叟与象共下土实井，舜从匿空出，去。（《史记·五帝本纪》）

⑤ 三年，遂将五诸侯灭秦，分裂天下，而封王侯，政由羽出，号为"霸王"，位虽不终，近古以来未尝有也。（《史记·项羽本纪》）

例④中的S为表人的名词，O为处所名词，"出"用的是本义，例⑤中的S为表人的名词，O也为表人的名词，"出"引申为"发布"。

后代的引申意义越来越丰富。例如：

⑥ 逡巡，其女魂自墓出。（《搜神记》卷十五）

⑦ 支道林初从东出，住东安寺中。（《世说新语·文学》）

⑧ 三世诸佛，从此经生；最妙菩提，从此经出。（《敦煌变文集·降魔变文》）

⑨ 师有时把团子，向面前云："诸佛菩萨，及入理圣人，皆从这里出。"（《祖堂集》卷十九）

⑩ 时二虎自庵后而出。裴睹之惊悸。（《景德传灯录》卷八）

⑪ 许多事都从德上出。若无德而徒去事上理会，劳其心志，只是不服。（《朱子语类·论语五》）

⑫ 行者道："自古来，风从地起，云自山出。怎么得个天风？"说不了，又见一阵雾起。（《西游记》第八十五回）

总的来说，"（S＋）介词+O+出"格式，在《论语》中所用的介词是"自"，《左传》及后代文献中又出现了"从、由"等介词，但不管介词是什么，这类格式的O一律表示的是起点处所（包括具体的空间处所，也包括其他抽象的处所）。"出"的意义主要与S和O有关，当S为表人或动物的名词，且O为处所词时，"出"用的是本义，如例子⑥⑦⑩。当S为表事物或事理的名词，如例子⑨⑪⑫，

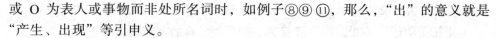

或 O 为表人或事物而非处所名词时，如例子⑧⑨⑪，那么，"出"的意义就是"产生、出现"等引申义。

4）（S+）出+O

（1）先秦：

《论语》中有 7 例，O 可以是处所宾语，也可以是受事宾语。

① 孺悲欲见孔子，孔子辞以疾。将命者出户，取瑟而歌，使之闻之。（《论语·阳货篇》）

② 曾子曰："君子思不出其位。"（《论语·宪问篇》）

③ 祭肉不出三日。出三日，不食之矣。（《论语·乡党篇》）

④ 君子所贵乎道者三：动容貌，斯远暴慢矣；正颜色，斯近信矣；出辞气，斯远鄙倍矣。（《论语·泰伯篇》）

⑤ 君子义以为质，礼以行之，孙以出之，信以成之。（《论语·卫灵公篇》）

《论语》中，"出+O"中的 O 为处所宾语时，可以表示具体的空间处所，如例①；也可以表示抽象的处所，如例②；还可以表示时间位置，如例③。"出"由表示具体的空间位置转变为表示抽象的空间位置，再到表示时间位置，其意义经历了一个明显的虚化过程，这种虚化是隐喻的结果。"户"、"位"（身份、地位）、"三日"三者之间具有相似性，可以由源域——具体的空间位置，投射到抽象的空间位置，再投射到时间域。Anderson & Lyons（1977）曾指出："语言中表示空间的词是最基本的，它们是派生其他词语的基础。派生是通过隐喻或引申从空间这个认知域转移到其他认知域，如时间域、目的域等等。"[1]当 O 为具体处所时，"出"用的是表趋向的本义，当 O 为抽象处所、时间词，或是受事宾语时，"出"一般用的是引申义。

《左传》的用法与《论语》的用法基本相同。例如：

⑥ 出雍门，陈豹与之车，弗受。（《左传·哀公十四年》）

⑦ 有星孛入于北斗，周内史叔服曰："不出七年，宋、齐、晋之君皆将死乱。"（《左传·文公十四年》）

⑧ 对曰："尤而效之，罪又甚焉，且出怨言，不食其食。"（《左传·僖公二十四年》）

（2）汉代：

《史记》中，O 出现了施事宾语，"出"用的是引申义。例如：

⑨ 通顿首，首尽出血，不解。（《史记·张丞相列传》）

---

① 转引自沈家煊《语法化研究综观》，载《外语教学与研究》1994 年第 4 期，第 18 页。

⑩ 夜之阴，北方之阴也；朝出日，入所举之火也。(《论衡·说日篇》)

《史记》中还有不少"出"带双宾语的用例，有的双宾语之间有"于"连接，有的没有：

⑪ 王使人疾持其头来；不然，吾举兵而伐赵，又不出王之弟于关。(《史记·范雎蔡泽列传》)

⑫ 陈平乃夜出女子二千人荥阳城东门。(《史记·陈丞相世家》)

⑬ 宾客不知文不肖，幸临文者三千余人，邑入不足以奉宾客，故出息钱于薛。(《史记·孟尝君列传》)

⑭ 留侯从上去代，出奇计马邑下。(《史记·留侯世家》)

这种格式中，一般一个 O 表人，一个 O 表处所，如例⑪、例⑫；但也有一个 O 表事物，一个 O 表处所的，如例⑬。

《史记》中还出现了：介词+O_1+出+O_2结构。

⑮ 自寻阳出枞阳，过彭蠡，祀其名山川。(《史记·孝武本纪》)

⑯ 项羽闻之，乃引兵去齐，从鲁出胡陵，至萧，与汉大战彭城灵壁东睢水上，大破汉军，多杀士卒，睢水为之不流。(《史记·高祖本纪》)

这种格式中的 O_2 均表示"出"的终点或经过处所。后来由于"出"表终点或经过处所的用法基本消失，这一格式也逐渐衰微。

（3）魏晋南北朝至宋元时期：

魏晋南北朝至宋元时期，"（S+）出+O"这一格式的用法没有什么变化：

⑰ 今年国家有大事，出三将军，分布征发。(《搜神记》卷五)

⑱ 须臾，举蜡烛火掷伯仁，伯仁笑曰："阿奴火攻，固出下策耳!"(《世说新语·雅量》)

⑲ 口中出火，鼻里生烟；行如奔电，骤似飞旋；扬眉瞬目，恐动四边。(《敦煌变文集·降魔变文》)

⑳ 因此天下出无眼狂人，却成无智。(《祖堂集》卷七)

㉑ 归广大之一乘，遂出玄义。(《景德传灯录》卷二七)

㉒ 如树，初间且先斫倒在这里，逐旋去皮，方始出细。(《朱子语类·大学二》)

（4）明清时期：

明清时期，"出"后带上了表示完成体的"了"：

㉓ 那大圣一闻得说他两个是人，止不住伤情凄惨，对唐僧道声："苦啊! 你那时节，出了长安，有刘伯钦送你上路。"(《西游记》第二十七回)

㉔ 子兴道："倒没有什么新闻，倒是老先生你贵同宗家，出了一件小小的异事。"(《红楼梦》第二回)

5）（S＋）否定词+出（＋O）

（1）先秦：

《论语》中未见，《左传》中有 14 例。否定词可以是"不、无、勿"等，"出"的意思是"由内向外移动、出动"等。例如：

① 求曰："若不可，则君无出。一子帅师，背城而战。"（《左传·哀公十一年》）

② 曰："弥年亡而有益，请自北门出。"众曰："勿出。"（《左传·哀公二十六年》）

（2）汉代至宋代基本沿用。

③ 吴兵乏粮，饥，数欲挑战，终不出。（《史记·绛侯周勃世家》）

④ 曰：夫景公亦曾梦见彗星，其时彗星不出，然而梦见之者，见彗星其实非。（《论衡·死伪篇》）

⑤ 智曰："其祸甚急。君速归，在狐嗥处捫心啼哭，令家人惊怪，大小毕出。一人不出，啼哭勿休。"（《搜神记》卷三）

⑥ 事定，诏未出，王珣问殷曰："陕西何故未有处分？"（《世说新语·识鉴》）

⑦ 受罪之人仍未出。（《敦煌变文集·大目乾连冥间救母变文》）

⑧ 又曰："天地之形，如人以两碗相合，贮水于内。以手常常掉开，则水在内不出；稍住手，则水漏矣。"（《朱子语类·理气上》）

（3）从先秦到宋元时期，单用作谓语的"出"的否定式以不带宾语为常，只有少量的带上了宾语。例如：

⑨ 祭肉不出三日。（《论语·乡党篇》）

⑩ 穷理，如性中有个仁义礼智，其发则为恻隐、羞恶、辞逊、是非。只是这四者，任是世间万事万物，皆不出此四者之内。（《朱子语类·学三》）

（4）元明清时期由于单用的"出"逐渐被"出来"取代，单用的否定式"出"已经基本上消失了。

6）可能式

主要有以下几种格式：

第一，"（否定词）得+出"格式，《论语》中未见，《左传》中见到有 1 例较早的用例。

① 我则取恶，能无咎乎？必死于此，弗得出矣。（《左传·襄公九年》）

"出"位于表能性的词语之后，"出"后不带宾语。汉代至宋沿用此类格式。元明清时期我们检索的文献中没有见到用例，说明这一格式在元明清时期已经基本不用或很少用。

第二，"出（+否定词）+得"格式，《史记》中见到较早的用例。

② 主父欲出不得，又不得食，探爵鷇而食之，三月余而饿死沙丘宫。(《史记·赵世家》)

这种格式中，"出"位于表能性的词语之前，"出"后不带 O。唐五代及宋沿用这种格式。元明清时期我们检索的文献中仅在《红楼梦》中见到 1 例，说明这一格式在元明清时期已经基本不用或很少用。

第三，"（否定词+）能/得+出+O"格式，《左传》中有 1 例较早的用例。

③ 绛不三月，不能出河，则我既济水矣。(《左传·定公十三年》)

"出"位于表能性的词语之后，"出"带上了宾语，汉代至宋代沿用这种格式。

要注意的是，有的"（否定词）+得+出+O"并不表示可能，而是表示完成，这主要是由于"得"的歧义造成的。例如：

④ 远公出得寺门，约行百步已来，忽然腾空而去，莫知所在。(《敦煌变文集·庐山远公话》)

⑤ 上堂示众曰："出得僧堂门，见五老峰。一生参学事毕。何用更到这里来。虽然如此，也劳上座一转，无事珍重。"(《景德传灯录》卷二五)

⑥ 井牧之法，次第是三十家方出得士十人，徒十人。(《朱子语类·孟子五》)

元明清时期我们检索的文献中没有见到用例，说明这一格式在元明清时期已经基本不用或很少用。

第四，"（否定词+）出+得+O"格式，唐五代时，见到较早的用例。

⑦ "本来发使交寻捉，兄且如何出得身？"(《敦煌变文集·捉季布变文》)

⑧ 自己事若不明，且从何处出得如许多妄想？(《祖堂集》卷七)

⑨ 僧问："如何出得三界。"(《景德传灯录》卷十五)

⑩ 今区区小儒，怎生出得他手？(《朱子语类·释氏》)

"出"位于表能性的词语之前，"出"带上了 O，这种格式在宋元明清的文献中一直沿用。

第五，"出+O（+否定词）+得"格式，《祖堂集》中见到较早用例，宋代沿用。但我们检索的元明清时期的文献没有见到用例。

⑪ 僧便问："未审出什摩不得？"(《祖堂集》卷十七)

⑫ 未审出个什么不得。(《景德传灯录》卷二六)

⑬ 表者，如父慈子孝，虽九夷八蛮，也出这道理不得。(《朱子语类·大学三》)

可能式在先秦就已经出现，在唐代开始发展出较多的格式，但元明清时期逐渐萎缩，这也许跟"出"较多地虚化为补语有关，因为可能式是表义比较实在的一种句式，随着"出"的逐步虚化，可能式也随之逐渐衰落。

上面，我们对单独作谓语的"出"在各时期出现的格式进行了比较细致的考察，下面我们看看各个时期中，几种格式的出现频率的变化。请看表1.1。

表 1.1　单独作谓语的"出"的几种格式的出现频率

语料	"出"单独作谓语的次数	S+出		（S+）出+介+O		（S+）介+O+出		（S+）出+O		否定式		可能式	
		次数	比例（%）	次数	比例（%）	次数	比例（%）	次数	比例（%）	次数	比例（%）	次数	比例（%）
论语	25	12	48	2	8	4	16	7	28	0	0	0	0
左传	202	95	47.03	19	9.41	10	4.95	63	31.19	14	6.93	1	0.49
史记	402	79	19.65	24	5.97	10	2.49	260	64.68	16	3.98	13	3.23
论衡	312	154	49.35	33	10.58	16	5.13	109	34.94	0	0	0	0
搜神	90	28	31.11	1	1.11	10	11.11	46	51.12	1	1.11	4	4.44
世说	83	34	40.96	3	3.61	6	7.23	34	40.96	3	3.61	3	3.61
敦煌	199	29	14.57	20	10.05	8	4.02	135	67.84	0	0	7	3.52
祖堂	113	18	15.94	3	2.65	14	12.39	67	59.29	3	2.65	8	7.08
景德	261	67	25.67	8	3.07	24	9.19	134	51.34	5	1.92	23	8.81
朱子	818	193	23.59	262	32.03	78	9.54	274	33.50	1	0.12	10	1.22
元曲	110	9	8.18	1	0.91	0	0	100	90.91	0	0	0	0
西游	290	14	4.83	5	1.72	4	1.38	261	90	0	0	6	2.07
红楼	122	13	10.66	13	10.66	0	0	92	75.40	0	0	4	3.28

说明：

《搜神》指《搜神记》，《世说》指《世说新语》，《敦煌》指《敦煌变文集》，《祖堂》指《祖堂集》，《景德》指《景德传灯录》，《朱子》指《朱子语类》，《元曲》指《元曲选》，《西游》指《西游记》，《红楼》指《红楼梦》。本书其他表格中均如此，以后不再说明。

从表1.1我们可以看出：

首先，总体来说，"出"用于肯定式的比例要远远高于否定式和可能式。

其次，"（S+）出"的出现频率在唐以前比较高，唐五代时期使用频率大幅降低，到元明清时期出现频率更低。

再次，"出+O"的出现频率在唐以后有比较大的增加，到元明清时期出现频率更高。

最后，"出"单独作谓语的否定式在元明清时期已经基本消失。

这说明，单独作谓语的"出"在唐以前是以不带宾语为主要格式的，而在唐以后特别是到了元明清时期以后，带宾语的格式占据了优势地位。

同时，单独作谓语的"出"在所有趋向动词"出"出现的比例上也发生了明显的变化，请看表1.2。

表 1.2　单独作谓语"出"的使用频率

语料	"出"出现的总次数	"出"单独作谓语次数	比例（%）
论语	27	25	92.60
左传	329	202	61.40
史记	744	402	54.03
论衡	468	312	66.66
搜神	186	90	48.39
世说	145	83	57.24
敦煌	351	199	56.70
祖堂	207	113	54.59
景德	531	261	49.15
朱子	1697	818	48.21
元曲	252	110	43.65
西游	1084	290	26.75
红楼	305	122	40

从表1.2可以看出，单独作谓语"出"的使用频率在《论语》中最高，《左传》中开始下降，特别是到明清以后，单独作谓语的"出"的频率更低，这主要是由于连动式和动趋式的发展以及"出来""出去"复合化造成的。（参见表1.8）

2. 和其他动词构成连动式一起作谓语的"出"

和其他动词构成连动式一起作谓语的"出"，可以用在连动式第一个动词位置上，也可以出现在连动式第二个动词的位置上。下面我们从这两方面的情况考察连动式中的"出"。

1）连动式第一个动词位置上的"出"

位于连动式第一个动词位置上的"出"，从先秦开始直至明清时期，所进入的语法格式都没有多少变化，主要是四种：

第一，"出（+状语）（+而）+V"（V表示动词，下同）格式，V主要是具体动作行为动词，"出"和V表示先后发生的两个动作。

先秦时期的"出"和V之间常常有"而"连接。例如：

① 公入而赋："大隧之中，其乐也融融！"姜出而赋："大隧之外，其乐也泄泄！"遂为母子如初。（《左传·隐公元年》）

汉代至魏晋，"而"或状语出现的情况逐渐减少。

② 楚使子虚使于齐，齐王悉发境内之士，备车骑之众，与使者出田（田：打猎，笔者注）。（《史记·司马相如列传》）

③ 醴泉、甘露，出而甘美也。（《论衡·讲瑞篇》）

④ 勤惊觉，闻失充，乃出寻索，忽睹所梦之道，遂往求之，果见充。（《搜神记》卷九）

⑤ 谢公在东山，朝命屡降而不动。后出为桓宣武司马，将发新亭，朝士咸出瞻送。（《世说新语·排调》）

V的类型更加丰富，出现了双音节动词，如例④、例⑤，还出现了形容词，如例③。

唐五代至元明清时期沿用这种格式。例如：

⑥ 朋母出看，心中惊怕："借问唤者，是谁使者？"（《敦煌变文集·韩朋赋》）

⑦ 师因天台山游时，初到紫凝，众僧一时出接。（《祖堂集》卷十二）

⑧ 师入宣州，陆大夫出迎接。（《景德传灯录》卷八）

⑨ 天王遂出迎迓，又见金星捧着旨意，即命焚香。（《西游记》第八十三回）

⑩ 贾琏宝玉等一齐出坐，先尽他姊妹坐了，然后在下方依次坐定。（《红楼梦》第七十五回）

第二，"出（+而）+V+O"格式，V主要为具体动作行为动词，O是V的宾语。

先秦时期，这种格式还比较少见。我们在《左传》中见到较早的用例。例如：

⑪ 叔孙指楹曰："虽恶是，其可去乎？"乃出见之。（《左传·昭公元年》）

汉代，随着连动式的整体发展，这种结构开始多起来。例如：

⑫ 范增起，出召项庄。（《史记·项羽本纪》）

⑬ 其兄自外至，曰："是貌貌之肉也。"出而吐之。（《论衡·刺孟篇》）

魏晋南北朝时期，V的范围进一步扩大，出现了双音节动词：

⑭ 至八月朝祭，送蛇穴口。蛇出吞啮之。（《搜神记》卷十九）

唐五代，基本沿用前代的用法。

宋代，《朱子语类》开始，这种格式逐渐衰退，特别是到了《红楼梦》，由于"出"主要用于连动式第二个动词位置上并发展成趋向补语，以及"出来""出去"的复合化，使得这种格式更加衰微，《红楼梦》中"出（+而）+V+O"中的V的范围大大缩小，基本上只与"至"搭配。例如：

⑮ 说毕，拉着贾瑞，仍熄了灯，出至院外。（《红楼梦》第十二回）

第三，"出+O（+而/以）+V"格式，这种格式，从先秦至明清时期都存在。格式中，V 为具体动作行为动词，O 是"出"的宾语，可以是处所宾语，也可以是受事宾语。跟单独作谓语的"出"一样，连动式第一个动词位置上的"出"的语义跟 S 和 O 的类型有关：当 S 为表人或动物的名词，且 O 为处所宾语时，"出"用的是"由内向外移动"的本义；当 S 为表事物或事理的名词，或 O 为非处所宾语时，"出"的意义就发生了引申。例如：

⑯ 宣子未出山而复。（《左传·宣公二年》）

⑰ 一身之神，在胸中为思虑，在胸外为兆数，犹人入户而坐，出门而行也。（《论衡·卜筮篇》）

⑱ 满城惊讶出门看，人闹马嘶（嘶）皆总归。（《敦煌变文集·双恩记》）

⑲ 询其邻人，云："他十数日必一出门外小亭上坐。"（《朱子语类·本朝四》）

⑳ 出城与老爷请安去了。（《红楼梦》第七回）

上引各例，S 均为人（有的没有出现，但可以补出），O 均为处所名词，"出"的意义均为本义。

㉑ 宋亦饥，请于平公，出公粟以贷。（《左传·襄公二十九年》）

㉒ 太尉出精兵追击，大破之。（《史记·绛侯周勃世家》）

㉓ 是夜三更中，梦二人乘船持箱，上泰床头，发箱，出簿书示曰："汝叔应死。"（《搜神记》卷十）

㉔ 上座举起手，翠岩五体投地礼拜，出声啼哭。（《祖堂集》卷十四）

㉕ 问："如何是佛。"师出舌示。（《景德传灯录》卷十二）

上引各例中，S 均为表人的名词，但 O 均为受事宾语，因此，"出"的词义发生了引申，例㉑的"出"义为"拿出"、例㉒为"派出"、例㉓为"取出"、例㉔为"发出"、例㉕为"伸出"。

第四，"出+O₁（+而/以）+V+O₂"格式，V 为动作行为动词，O₁、O₂ 分别是"出"和 V 的宾语，O₁ 可以是处所宾语，也可以是受事宾语。这种格式，先秦开始见到较早的用例，以后各期沿用。例如：

㉖ 我出师以围许，为将改立君者，而纾晋使，晋必归君。（《左传·成公九年》）

㉗ 项王迁杀义帝，汉王闻之，起蜀汉之兵击三秦，出关而责义帝之处，收天下之兵，立诸侯之后。（《史记·郦生陆贾列传》）

㉘元帝便欲施行，虑诸公不奉诏，于是先唤周侯、丞相入，然后欲出诏付习。(《世说新语·方正》)

㉙我出金买地，造其精舍，干公何事。(《敦煌变文集·祇园因由记》)

㉚天将降非常之祸于此世，必预出非常之人以拟之。(《朱子语类·理气上》)

㉛二人只得牵马挑担，收拾了斗篷锡杖，出松林寻找师父。(《西游记》第二十八回)

㉜那日已将入都时，却又闻得母舅王子腾升了九省统制，奉旨出都查边。(《红楼梦》第四回)

例㉗、例㉛、例㉜的"出"用的是本义，例㉖、例㉘、例㉙、例㉚的"出"分别引申为"派出""发布""拿出""产生"。

下面我们列表1.3具体看一下连动式第一个动词位置上的"出"出现频率的变化：

表1.3 连动式第一个动词位置上的"出"的出现频率

语料	"出"出现的总次数	连动式第一个动词上的"出"的次数	比例（%）
论语	27	1	3.70
左传	329	31	9.42
史记	744	153	20.56
论衡	468	104	22.22
搜神	186	47	25.27
世说	145	33	22.76
敦煌	351	44	12.54
祖堂	207	11	5.31
景德	531	90	16.95
朱子	1697	71	4.18
元曲	252	3	1.19
西游	1084	60	5.54
红楼	305	22	7.21

从表1.3可以看出，连动式第一个动词位置上的"出"经历了一个S形的发展：先秦时期，连动式第一个动词位置上"出"的出现频率很低，汉代至魏晋南北朝有大幅度的提高，但在唐以后又逐渐降低，到宋元至明清时期降得更低。虽然先秦跟宋元明清时期，连动式第一个动词位置上的"出"所出现的频率相近，但原因是不一样的，先秦时期的频率低，是由于连动式还没有大的发展，

而宋元明清时期，连动式第一个动词位置上"出"的出现频率低，是由于连动式中的"出"大多移至第二个动词位置上，并基本上发展成了趋向补语。而同时期"出来""出去"的排挤，也加剧了"出"作连动式中第一个动词用例的减少。（参见表1.8）

2）连动式第二个动词位置上的"出"

先秦至魏晋南北朝时期主要有以下几种格式：

第一，"V+而/以+出"格式：

① 祭仲杀雍纠，尸诸周氏之汪。公载以出。（《左传·桓公十五年》）

② 门开而入，枕公尸而哭，三踊而出。（《史记·齐太公世家》）

③ 昔文帝出，过霸陵桥，有一人行逢车驾，逃于桥下，以为文帝之车已过，疾走而出，惊乘舆马。（《论衡·难岁篇》）

④ 父涕泣而出。（《搜神记》卷四）

⑤ 帝于是惭悔而出。（《世说新语·方正》）

V是动作行为动词，主要表示"出"的方式或原因，"出"是句中的主要动词。

第二，"V+O（+而）+出"格式，O是V的宾语，不是"出"的宾语，V是动作行为动词，V和"出"表示先后发生的动作，或者V表示"出"的方式等。例如：

⑥ 费请先入，伏公而出，斗，死于门中。（《左传·庄公八年》）

⑦ 甲者，言万物剖符甲而出也；乙者，言万物生轧轧也。（《史记·律书》）

⑧ 夫蝉之生复育也，闇背而出。（《论衡·奇怪篇》）

⑨ 果乘赤鲤鱼出，来坐祠中。（《搜神记》卷一）

⑩ 孔君平诣其父，父不在，乃呼儿出。（《世说新语·言语》）

第三，"V（+而）+出+O"格式，V主要是动作行为动词，也有一部分是使令动词，O是出的宾语。当V和"出"表示先后发生的动作或是表示方式与动作的关系时，这种句式中常常有"而"来联系，如例⑪、例⑭；当V为使令动词时，则V和"出"直接连用，如例⑫、例⑬。

⑪ 君子不以绀緅饰，红紫不以为亵服。当暑，袗絺绤，必表而出之。（《论语·乡党篇》）

⑫ 召孟明、西乞、白乙，使出师于东门之外。（《左传·僖公三十二年》）

⑬ 示风以大言而实不与，令出怨言，谋畔逆，乃随而忧之，不亦远乎！（《史记·梁孝王世家》）

⑭ 乃拨灰中，举而出之，故向物也。（《搜神记·卷二》）

第四，"V+O₁（+而）+出+O₂"格式，V为动作行为动词；O₁、O₂分别是V和"出"的宾语。O₂可以是处所宾语，也可以是受事宾语。例如：

⑮狂狡辂郑人，郑人入于井，倒戟而出之，获狂狡。(《左传·宣公二年》)

⑯今汉王复兴兵而东，侵人之分，夺人之地，已破三秦，引兵出关，收诸侯之兵以东击楚，其意非尽吞天下者不休，其不知厌足如是甚也。(《史记·淮阴侯列传》)

⑰不知不神，则不能见体出言，以桮击人也。(《论衡·祀义篇》)

⑱令因大忿恨，责姥出蛇。(《搜神记》卷二十)

⑲顾勃然不堪曰："傲主人，非礼也；以贵骄人，非道也。失此二者，不足齿之伦耳!"便驱其左右出门。(《世说新语·简傲》)

第五，否定式"V+O（+而）+否定词+出":

⑳卜偃称疾不出。(《左传·僖公二十三年》)

㉑公不如称病而无出。(《史记·周本纪》)

㉒段干木阖门不出，魏文敬之，表式其闾，秦军闻之，卒不攻魏。(《论衡·非韩篇》)

㉓胡儿懊热，一月闭斋不出。(《世说新语·纰漏》)

这种格式在唐五代以后基本上已演变成表可能的句式。

唐五代时期，连动式第二个位置上的"出"所进入的句法格式与前代没有大的变化，只是出现的频率已经大大降低（参见表 1.4），同时，由于"出"的不断虚化，否定式已经很少出现。

宋元明清时期，由于动趋式的发展，位于连动式第二个动词位置上的"出"在宋代至元明清基本上只出现于第一、第二、第四种格式中，第三、第五种格式中的"出"基本上已经演变成趋向补语，而在连动式中很少出现。

这样，从先秦到明清，连动式第二个动词位置上的"出"出现的频率也发生了比较明显的变化，请看表 1.4：

表 1.4 连动式第二个动词位置上的"出"的出现频率

语料	"出"出现的总次数	连动式第二个动词上的"出"的次数	比例（%）
论语	27	1	3.70
左传	329	90	27.36
史记	744	166	22.32
论衡	468	32	6.84
搜神	186	13	6.99
世说	145	23	15.86
敦煌	351	27	7.68
祖堂	207	3	1.45

语料	"出"出现的总次数	连动式第二个动词上的"出"的次数	比例（%）
景德	531	71	13.37
朱子	1697	40	2.36
元曲	252	2	0.79
西游	1084	56	5.17
红楼	305	1	0.33

从表1.4可以看出：第一，连动式第二个动词位置上的"出"在《论语》中的比例比较低，这主要是由于连动式在此期还没有什么大的发展。第二，《左传》《史记》中的比例大幅增加，这主要是连动式在此期有较大的发展，而"出"趋向补语的用法又还比较少的缘故。第三，汉代以后特别是晚唐至明清时期，连动式第二个动词位置上的"出"出现的比例更低，这主要就是因为动趋式的发展和复合趋向动词"出来""出去"的影响。（参见表1.8）

（二）作趋向补语的"出"的历时演变过程

"出"作趋向补语出现得很早，从先秦开始，连动式第二个动词位置上直接和 V 组合的"出"有的就已经虚化为趋向补语。趋向补语"出"可以表示两种语法意义：趋向义、结果义，我们从这两种意义分别考察其历时发展过程。考察分几个方面进行：趋向补语的意义、句法格式、述语的类型、宾语的类型等。

1. 趋向义趋向补语"出"的历时演变过程

趋向义的趋向补语"出"表示"人或事物通过动作由内向外移动"的意思。它的语义中包含"位移""方向""立足点"等语义特征。

1）趋向义趋向补语"出"能进入的句法格式

先秦时期产生了趋向补语，但用例还较少，格式也相对简单。《论语》中没有发现"出"作趋向义趋向补语的用例，《左传》中作趋向义趋向补语的"出"主要有以下几种格式：

第一，"V+出"格式：

① 走出，遇贼于门，劫而束之。（《左传·庄公八年》）

② 驷赤曰："叔孙氏之甲有物，吾未敢以出。"（《左传·定公十年》）

V 可以为自移动词，表示人或动物自身由内而外移动，如例①；也可以是致移动词，表示人或物随外部的动作而由内向外移动，如例②。由于 V 的语义中含有"位移"或"使位移"，与"出"的位移义发生重合，就有可能使得"出"

的位移义弱化,而主要表示"方向""立足点"等语义了。动词意义上的泛化,引起了句法功能上的变化,"出"就由充当谓语降级为充当趋向补语了。

第二,"V+O+出"格式,《左传》中有1例,V为"驱"。

③ 持带,遂超乘,右抚剑,左援带,命驱之出。(《左传·襄公二十三年》)

第三,汉代至魏晋南北朝时期,除沿用第一、第二种格式外,还有第三种"V+出+O"格式:

④ 家人惊恐,女亡匿内中床下。扶持出门,令拜谒。(《史记·外戚世家》)

⑤ 喜怒发于胸中,然后行出于外,外成赏罚。(《论衡·寒温篇》)

⑥ 竺乃急行归,达家,便移出财物。(《搜神记》卷四)

第四,唐五代时期,出现了被字句和可能式:"被(+N)+V+出"。

⑦ 阿难既被遣出,不那之何,遂合掌望空,哀苦世尊。(《敦煌变文集·双恩记》)

⑧ 无对,被师推出。(《祖堂集》卷七)

第五,表可能的句式:"V+不/得+出(+O)"。

⑨ 所以道声前抛不出,句后不藏形。(《祖堂集》卷九)

⑩ 学人礼拜,师云:"虾跳不出斗,是汝不会。"(《祖堂集》卷十三)

第六,宋代出现了把字句,元明清时期用例增多,把字句:"将/把+O_1+V+出(+O_2)"。

⑪ 师因辞石霜。霜将拂子送出门首。(《景德传灯录》卷十二)

⑫ 闻之陈先生说,唐初好处,也是将三省推出在外。(《朱子语类·陈君举》)

⑬ 好大圣,急纵身又要跳出,被佛祖翻掌一扑,把这猴王推出西天门外,将五指化作金木水火土五座联山,唤名"五行山",轻轻的把他压住。(《西游记》第七回)

⑭ 谁知近日水月庵的智能私逃进城,找至秦钟家下看视秦钟,不意被秦业知觉,将智能逐出,将秦钟打了一顿,自己气的老病发作,三五日光景呜呼死了。(《红楼梦》第十六回)

趋向义趋向补语"出"在历史上的发展也经历了频率上的变化,请看表1.5。

表1.5 趋向义趋向补语"出"的出现频率

语料	"出"出现的总次数	趋向义趋向补语"出"出现的次数	比例(%)
论语	27	0	0
左传	329	6	1.82
史记	744	23	3.09
论衡	468	5	1.07
搜神	186	36	19.35

语料	"出"出现的总次数	趋向义趋向补语"出"出现的次数	比例（%）
世说	145	6	4.14
敦煌	351	69	19.66
祖堂	207	63	30.43
景德	531	89	16.76
朱子	1697	147	8.66
元曲	252	57	22.62
西游	1084	543	50.09
红楼	305	90	29.51

从表 1.5 可以看出，趋向义趋向补语在魏晋以前所占比例很小，魏晋以后逐渐增大，特别是唐宋以后比例增幅更大，说明"出"的趋向义趋向补语用法在此时期得到了很大的发展。其间，《西游记》中出现的比例特别高，这可能是与《西游记》中结果义趋向补语"出"的比例较低有关（只有 12.45%），而《朱子语类》《元曲选》《红楼梦》中"出"的结果义分别占到了 36.59%、31.75%和 22.95%。（参见表 1.6）

2）与趋向义趋向补语"出"共现的述语类型

（1）从结构形式上看，可以分为：

单音节及物动词：

《左传》：以（带义）、驱。

《史记》：脱、逐、赦、攻、招、载、持、麾、遣。

《搜神记》：引、牵、还、跃、起、迎、遣、将、透、踊、举、移、踔、捉、掘、送、探、涌、抱。

《世说新语》：还、掷、牵、呼、抽。

《敦煌变文集》：透、漫、流、领、救、踊、放、遣、趁、取、拖、涌、捋、抱、逐、运、搬、抛、驱、拔、倾、载、送、往、将（拿义）、淘、擎。

《祖堂集》：摈、拈、擎、托、喝、遣、拽、趁、牵、推、将、寻、透、抛、吐。

《景德传灯录》：泛、趁、牵、擎、喝、推、托、遣、挑、拣、透、护、涌、撞、拈、踊、请、驱、拽、拖、送、赶、扶、放、流、携、抛、排、引、钩、倾、招、领。

《朱子语类》：进、撒、赶、射、吐、放、呵、包、闪、嘘、拈、挑、付、请、取、弹、泻、送、将、打、把（拿义）、搬、流、使、绕、摊、拣、拔、分、择、放、逐、倾、呈、追、借、带、滴、挨、推、举、见、传、擒、捉、唤、乞、持。

《元曲选》：捧、流、放、引、攀、泻、闪、涌、扫、钓、踏、簇、堆、吐、撞、吹、陪、换、扭、请。

《西游记》：取、拿、送、爬、转、拥、流、抢、放、叱、搬、舀、漫、进、抬、推、请、吐、提、迎、溜、拔、钻、救、揣、领、传、献、偷、抱、飘、吹、拈、借、带、赶、喷、闪、驮、取、掣、捧、打、腾、使、扭、蘸、撞、褪、倾、接、闯、救、弄、撑、牵、骑、摆、负、转、脱、撮、押、盗、摸、拖、摄、拘、揿、杀、掘、穿、伸、抛、嚼、扯、尿。

《红楼梦》：捧、进、透、流、赶、带、取、撵、接、转、搬、送、岔、泻、晃、逐、揣、跟、拿、献、拣、掣、抬、衔、遣、呛、倒。

单音节不及物动词：

《左传》：走、逃。

《史记》：趋、亡、遁、走、行。

《论衡》：动、弃、走、行。

《搜神记》：走、趋、浮、发。

《敦煌变文集》：走。

《祖堂集》：行、走、跳。

《景德传灯录》：跳、走。

《朱子语类》：散、走、行。

《元曲选》：飞、行、跳。

《西游记》：跳、飞、走、滚、跑、行。

《红楼梦》：退、散、走、跑、退、步、躲。

双音节及物动词：

《史记》：扶持。

《敦煌变文集》：牵挽。

《朱子语类》：传送。

《西游记》：搭救、冲撞、发放、收举。

双音节不及物动词：

《敦煌变文集》：逃走。

《景德传灯录》：奔走。

（2）从语义类型上，与趋向义趋向补语"出"共现的主要是位移动词。

自移动词：

《左传》：走、逃。

《史记》：趋、遁、走、脱、亡、行。

《论衡》：动、弃、走、行。

《搜神记》：走、还、趋、跃、起、透（跳义）、踊、探、踔、浮、涌。

《世说新语》：还。

《敦煌变文集》：透（跳义）、走、漫、流、踊、往、逃走。

《祖堂集》：透（跳义）、跳、行、走。

《景德传灯录》：泛、跳、走、透（跳义）、涌、踊、流、奔走。

《朱子语类》：闪、散、走、泻、流、行、追、滴。

《元曲选》：流、飞、行、跳、攀、泻、闪、涌、扫、步。

《西游记》：跳、爬、流、飞、漫、走、滚、跑、闪、腾、撺、行、尿。

《红楼梦》：退、散、透（跳义）、流、走、跑、跳、泻、撺、跟、步、躲。

致移动词：

《左传》：以（带义）。

《史记》：逐、敕、攻、驱、招、载、持、麾、遣、扶持。

《搜神记》：牵、将、举、移、捉、发、掘、送、引、遣、抱。

《世说新语》：掷、牵、呼、抽。

《敦煌变文集》：放、趁、取、拖、捋、抱、逐、运、搬、抛、驱、拔、倾、载、送、将、领、救、遣、淘、擎、牵挽。

《祖堂集》：摈、拈、擎、托、拽、趁、牵、推、将、寻、抛、吐、喝、遣、择。

《景德传灯录》：趁、牵、擎、推、托、挑、拣、护、撞、拈、驱、拽、拖、送、择、赶、扶、放、携、抛、排、引、钩、倾、喝、遣、请、招、领。

《朱子语类》：进、撒、赶、射、吐、放、包、拈、挑、付、取、弹、送、将、打、把（拿义）、搬、使、绕、摊、拣、拔、择、逐、倾、呈、借、搬、带、挨、推、举、呵、嘘、请、分、见、传、擒、捉、唤、乞、持、传送。

《元曲选》：捧、放、引、钓、踏、簇、堆、吐、撞、吹、陪、换、扭、请。

《西游记》：取、拿、送、转、拥、抢、放、搬、舀、进、抬、推、吐、提、迎、溜、拔、钻、救、撺、领、传、献、偷、抱、飘、吹、拈、借、带、赶、喷、驮、掣、捧、打、使、扭、蘸、撞、褪、倾、接、闯、弄、撑、牵、骑、摆、负、转、脱、撮、押、盗、摸、拖、摄、拘、搀、杀、掘、穿、伸、抛、嗛、扯、叱、请、搭救、冲撞、发放。

《红楼梦》：捧、进、赶、带、取、撺、接、转、搬、送、岔、晃、逐、拿、献、拣、掣、抬、衔、遣、呛、倒。

从上面的考察我们可以看到，与趋向义趋向补语"出"共现的述语主要是位移动词，先秦典籍《左传》中已经有动趋式的用例，述语可以是自移动词，也可以是致移动词，不过从早期的用例来看，自移动词出现的频率和数量要大于致移动词。魏晋南北朝开始，致移动词出现的数量和频率逐渐增加，特别是到了唐以后，致移动词的数量和类型都有了比较大的发展：致移动词在数量上超过了自移动词；在类型上，不仅可以有表示可以使人或事物发生位移的致移动词，如"取、拿、赶、捧"等，也出现了"献、分"等意义比较抽象或含有比喻意味的致移动词，这从一个方面体现了"出"的位移意义逐渐虚化的过程。音节上，总体来说，是以单音节动词占绝对优势，有极少的双音节动词，这主要是由于音节和谐的要求。由于"出"是单音节，和单音节的动词搭配，就组合成一个双音节，这与汉语的音节规律相契合。在及物性上，述语以及物动词为主，非及物动词相对较少，历代的情况大抵如此。

3）与趋向义趋向补语"出"共现的宾语的类型

从语法结构上看，宾语主要是名词或名词性短语，又可以细分为：

（1）处所名词或名词性短语。

当"出"的宾语是处所名词或名词性短语，而且 S 是表人或动物的名词时，"出"的意义是比较实在的趋向义，而不是比喻义或引申义。例如：

① 右贤王走出塞。(《史记·匈奴列传》)

② 领出军门，斩为三段！(《敦煌变文集·汉将王陵变》)

③ 颜子也在屋里，只有时误行出门外，然便觉不是他住处，便回来。(《朱子语类·论语十三》)

④ 却说三藏自贞观十三年九月望前三日，蒙唐王与多官送出长安关外。(《西游记》第十三回)

（2）表人或事物的名词或名词性短语。

当"出"的宾语是表人或事物的名词或名词性短语时，可以分为两种情况：一种是宾语为受事宾语，"出"的意义可以是具体的趋向意义，也可以是比较抽象的趋向意义，与"出"搭配的可以是致移动词。例如：

⑤ 师推出僧，云："如许多时，虚踏破草鞋作什摩？"(《祖堂集》卷十)

⑥ 一面说，一面进入厨房，莲花儿带着，取出露瓶。(《红楼梦》第六十一回)

⑦ 且拣大段无甚紧要底事，不要做；又逐旋就小者又拣出无紧要底，不要做。(《朱子语类·学七》)

⑧ 你令郎因是捉了师父，要蒸要煮，幸亏了观音菩萨收他去，救出我师。（《西游记》第五十九回）

前两例表示实际的位移，后两例表示比较抽象的位移。

另一种情况是宾语为施事宾语，"出"的意义为具体的趋向意义，与"出"搭配的动词是自移动词。例如：

⑨ 只见那班部中，忽跳出一个通背猿猴。（《西游记》第一回）

⑩ 洞门开处，里面走出一个仙童。（《西游记》第一回）

2. 结果义趋向补语"出"

结果义的趋向补语"出"表示"由无到有，由隐蔽到显露"[①]。

1）结果义趋向补语"出"能进入的句法格式

结果义趋向补语"出"，大概要比作趋向义趋向补语的"出"出现晚一些，《论语》《左传》《史记》中没有检得用例，我们在《论衡》中见到较早的用例，主要有以下几种格式：

第一，"V+出"格式：

① 汉，土德也，故金化出。（《论衡·验符篇》）

② 芝草延年，仙者所食，往世生出不过一二。（《论衡·验符篇》）

第二，"V+出+O"格式：

③ 此或时夷狄之地，生出此谷。（《论衡·感虚篇》）

④ 师旷能鼓《清角》，必有所受，非能质性生出之也。（《论衡·感虚篇》）

魏晋南北朝，《搜神记》《世说新语》中的趋向补语"出"均为趋向义，没有结果义的趋向补语"出"。

第三，唐五代，《敦煌变文集》《祖堂集》中除了沿用以上两种格式外，还出现了可能式：

"V+不/得+出（+O）"。

⑤ 师曰："见即见，若不见，纵说得出亦不得见。"（《祖堂集》卷三）

⑥ 你若择不出；敢保你未具眼在。（《祖堂集》卷十）

宋代，出现了把字句和被字句的用例，可能式的格式也更丰富。元明清时期基本沿用宋代以来的格式。

第四，被字句："被（+N）+V+出（+O）"格式（N指名词，下同）。

⑦ 只是被他说出一样，却将圣贤言语硬折入他窝窟里面。（《朱子语类·论语九》）

---

① 刘月华：《趋向补语通释》，北京语言文化大学出版社1998年版，第221页。

⑧ 我被他现出本相，险些儿伤了性命。（《西游记》第四十八回）

⑨ 这媳妇被探春说出真病，也无可赖了，只不敢往凤姐处自首。（《红楼梦》第七十三回）

第五，把字句："将/把+O_1+V+出（+O_2）"格式。

⑩ "汤武身之也"，是将这道理做成这个浑身，将这浑身做出这道理。（《朱子语类·孟子十》）

⑪ 师徒们喜喜欢欢，将他那洞中的米面菜蔬寻出。（《西游记》第三十五回）

⑫ 老嬷嬷们便将芳官指出。（《红楼梦》第七十七回）

第六，新增加的表可能的句式：

"V+得+O+出"格式：

⑬ 蔡季通聪明，看得这般处出，谓先生下此语最精。（《朱子语类·性理二》）

⑭ 只是心诚则能体得鬼神出否？（《朱子语类·论语七》）

"V+O+不出"格式：

⑮ 曰："如今秀才读多少书，理会自家道理不出，他又那得心情去理会庄老！"（《朱子语类·老氏》）

⑯ 罗刹女肉眼，认他不出，即携手而入。（《西游记》第六十回）

结果义趋向补语"出"的出现频率也有一定的变化（见表1.6）。

表1.6　结果义趋向补语"出"的出现频率

语料	"出"出现的总次数	结果义趋向补语"出"的次数	比例（%）
论语	27	0	0
左传	329	0	0
史记	744	0	0
论衡	468	15	3.21
搜神	186	0	0
世说	145	0	0
敦煌	351	12	3.42
祖堂	207	17	8.22
景德	531	20	3.77
朱子	1697	621	36.59
元曲	252	80	31.75
西游	1084	135	12.45
红楼	305	70	22.95

结果义趋向补语"出"在《论衡》中见到较早的用例，但在其后很长的时

间里发展缓慢，直到宋代《朱子语类》开始才得到极大的发展。其中《西游记》的比例比较低，应该与《西游记》中更多的是趋向义趋向补语有关。（参见表1.5）

2）与结果义趋向补语"出"共现的述语类型

与结果义趋向补语"出"共现的基本为及物动词。大部分是单音节及物动词，有少量的双音节及物动词。

单音节及物动词：

《论衡》：生、产、见、化。

《敦煌变文集》：诞、演、唤、现、化、刺。

《祖堂集》：指、现、幻、译、横、寻、召、道、透（超义）、说、写、解。

《景德传灯录》：幻、开、横、指、纂、演、点、道、检、鉴、弄。

《朱子语类》：想、剔、说、生、发、推（推理义）、勘、写、做、看、用、指、行（做义）、画、添、寻、录、宣、凑、编、撰、荐、标、批、作、超、抹、举、考、抄、译、索、降、高、翻、引（引起义）、惹、提、解、突、织、贴、绽、影、撮、究、摘、拚、磨、体、衍、算、占、除、研、洗、兴、造、分、露、扇、供、溢、传、讨、争、见、辨、明、晓。

《元曲选》：画、指、种、说、露、酿、点、赚、闹、显、拱、高、挺、写、镕、幻、生、吟、捱、弹、钓、唤、剜、捻、削、炼、现、长、制、剪、道、做

《西游记》：生、说、看、现、长、做、写、超、调、讲、耸、露、尝、干、寻、估、弄、论、透、开、赐、冒、点、称、吐、传、认、搜、淋、检、叫、辨、问。

《红楼梦》：查、筑、发、哼、露、说、做、写、录、开、圈、传、叙、革、分、惹、演、闹、作、生、染、找、界、念、编、干、寻、抄、扳、超、言、看、辨、想、背（背诵义）。

双音节及物动词：

《敦煌变文集》：传扬。

《景德传灯录》：点检。

《朱子语类》：寻讨、发露、发生、投发、根究、分别、点化、描画、吐泻、研磨、发挥、模写、挑拨、体认、思量、形容、检点、琢磨、理会。

《元曲选》：妆点、培养、施展、抖擞、撺掇、酝酿、摸临、敷扬、抽拣、搬弄、踢弄、做弄、对付、打熬、栽培、修弄。

《西游记》：查勘、答应。

《红楼梦》：假拟、誊录、作弄、抄检、打扫、形容。

结果义趋向补语"出"的述语动词基本上是非位移动词。

3）与结果义趋向补语"出"共现的宾语类型

从语法结构上看，宾语主要有以下几种类型：

（1）表人、事物的具体名词或名词性短语。

① 只见向南的枝上，露出一个人参果，真个象孩儿一般。（《西游记》第二十四回）

② （薛蟠）只得暂且住下，一面使人打扫出自己的房屋，再移居过去的。（《红楼梦》第四回）

（2）抽象名词。

与述语动词范围的扩大、"出"的语法意义由趋向义引申到结果义这些发展相适应的是，与"出"同现的宾语出现了越来越多的抽象名词。

③ 若更去外面生出许多议论，则正意反不明矣。（《朱子语类·朱子十八》）

④ 幸亏我徒弟施威显法，认出真假，今已被太阴星收去。（《西游记》第九十五回）

从语义类型上看，与结果义趋向补语"出"共现的只能是受事宾语或施事宾语，不能是处所宾语。

3．"出"与动词和宾语的位置

"出"与动词和宾语的位置主要有三种，我们把它们码化为：

A式——VOC（V代表动词，O代表宾语，C代表"出"）；B式——VCO；C式——把OVC。

A式是比较早产生的一种格式，我们在先秦、两汉的典籍中见到较多的用例，这种格式还主要是趋向连动式。例如：

① 费请先入，伏公而出，斗，死于门中。（《左传·庄公八年》）

B式在汉代开始产生，在魏晋南北朝时期有所发展，在唐代发展为动趋式的主要格式，这种情形一直延续到现代汉语中。例如：

② 单于留塞内月余乃去，汉逐出塞即还，不能有所杀。（《史记·匈奴列传》）

③ 竺乃急行归，达家，便移出财物。日中而火大发。（《搜神记》卷四）

④ 亡国大夫，罪当难赦，拖出军门，斩了报来！（《敦煌变文集·韩擒虎话本》）

⑤ 只为学者看不见，所以做出注解与学者省一半力。（《朱子语类·论语一》）

⑥ 探春笑道："如今只断章取意，念出底下一句，我自己骂我自己不成？"（《红楼梦》第五十六回）

C 式大概在宋代开始见到，明清时期用例更多。例如：

⑦ 师因辞石霜。霜将拂子送出门首。（《景德传灯录》卷十二）

⑧ 及看不得，便将自己身上一般意思说出，把做圣人意思。（《朱子语类·学五》）

⑨ 好大圣，捻着诀，念声咒语，往巽地上吸一口气，吹将去就是一阵狂风，把八戒撮出皇宫内院，躲离了城池，息了风头，二人落地，徐徐却走将来。（《西游记》第三十八回）

⑩ 一时只见一个丫环将帘栊高揭，又有两个将桌抬出。（《红楼梦》第五十五回）

我们把"出"的发展过程列表如表 1.7 所示：

表 1.7　"出"的发展过程

				作谓语		
					句法格式	
发展轮廓	语义	语料来源	单独作谓语	作连动式第一个动词	作连动式第二个动词
出	先秦时期已产生各种格式，后代在各种格式的使用频率等方面有变化	人或事物由内向外移动	论语左传	S+出 出+介词+O 介词+O+出 出+O 否定式	出（+而）+V 出+V+O 出+O+V 出+O₁+V+O₂	V（+而）+出 V+O+出 V+出+O V+O₁+出+O₂ 否定式
			史记论衡	S+出 出+介词+O 介词+O+出 出+O 否定式	出（+而）+V 出+V+O 出+O+V 出+O₁+V+O₂	V（+而）+出 V+O+出 V+出+O V+o₁+出+O₂ 否定式
			搜神世说	S+出 出+介词+O 介词+O+出 出+O 否定式	出（+而）+V 出+V+O 出+O+V 出+O₁+V+O₂	V（+而）+出 V+O+出 V+出+O V+O₁+出+O₂ 否定式
			敦煌祖堂	S+出 出+介词+O 介词+O+出 出+O 否定式	出（+而）+V 出+V+O 出+O+V 出+O₁+V+O₂	V（+而）+出 V+O+出 V+出+O V+O₁+出+O₂

作谓语					
发展轮廓	语义	语料来源	句法格式		
			单独作谓语	作连动式第一个动词	作连动式第二个动词
出	先秦时期已产生各种格式，后代在各种格式的使用频率等方面有变化	人或事物由内向外移动	景德 朱子	S+出 出+介词+O 介词+O+出 出+O 否定式	出（+而）+V 出+V+O 出+O+V 出+O₁+V+O₂	V（+而）+出 V+O+出 V+O₁+出+O₂

作谓语					
发展轮廓	语义	语料来源	单独作谓语	作连动式第一个动词	作连动式第二个动词
出	先秦时期已产生各种格式，后代在各种格式的使用频率等方面有变化	人或事物由内向外移动	景德 朱子：S+出 / 出+介词+O / 介词+O+出 / 出+O / 否定式 元曲 西游 红楼：S+出 / 出+介词+O / 介词+O+出 / 出+O / 否定式	出（+而）+V / 出+V+O / 出+O+V / 出+O_1+V+O_2	V（+而）+出 / V+O+出 / V+O_1+出+O_2

趋向义补语

发展轮廓	语义	语料来源	句法格式	共现述语类型			共现宾语类型		
				语义	语法	语音	语义	语法	语音
出	产生于先秦，经汉魏到唐五代有较大的发展，宋元明清进一步发展	人或事物通过动作由内向外移动	论语 左传	V+出 V+O+出	自移 致移	及物 不及物	单	—	—	—
			史记 汉书	V+出 V+O+出 V+出+O	致移	及物 不及物	单多	处所受事	名词、名词性短语	双多
			搜神 世说	V+出 V+O+出 V+出+O	致移	及物 不及物	单多	处所受事	名词、名词性短语	双多
			敦煌 祖堂	V+出 V+O+出 V+出+O 被（+N）+V+出 可能式	致移 自移	及物 不及物	单多	处所受事	名词、名词性短语	双多

41

趋向义补语										
发展轮廓	语义	语料来源	句法格式	共现述语类型			共现宾语类型			
				语义	语法	语音	语义	语法		语音
出	产生于先秦，经汉魏到唐五代有较大的发展，宋元明清进一步发展	人或事物通过动作由内向外移动	V+出 V+O+出 V+出+O 被（+N）+V+出 将/把+O+V+出 可能式	致移自移	及物不及物	单多	处所受事	名词、名词性短语		双多
			元曲西游红楼	V+出 V+O+出 V+出+O 被（+N）+V+出 将/把+O+V+出 可能式	致移自移	及物不及物	单多	受事施事处所	名词、名词性短语		双多

结果义补语										
发展轮廓	语义	语料来源	句法格式	共现述语类型			共现宾语类型			
				语义	语法	语音	语义	语法		语音
出	产生于东汉，唐代有所发展，宋元明清频繁出现	从无到有，由隐蔽到显现	论语左传	—	—	—	—	—	—		—
			史记论衡	V+出 V+出+O	非位移	及物	单	受事	具体名词抽象名词		
			搜神世说	—	—	—	—	—	—		—
			敦煌祖堂	V+出 V+出+O 可能式	非位移	及物	单双	受事	具体名词抽象名词名词性短语		双多
			景德朱子	V+出 V+出+O 被+N+V+出 将/把+O+V+出 可能式	非位移	及物	单双	受事	具体名词抽象名词名词性短语		双多

续 表

	结果义补语								
	发展轮廓	语义	语料来源	句法格式	共现述语类型			共现宾语类型		
					语义	语法	语音	语义	语法	语音
出	产生于东汉,唐代有所发展,宋元明清频繁出现	从无到有,由隐蔽到显现	元曲 西游 红楼	V+出 V+出+O 被+N+V+出 将/把+O+V+出 可能式	非位移	及物	单双	受事	具体名词 抽象名词 名词性短语	双多

说明:

1. "致移"指"致移动词","自移"指"自移动词","非位移"指"非位移动词",下表同。

2. "单"指"单音节","双"指"双音节","多"指"多音节"。下表同。

"出"在各时期各种用法中总的出现频率,列表如表1.8所示:

表1.8 "出"的出现频率

语料	"出"出现的总次数	"出"单独作谓语		"出"用于连动式		"出"作趋向补语	
		次数	比例	次数	比例	次数	比例
论语	27	25	92.60	2	7.4	0	0
左传	329	202	61.40	121	36.78	6	1.82
史记	744	402	54.03	319	42.88	23	3.09
论衡	468	312	66.66	136	29.06	20	4.28
搜神	186	90	48.39	60	32.26	36	19.35
世说	145	83	57.24	56	38.62	6	4.14
敦煌	351	199	56.70	71	20.22	81	23.08
祖堂	207	113	54.59	14	6.76	80	38.65
景德	531	261	49.15	161	30.32	109	20.53
朱子	1697	818	48.21	111	6.54	768	45.25
元曲	252	110	43.65	5	1.98	137	54.37
西游	1084	290	26.75	116	10.71	678	62.54
红楼	305	122	40	23	7.54	160	52.46

从总的频率表上，我们可以看出，"出"在《论语》中基本单用作谓语，只有极少用在连动式中，还没有趋向补语的用法；《左传》开始到魏晋南北朝时期连动式用例大量增加，发展出了趋向补语的用法，但使用频率较低；唐代开始，趋向补语的用法得到极大发展，相应连动式的用例降低；到《朱子语类》以后，连动式上的"出"基本上已经虚化为趋向补语了，趋向补语的用法得到极大的发展。

二、"出"的历时演变有关问题的讨论

（一）关于"出"的比较

1. 不同句法位置上的"出"的比较

"出"既可以出现在谓语中心的位置上，充当谓语，也可以出现在谓语动词之后，充当补语。不同位置上的"出"在语义、句法、发展轮廓等方面有同有异，二者之间有着密切的联系。

1）语义

作谓语的"出"有比较实在的词汇意义，表示人或事物由内向外移动，含有"动作行为""位移""方向""立足点"等语义特征。而作趋向补语的"出"在词汇意义上已经有所虚化，"位移"和"方向"等语义特征可以包含也可以不包含。具体说来，趋向义趋向补语主要指示方向，由于前面有表示动作行为的述语，"出"的位移义已经稍有减弱；结果义趋向补语在趋向义趋向补语的基础上进一步虚化，已经不再表示具体的位移和位移方向，而表示事物"由无到有、由隐蔽到显露"的意义了。

2）句法

作谓语的"出"主要是单用，或是用在连动式第一个动词位置上和连动式第二个动词位置上，作补语的"出"用在谓词性成分后充当补语。由于汉语复音化的趋势，单用的作谓语的"出"和用在连动式第一个动词位置上的"出"先后被"出来/去"代替，连动式第二个动词位置上的"出"也在唐以后逐渐虚化为趋向补语或被"出来/去"代替。

3）发展演变轮廓

作谓语的"出"比作趋向补语的"出"先产生，《论语》中有 23 例作谓语的"出"，但没有作趋向补语"出"的用例。作趋向补语的"出"是作谓语的"出"语法化的结果。但二者在共时平面上并不是一种完全的替代关系，它们在相当

长的一段时间内共存，承担各自的使命。作谓语的"出"由于受到复音化趋势及"出"作补语的影响，在唐五代及后代萎缩。作趋向补语的"出"产生于秦汉，趋向义和结果义的"出"在唐代开始受到"出来/去"和其他格式的竞争而开始逐渐衰退。

2. 同一句法位置上的"出"的比较

"出"既可以充当趋向义趋向补语，也可以充当结果义趋向补语，二者的句法位置相同，但在句法、语义、发展轮廓等方面有同有异，联系密切。

1）语义

趋向义趋向补语"出"表示"人或事物通过动作由内向外移动"，包含"位移""方向""立足点"等语义特征，但位移义比作谓语时有所减弱，而且不再隐含具体动作行为的语义；结果义趋向补语"出"表示通过动作行为而使事物或状态从无到有、从隐蔽到显现，不再表示具体的位移和位移方向。二者的语义呈现出由趋向义>结果义（>表示"到"，下同）的虚化连续统。

2）使用的句法格式

两种类型的趋向补语在使用的句法格式上大体相同，但也有一个比较显著的区别，就是"V+O+出"只有表示趋向义的用例，而没有表示结果义的用例。由于结果义的虚化程度较趋向义高，这也从一个方面说明了"V+O+出"应该是较早的格式。

3）共现的述语类型

动词的位移性由自移>致移>非位移逐渐减弱，与两种类型的趋向补语共现的述语类型，趋向义趋向补语"出"主要与自移和致移动词共现，呈现出较强的位移性；结果义趋向补语"出"主要与非位移动词共现，说明"出"的位移性已经更加虚化。

4）共现的宾语类型

趋向义趋向补语"出"可以和施事宾语、受事宾语、处所宾语共现，宾语主要由具体名词或名词性短语充当；而结果义趋向补语"出"只能跟受事宾语共现，宾语可以由具体名词或名词性短语充当，也可以由抽象名词或名词性短语充当。

5）发展演变的轮廓

从整体上说，两种类型的趋向补语呈现出由趋向义>结果义不断语法化的序列。趋向义产生的时代较早，结果义稍后。在唐以后由于受到"出来/去"和其他格式的竞争，在实际运用中受到比较大的限制而逐渐衰落，《红楼梦》以后及现代汉语中用例已经较少。

（二）"出"的主、宾语类型与"出"词义演变的关系

"出"在古汉语中是一个多义词，《汉语大词典》列出了 40 个义项[①]，除了第 26、27、32、34、36、37、38、39、40 项与第 1 项"出"的本义"自内而外"关系比较疏远以外，其余 30 个义项都是由本义直接或间接引申而来的。以往学界对于词义引申的研究，主要是讨论本义和引申义之间意义上的关联性，很少注意句法因素的改变与词义演变的关系。而通过对"出"历时演变的考察，我们发现，"出"词义的演变与"出"的主、宾语类型有极强的关联性。

"出"的本义是"由内向外移动"，与"出"搭配最自然的主语就是自身能移动的人或动物，与"出"搭配最自然的宾语是表示起点的处所宾语。反过来说，S 是表示能自身移动的人或动物，O 表示起点的处所宾语，是"出"表示本义的必要条件。当其中一个条件发生变化，"出"的意义就会发生变化。具体说来，可以归纳为下面几种情况：

（1）S 为表示能自身移动的人或动物，O 为表示起点的处所宾语，"出"的意义为"由内向外移动"的本义。先秦汉语中的"出"大多是这种用法。例如：

① 将命者出户，取瑟而歌，使之闻之。(《论语·阳货篇》)

（2）S 为表示能自身移动的人或动物，O 不是表起点的处所宾语。"出"的意义就发生了变化。又可以分为几种：

第一种，S 表示能自身移动的人或动物，O 为表终点的处所宾语，"出"的意义为"去、到""经过、穿过""取道行进"。例如：

① 姜原出野，见巨人迹，心忻然说，欲践之，践之而身动如孕者。(《史记·周本纪》)

② 项羽闻之，乃引兵去齐，从鲁出胡陵，至萧，与汉大战彭城灵壁东睢水上。(《史记·高祖本纪》)

第二种，S 表示能自身移动的人或动物，O 为受事宾语，"出"的意义可以引申为"发出、发布""发泄""出现、显露""出生、生育"，由"出生、生育"

[①] 1.自内而外，与"入""进"相对。2.产生；发生。3.谓出产。4.发出；发布。5.发泄；发散。6.出现；显露。7.引申指出土。8.出生；生育。9.姐妹出嫁所生，指外甥；外孙。10.高出；超出。11.出版；张贴出。12.出仕。13.去；到。14.外；对外。15.逃亡。16.使出；拿出；取出。17.驱逐。18.遗弃；休弃。19.清除；清扫。20.舍弃；除去；丢掉。21.脱离；释放；开脱。22.卖出。23.指外出服役。24.指军队出动。25.指出动的军队。26.罢休；停止。27.在；处于。28.经过；穿过。29.取道行进。30.犹成。31.花瓣。33.出身。34.犹吃，受。35.用在动词后表示动作的目的已达到或完成。36.量词。次；回。37.量词。颗；发。38.量词。一个段落。39.特指戏曲传奇一本中的一个段落。亦指戏曲的一个独立剧目。40."齣"的简化字。

而转指"外甥、外孙""高出、超出""出版、张贴出""使出、拿出、取出""驱逐""遗弃、休弃""清除、清扫""成"等。例如：

③ 我今夜碎割了这贱人，出这口恶气。(《水浒传》第四十六回)

④（望）因以便宜出所在布粟，给其廪粮，为作褐衣。(《后汉书·王望传》)

⑤ 宋公杀母弟须及昭公子，使戴、庄、桓之族攻武氏于司马子伯之馆，遂出武穆之族，使公孙师为司城。(《左传·文公十八年》)

"出"在例③中意为"发泄"，例④中意为"拿出"，例⑤中意为"驱逐"。

第三种，S表示能自身移动的人或动物，O为施事宾语，"出"的意义可以引申为"出现、显露"。例如：

⑥ 夜之阴，北方之阴也；朝出日，入所举之火也。(《论衡·说日篇》)

（3）S为不能自身移动的无生名词时，"出"的意义也会发生变化。根据O的不同类型，也可以分为三种情况：

第一种，O为处所宾语，"出"的意义可以引申为"发出、发布""产生、发生"等。例如：

⑦ 天下有道，则礼乐征伐自天子出。(《论语·季氏》)

⑧ 自古来，风从地起，云自山出。(《西游记》第八十五回)

例⑦的"出"意为"发布"，例⑧的"出"意为"产生"。

第二种，O为受事宾语，"出"的意义可以引申为"出产""产生、发生""出土""出现""显露"等。例如：

⑨ 河出图，洛出书，圣人则之。(《易·系辞上》)

⑩ 如树，初间且先斫倒在这里，逐旋去皮，方始出细。(《朱子语类·大学二》)

例⑨的"出"意为"出现"，例⑩的"出"意为"显露"。

第三种，O为施事宾语，"出"的意义可以引申为"发生""产生"等。

⑪ 世谓童子为阳，故妖言出于小童。(《论衡·订鬼篇》)

⑫ 倒是老先生你贵同宗家，出了一件小小的异事。(《红楼梦》第二回)

例⑪的"出"意为"产生"，例⑫的"出"意为"发生"。

可见，句中S和O类型的变化会极大地影响"出"的词义。反过来，"出"的词义也会限制S和O的类型。一般情况下，"出"为本义时，S为能自移的人或动物名词，O为处所宾语；"出"为引申义时，S或O的类型会发生相应的变化。而且，"出"的词义与主、宾语类型的关系还影响了"出"作趋向补语的用法。从前面的历时考察，我们知道趋向义趋向补语"出"可以与处所宾语共现，而表示结果义的趋向补语"出"不能与处所宾语共现。通常情况下，趋向义趋向补语"出"的意义比较接近于"出"的本义（当然语义还是有一定程度的泛化），因此，它可以与处所宾语同现，而结果义趋向补语"出"的语义已经抽象化，这就限制了处所宾语的出现。

（三）"出"的语法化[1]

在本章的第一节，我们把"出"分成作谓语的"出"和作趋向补语的"出"，对其历时发展过程作了比较详细的描写和分析，这为我们分析"出"的语法化提供了基础。

前面的考察，我们看到：趋向动词"出"可以作谓语，也可以作趋向补语，趋向补语又分趋向义、结果义两种。"出"正是按照这样一个轨迹语法化的，即作谓语的趋向动词"出"→作趋向义趋向补语的"出"→作结果义趋向补语的"出"。

1．作谓语的趋向动词"出"

趋向动词"出"的本义是表示人或物由内向外移动。可以单独作谓语，也可以用在连动式中作谓语。例如：

①子曰："参乎！吾道一以贯之。"曾子曰："唯。"子出，门人问曰："何谓也？"（《论语·里仁篇》）

②叔孙指楹曰："虽恶是，其可去乎？"乃出见之。（《左传·昭公元年》）

③君子不以绀緅饰，红紫不以为亵服。当暑，袗絺绤，必表而出之。（《论语·乡党篇》）

例①是"出"单独作谓语，例②是用在连动式第一个动词位置上，例③是用在连动式第二个动词位置上。连动式第二个动词位置上的"出"是其虚化为补语的句法条件。

可能是由于汉语双音化的趋势，单独作谓语和在连动式第一个动词位置上的"出"在现代汉语中几乎已经消失，连动式第二个动词位置上的"出"已经虚化为趋向补语。

2．趋向义趋向补语"出"

大约在先秦，出现了"出"作趋向义趋向补语的用法。我们在《左传》中见到较早的用例：

①走出，遇贼于门，劫而束之。（《左传·庄公八年》）

由作谓语的趋向动词发展为作趋向义趋向补语，是"出"第一次语法化的结果。在"出"第一次语法化的过程中，发生了一些有意义的变化：

---

[1] 关于"出"的语法化机制，请参看第二章关于"起来"的语法化论述。

第一,"出"的语义,由具体的表示人或动物"由内向外移动"这一动作行为,变为表示由人或动物自身、外力致使其产生"由内向外移动"这一结果。例如:

② 子出,门人问曰:"何谓也?"(《论语·里仁篇》)

③ 走出,遇贼于门,劫而束之。(《左传·庄公八年》)

例②的"出"表示的是具体的动作行为,例③的"出"表示"走"的结果。趋向义趋向补语"出"虽然还保留了比较多的趋向意义,但动作行为的意义已经有所减弱了。

第二,"出"的句法功能,由充当主干成分谓语降级为充当非主干成分补语。整个句子的重心发生了变化,充当谓语时,"出"是句子的重心;充当补语时,句子的重心前移至"出"前的动词。

第三,"出"的语义指向,由指向句子的施事,变成可能指向施事也可能指向受事。"出"作谓语时,不管施事在句中是否出现,其语义指向都是句子的施事;"出"作趋向义趋向补语时,其语义指向根据与"出"搭配的 V 的不同,可以指向施事,也可以指向受事。具体说来,当 V 是自移动词时,"出"的语义指向施事;当 V 是致移动词时,"出"的语义指向受事。例如:

④ 子出,门人问曰:"何谓也?"(《论语·里仁篇》)

⑤ 走出,遇贼于门,劫而束之。(《左传·庄公八年》)

⑥ 一面说,一面进入厨房,莲花儿带着,取出露瓶。(《红楼梦》第六十一回)

例④ 中,"出"作谓语,"出"的语义指向"子",是"子出";例⑤ 中的"出"作趋向义趋向补语,前面的 V 是自移动词,"出"的语义指向"子",是"子出";例⑥中的"出"也作趋向义趋向补语,前面的 V 是致移动词,"出"的语义指向后面的受事"露瓶",是"露瓶(因"取"这个动作而)出"。

3. 结果义趋向补语"出"

大约在汉代时,出现了"出"作结果义趋向补语的用例。我们在《论衡》中见到较早的用例。例如:

① 此或时夷狄之地,生出此谷。(《论衡·感虚篇》)

由趋向义趋向补语到结果义趋向补语,是"出"第二次语法化的结果。在"出"第二次语法化的过程中,也发生了一些有意义的变化:

第一,"出"的语义,由表示具体的空间位移趋向变为表示比较抽象的结果,语义发生了明显的虚化。如例①中的"出"根本不表示空间的位移或位移的方向,而是表示前面 V 的结果。

第二，与"出"搭配的 V 的范围由位移动词扩大到非位移动词。V 的范围的扩大与"出"语义的变化是相辅相成的，V 的范围扩大，导致"出"的语义虚化，"出"语义的虚化又会进一步推动 V 的范围扩大。

第三，"出"的语义指向，只能指向动词中心语。趋向义趋向补语"出"的语义指向施事或受事，说明"出"和 V 之间的语义联系并不特别紧密，而结果义趋向补语"出"的语义只能指向 V，说明"出"不仅在句法上与 V 紧密结合，在语义上的联系也更紧密，"出"的虚化程度相对更高。

第二节　"出来"的历时演变

一、"出来"的历时演变过程

"出来"由简单趋向动词"出""来"复合而成，"出来"的意义也是二者的结合："出"表示空间位置的移动，表示人或事物通过动作由内向外移动，"来"表示位移的方向是趋向说话人方向或说话人心里设定的方向，"出来"就既可以表示位移，又可以表示立足点。

复合趋向动词"出来"的用法有两类：一是作谓语的"出来"，二是作趋向补语的"出来"。我们首先分别描述它们的发展过程。

（一）作谓语的"出来"的历时演变过程

1. 作谓语的"出来"所能进入的句法格式

作谓语的"出来"表示人或事物自身向说话人方向或说话人心里设定的方向由内向外移动。和作谓语的"出"一样，它也隐含了动作行为的意义，包含"动作行为""位移""方向""立足点"等语义特征。

作谓语的"出来"主要能进入两类大的格式：一是单独作谓语，二是和其他动词构成连动式一起作谓语。下面我们对汉语史上各期作谓语的"出来"能进入的句法格式分两大类作具体的描述。

1）单独作谓语的"出来"

"出来"连用比单用的"出"出现得晚，我们在《敦煌变文集》中看到较早的用例。唐五代，《敦煌变文集》《祖堂集》中主要有以下三种格式，后代主要是沿用这几种格式。

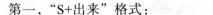

第一，"S+出来"格式：

① 弟子布施一索，分难之时愿平善，孩儿早出来。（《敦煌变文集·八相座押文》）

② 尔时，遮王驾车宫苑，安慰诸妃。善贤出来。（《祖堂集》卷一）

③ 明日归宗上堂集众问："昨夜大悟底僧出来。"（《景德传灯录》卷十）

④ 须是圣人出来，左提右挈，原始要终，无非欲人有以全此理，而不失其本然之性。（《朱子语类·学七》）

⑤ 你只上山去将帖儿揭起，我就出来了。（《西游记》第十四回）

⑥ 雨村不耐烦，便仍出来。（《红楼梦》第二回）

第二，"介词+O+出来"格式：

⑦ 行至一长者家门前，见一黑狗身，从宅里出来。（《敦煌变文集·大目乾连冥间救母变文》）

⑧ 如恻隐、羞恶、辞让、是非，是从自家心里出来。（《朱子语类·大学一》）

⑨ 怎么又从他口里出来，却与他争战，让他这等猖狂！（《西游记》第八十三回）

⑩ 可巧银库房的总领名唤吴新登与仓上的头目名戴良，还有几个管事的头目，共有七个人，从账房里出来，一见了宝玉，赶来都一齐垂手站住。（《红楼梦》第八回）

第三，"出来+O"格式：

⑪ 早已化作一千躯佛众，个个出来三十二相。（《敦煌变文集·悉达太子修道因缘》）

⑫ 他若出来外面与人打关节，也得。（《朱子语类·本朝一》）

⑬ 好容易出来这件事，你又夺了去。（《红楼梦》第二十三回）

⑭ 这三四日的工夫，一共大小出来了八九件了。（《红楼梦》第五十九回）

与单独作谓语的"出来"共现的主语通常是能自身移动的人或动物，宾语通常是处所，"出来"的意义通常用本义，即表示人或事物自身向说话人方向或说话人心里设定的方向由内向外移动。但也会因宾语和主语类型的改变，"出来"的意义随之发生引申，表示"出现、产生"等引申意义。如例⑧、例⑨、例⑪、例⑬、例⑭等。可见，单独作谓语的"出来"的意义跟"出"的意义一样，都与其主语和宾语的类型有很大关联性。

下面，我们将各格式在各期出现的频率列表如表1.9所示：

表 1.9　各格式在各时期出现的频率

语料	"出来"单独作谓语的次数	S+出来		介+O+出来		出来+O	
		次数	比例（%）	次数	比例（%）	次数	比例（%）
敦煌	20	17	85	1	5	2	10
祖堂	33	33	100	0	0	0	0
景德	20	20	100	0	0	0	0
朱子	77	63	81.82	13	16.88	1	1.30
西游	64	63	98.44	1	1.56	0	0
红楼	121	107	88.43	8	6.61	6	4.96

从表 1.9 看来，"出来"单独作谓语，绝大多数是不带宾语的，只有极少量的用例带上了宾语，这与"出"单独作谓语的情况刚好相反。

同时，单独作谓语的"出来"出现的比例也发生了明显的变化，请看表 1.10：

表 1.10　单独作谓语的"出来"出现的比例

语料	"出来"出现的总次数	"出来"单独作谓语次数	比例（%）
敦煌	30	20	66.67
祖堂	46	23	50
景德	40	20	50
朱子	639	77	12.05
西游	307	64	20.85
红楼	637	121	19

"出来"单独作谓语的比例在宋代《朱子语类》之后有大幅度的下滑，这主要是受到"出来"用于连动式并虚化为趋向补语的影响。（参见表 1.16）

2）和其他动词构成连动式一起作谓语的"出来"

和其他动词构成连动式一起作谓语的"出来"，可以用在连动式第一个动词位置上，也可以用在连动式第二个动词的位置上。下面我们就这两方面的情况看连动式中的"出来"。

（1）连动式第一个动词位置上的"出来"。

连动式第一个动词位置上的"出来"，主要出现在两种句法格式中：

第一，"出来+V"格式，出现得较早的是《敦煌变文集》中的例子，后代用例逐渐增加。例如：

① 若诸朝官赴我筵会，小娘子事须出来相见。（《敦煌变文集·金刚丑女因缘》）

②若有人择得，便出来看。(《祖堂集》卷十)

③又问："若是二程出来担负，莫须别否？"(《朱子语类·本朝四》)

④你看这些虫蛭，一个个摩拳擦掌，出来迎敌。(《西游记》第七十二回)

⑤袭人，你出来瞧瞧。(《红楼梦》第二十四回)

相比较"出"而言，与"出来"共现的 V，双音节词的数量较多。特别是到了明清时期，单音节动词往往通过重叠等方式变成双音节，这种现象与汉语词汇的双音节趋势有关，也与"出来"本身是双音节词语有关。

第二，"出来+V+O"格式，较早的是《敦煌变文集》中的用例，后代有所沿用。例如：

⑥中内有一智臣，出来白王一计。(《敦煌变文集·频婆娑罗王后宫彩女功德意供养塔生天因缘变》)

⑦弟便出来屈其老宿。(《祖堂集》卷三)

⑧圣贤出来抚临万物，各因其性而导之。(《朱子语类·大学一》)

⑨出来寻道士，溺死在山溪。(《西游记》第六十七回)

⑩我也出来玩赏这清池皓月。(《红楼梦》第七十六回)

总的来说，连动式第一个动词位置上的"出来"，意义多用本义。与"出来"搭配的动词较少是光杆的单音节动词，一般是双音节或多音节动词，或是单音节动词的重叠式，或是在单音节动词后带上宾语。这可能与音韵的协调有关。

下面，我们将连动式第一个动词位置上的"出来"各期所占的比例列表 1.11 如下：

表 1.11 连动式第一个动词位置上的"出来"各期所占的比例

语料	"出来"出现的总次数	连动式第一个动词上"出来"次数	比例（%）
敦煌	30	6	20
祖堂	46	13	28.26
景德	40	13	32.5
朱子	639	44	6.89
西游	307	37	12.05
红楼	637	52	8.16

从表 1.11 可以看出，连动式第一个动词位置上的"出来"出现频率在宋代《朱子语类》之后大幅降低，这主要是受到"出来"移至连动式第二个动词位置上并虚化为趋向补语的影响。(参见表 1.16)

（2）连动式第二个动词位置上的"出来"。

连动式第二个动词位置上的"出来"，主要有两种格式："V+O+出来""V+出来"。在《敦煌变文集》见到比较早的这两种格式，有的是趋向连动式，有的是动趋式，这里所举的是趋向连动式的用例。

第一，"V+O+出来"格式：

⑪仙人见太子出来，流泪满目，手拭眼泪，口赞"希差"。(《敦煌变文集·八相变（一）》)

⑫时有人出来，叉手而立。(《祖堂集》卷十三)

⑬东川却有一支出来，便是西汉江，即所谓嘉陵江也。(《朱子语类·理气下》)

⑭（三藏）穿了衣服，开门出来。(《西游记》第十六回)

⑮迎春的丫环司棋与探春的丫环侍书二人正掀帘子出来，手里都捧着茶钟。(《红楼梦》第七回)

第二，"V+出来"格式：

⑯宝玉听了，忙忙的更衣出来，车犹未备，急的满厅乱转。(《红楼梦》第十六回)

⑰说毕半日，凤姐见无话，便转身出来。(《红楼梦》第三十六回)

连动式第二个动词位置上的"出来"的意义主要用的是本义，与前面的动词一起表示先后发生的两个动作，"出来"还是句中的主要动词。

下面，我们将连动式第二个动词位置上的"出来"各期所占的比例列表1.12如下：

表 1.12　连动式第二个动词位置上的"出来"各期所占的比例

语料	"出来"出现的总次	连动式第二个动词上"出来"次数	比例（%）
敦煌	30	2	6.67
祖堂	46	9	19.57
景德	40	2	5
朱子	639	25	3.91
西游	307	9	2.93
红楼	637	39	6.12

从表 1.12 可以看出，连动式第二个动词位置上的"出来"出现的频率在各期出现的频率都较低，但原因是不一样的：《朱子语类》以前，主要是由于单独作谓语和位于连动式第一个动词位置上的"出来"的出现频率高，使得连动式的出现频率相对较低，而《朱子语类》之后，主要是受到"出来"虚化为趋向补语的影响。（参见表 1.16）

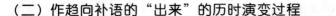

（二）作趋向补语的"出来"的历时演变过程

趋向补语"出来"可以表示两种语法意义：趋向义、结果义。我们从这两种意义分别考察其历时发展过程。考察分几个方面进行：趋向补语的意义、句法格式、述语的特点、宾语的情况等。

1. 趋向义趋向补语"出来"

趋向义趋向补语"出来"表示"人或事物通过动作由内向外向说话人位置或说话人心里设定的位置移动"的意思。它的语义中包含"位移""方向"和"立足点"，由于前面有了述语，"出来"中隐含动作行为的意义由前面的述语表达，"出来"主要是表示位移、位移的方向和立足点。试比较下面两个例子：

① 你只上山去将帖儿揭起，我就出来了。（《西游记》第十四回）

② 然源清则未见得，被它流出来已是浊了。（《朱子语类·朱子十》）

例①的"出来"除了"位移""方向""立足点"意义之外，还隐含了动作行为"走/跑"的含义，例②的"出来"则只包含"由内向外"位移、位移的方向和立足点的意义。

1）趋向义趋向补语"出来"能进入的句法格式

趋向义趋向补语出现的时间相对较晚，我们检索的语料中，《敦煌变文集》里有较早的用例，以后用例逐渐增加。

唐五代时期，《敦煌变文集》《祖堂集》中，趋向义趋向补语"出来"的用例较少，主要有以下几种格式：

第一，"V+出来"格式：

① 是你寺中有甚钱帛衣物，速须般运出来！（《敦煌变文集·庐山远公话》）

第二，"V+将+出来"格式：

② 师云："他时后日若欲得播扬大教去，一一个个从自己胸襟间流将出来，与他盖天盖地去摩？"（《祖堂集》卷七）

宋代，《景德传灯录》，特别是《朱子语类》中，趋向义趋向补语"出来"的用例逐渐多起来，除了沿用以往的格式外，还有以下几种格式：

第三，"V+O+出来"格式：

③ 乃召适来问话僧出来。（《景德传灯录》卷十五）

④ 譬如做酒，只是用许多曲，时日到时，便自逼酒出来。（《朱子语类·论语二十三》）

第四，"V_1（+O）+出来+V_2"格式：

⑤ 凡所短处，更不拈出来说，所以不见疏脱。（《朱子语类·陈君举》）

⑥天地只是不会说，倩他圣人出来说。(《朱子语类·易一》)

第五，把字句"将/把+O+V+出来"格式：

⑦把这般文字将出来做甚么！(《朱子语类·学四》)

第六，被字句"被+N+V+出来"格式：

⑧诗几年埋没，被某取得出来，被公们看得恁地搭滞。(《朱子语类·诗一》)

⑨然源清则未见得，被它流出来已是浊了。(《朱子语类·朱子十》)

元明清时期，与宋代相比，所出现的格式大致相同，只是到《红楼梦》时期，"V+了+出来"逐渐取代了"V+将+出来"；把字句有了比较大的发展，出现了相应的可能式。

第七，"V+了+出来"格式：

⑩宝玉不觉心里没好意思起来，又掏了出来。(《红楼梦》第二十九回)

⑪贾蓉心内已猜着九分了，忙下马令人搀了出来。(《红楼梦》第四十七回)

第八，可能式"V+得/不+出来（+O）"格式：

⑫你的马是我吞下肚去，如何吐得出来！(《西游记》第十五回)

⑬（邢夫人）自己心内早已怨忿不乐，只是使不出来。(《红楼梦》第七十一回)

从以上考察我们发现，大致在唐代，我们见到较早的"出来"作趋向义趋向补语的用例，但用例和格式还较少。宋代，特别是《朱子语类》时期有了较大的发展，用例增多，格式比较丰富，出现了"V+将+出来"格式，还出现了趋向义趋向补语"出来"用于"把"字句和"被"字句的用例，出现了趋向义趋向补语可能式用例。元明清时期，基本沿用宋以来的句法格式，只是"V+了+出来"逐步取代了"V+将+出来"，把字句有了比较大的发展，出现了相应的可能式。

下面，我们将趋向义趋向补语"出来"各期所占的比例列表1.13如下：

表1.13　趋向义趋向补语"出来"各期所占的比例

语料	"出来"出现的总次数	趋向义趋向补语"出来"出现的次数	比例（%）
敦煌	30	1	3.33
祖堂	46	1	2.17
景德	40	3	7.5
朱子	639	83	12.99
西游	307	167	54.40
红楼	637	222	34.85

从趋向义趋向补语"出来"出现的频率看，它在《朱子语类》时期得到极

大的发展，之所以《朱子语类》《红楼梦》的出现频率要低于《西游记》，主要是由于二者的结果义趋向补语的比例分别达到了64.16%和31.87%，而《西游记》中只有9.77%。如果将二者相加，"出来"作趋向补语的比例在宋以后基本相近，都达到了60%以上。（参见表1.16）

2）与趋向义趋向补语"出来"共现的述语类型

（1）从语音、语法性质上看，述语可以是：单音节及物动词、单音节不及物动词、双音节及物动词、双音节不及物动词。

单音节及物动词：

《祖堂集》：流。

《景德传灯录》：将、召、放。

《朱子语类》：进、流、拥、倾、撒、爆、贴、拈、使、将（拿义）、放、涌、载、取、握、把（拿义）、捉、倩、撞。

《西游记》：拿、送、钩、放、脱、钻、引、献、使、拥、取、打、抛、扛、偷、泛、赶、唤、叫、救、请、挽、诱、举、哄、扶、将、带、抱、倾、搬、抬、勒、吐、提、伸。

《红楼梦》：拿、掏、流、接、送、包、推、吐、迎、使、散、泼、搬、裁、打、带、掉、放、领、拈、拐、赶、抬、随、喷、要、选、挽、取、嫁、倒、跟、引、请、拉、哄、抱、捧、掣、掷、撵、丢、拣、挪、赎、进、摆、换、扭。

单音节不及物动词：

《朱子语类》：滚、走、满。

《西游记》：跳、走、飞、败、撺、跑、爬。

《红楼梦》：走、跑、爬、退、跳、滚、躲、逃。

双音节及物动词：

《敦煌变文集》：般运。

《朱子语类》：摆脱、迸散、涌坌、迸趲、扶持、搜扶。

《西游记》：拯救、贴换、绑缚。

《红楼梦》：跟随、迎接、引逗、带领、腾挪。

双音节不及物动词：

《西游记》：脱身。

《红楼梦》：挺身。

（2）从语义类型上看，与趋向义趋向补语"出来"共现的主要是位移动词。

自移动词：

《祖堂集》：流。

《朱子语类》：迸、流、涌、滚、走、满、迸散、涌坌、迸趱。

《西游记》：泛、跳、走、飞、揎、跑、爬。

《红楼梦》：流、跟、迸、走、跑、爬、退、跳、滚、躲、逃、跟随、迎接、引逗、带领、挺身。

致移动词：

《敦煌变文集》：般运。

《景德传灯录》：将、召、放。

《朱子语类》：拥、倾、撒、爆、贴、拈、使、将（拿义）、放、载、取、握、把（拿义）、捉、倩、撞、摆脱、扶持、搜扶。

《西游记》：拿、送、钩、放、脱、钻、引、献、使、拥、取、打、抛、扛、偷、泛、赶、唤、叫、救、请、搀、诱、举、哄、扶、将、带、抱、倾、搬、抬、勒、吐、提、伸、败、拯救、贴换、绑缚、脱身。

《红楼梦》：拿、掏、接、送、包、推、吐、迎、使、散、泼、搬、裁、打、带、掉、放、领、拈、拐、赶、抬、随、喷、要、选、搀、取、嫁、倒、引、请、拉、哄、抱、捧、掣、掷、攒、丢、拣、挪、赎、摆、换、扭、腾挪。

从上面的考察我们可以看到，《敦煌变文集》中已开始出现"出来"作趋向义趋向补语的用法，不过用例较少，与之搭配的动词局限性也比较大，直到宋代，动词的范围和数量才不断扩大。与趋向义趋向补语"出来"共现的述语主要是位移动词，致移动词与"出来"的搭配范围在宋代以后变得更广一些，很多致移动词都可以和"出来"搭配：可以是比较具体的致移动词，如"将、召、放、拥、倾、撒、爆、贴"等，也有一些位移意义不太明显，只是表示一种比喻性的位移动作，如"献、拯救、要、赎、使"等也与"出来"搭配使用。自移动词主要是"流、迸、走、滚、爬、跳、飞"等，这些动词和"出来"共现的频率很高。音节上，以单音节动词占绝对优势，出现了少量双音节动词；在及物性上，述语可以是及物动词，也可以是不及物动词，但及物动词较多。

3）与趋向义趋向补语"出来"共现的宾语的类型

从语法结构上看，宾语主要是名词或名词性短语，又可以细分为：

表人或事物的具体名词或名词性短语：由于与"出来"同现的动词往往是表示位移或使位移的动作行为动词，因此，与"出来"同现的宾语往往是表示具体的人或事物的宾语。例如：

① 趁早好好送我师父出来，还饶你这个性命！（《西游记》第二十回）

② 小厮跑了进去，半日抱了一个包袱出来，递与焙茗。（《红楼梦》第二十八回）

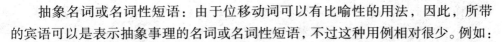

抽象名词或名词性短语：由于位移动词可以有比喻性的用法，因此，所带的宾语可以是表示抽象事理的名词或名词性短语，不过这种用例相对很少。例如：

③ 道无形体，却是这物事盛，载那道出来，故可见。(《朱子语类·论语十八》)

④ 日用间著力屏去私欲，扶持此心出来。(《朱子语类·论语五》)

从语义上分，与趋向义趋向补语"出来"共现的宾语均为受事宾语。

⑤ 沙僧果举降妖杖出来，喝一声，撞将出去，打退群妖。(《西游记》第三十五回)

⑥ 说着，便拿了一碟出来，递与芳官。(《红楼梦》第六十回)

从语音上看，宾语基本上是双音节或多音节的，如以上所举各例。

2. 结果义趋向补语"出来"

结果义趋向补语"出来"的语义是表示"从无到有，或由隐蔽到显露"的意思。①

1）结果义趋向补语"出来"能进入的句法格式

结果义趋向补语"出来"的用例，在我们所检索的语料中和趋向义趋向补语"出来"出现的时间分不出先后，我们均是在《敦煌变文集》中见到，这可能表明二者是同时出现的，因为"出来"作趋向补语时，单音节的趋向补语的三种形式（即趋向义、结果义、状态义趋向补语）都已经发展成熟，"出来"就沿用了现成的模式，也可能由于我们调查语料的局限，无法断定二者出现的先后，但结果义的"出来"不会早于趋向义的"出来"应该比较符合趋向补语发展的一般规律。

唐五代时期，《敦煌变文集》《祖堂集》中只检得1例，格式为："V+出来"。

① 不是鸟身受业报，并是弥陀化出来。(《敦煌变文集·佛说阿弥陀经讲经文（三）》)

这说明唐五代时期，结果义趋向补语"出来"还比较少见，句法格式比较单一。

宋代，结果义趋向补语"出来"有了比较大的发展，特别是在《朱子语类》中，用例大大增加，句法格式更加丰富，与"出来"搭配的动词类型也更加多样。《景德传灯录》《朱子语类》中除了沿用"V+出来"格式外，主要还有以下几种格式：

第一，"V+将+出来"格式：

② 及闻一贯之说，他便于言下将那实心来承当得，体认得平日许多工夫，

---

① 刘月华：《趋向补语通释》，北京语言文化大学出版社1998年版，第237页。

许多样事，千头万绪，皆是此个实心做将出来。(《朱子语类·论语九》)

③此却是真个事急了，不觉说将出来。(《朱子语类·论语十八》)

第二，"V+O+出来"格式：

④及至长大，便学种种知解出来。(《景德传灯录》卷十四)

⑤天地那里说我特地要生个圣贤出来！(《朱子语类·性理一》)

第三，"V+将+O+出来"格式：

⑥他生将物出来，便见得是能。(《朱子语类·易十》)

第四，"V+了+出来"格式：

⑦如遇试则入去，据己见写了出来。(《朱子语类·学七》)

第五，"V+出来+O"格式：

⑧在它人看见是没紧要言语，它做出来多少大一件事！(《朱子语类·论语二十七》)

⑨才少有私欲蔽之，则便间断，发出来爱，便有不到处。(《朱子语类·程子之书一》)

第六，"V$_1$+出来+V$_2$+O"格式：

⑩圣人于微处一一指点出来教人。(《朱子语类·论语十一》)

⑪他也只是偶然见如此，便说出来示人。(《朱子语类·程子之书二》)

第七，把字句"将/把+O+V+出来"格式：

⑫侯氏所引孔子之类，乃是且将孔子装影出来，不必一一较量。(《朱子语类·中庸二》)

⑬而今且将诸说录出来看，看这一边了，又去看那一边，便自见得不相碍。(《朱子语类·中庸三》)

第八，被字句"被+N+V+出来"格式：

⑭近世被濂溪拈掇出来，而横渠二程始有"气质之性"之说。(《朱子语类·孟子九》)

⑮隐微之事，在人心不可得而知，却被他说出来。(《朱子语类·中庸一》)

第九，相应的可能式：

"V+得/不+出来（+O）"格式：

⑯此心因物方感得出来，如何强要寻讨出？(《朱子语类·孟子三》)

⑰如人拾得一个无题目诗，再三熟看，亦须辨得出来。(《朱子语类·诗一》)

"V+得/不+O+出来"格式：

⑱圣人立许多节目，只要人剔刮得自家心里许多道理出来而已。(《朱子语类·论语五》)

"V+O+不+出来"格式：

⑲ 无忠，做恕不出来。(《朱子语类·中庸二》)

"V+出来+不得"格式：

⑳ 但人视之不见，听之不闻，分将出来不得，须是于此自有所见。(《朱子语类·中庸二》)

元明清时期，主要是沿用宋代的格式，只是"V+了+出来"格式用例更多，而可能式的格式基本上只保留了"V+得/不+出来（+O）"，其他的可能式基本上没有见到用例。例如：

㉑ 纵拟了出来，不免迂腐古板，反不能使花柳园亭生色，似不妥协，反没意思。(《红楼梦》第十七回)

㉒ 刘姥姥便顺口胡诌了出来。(《红楼梦》第三十九回)

㉓ 三藏道："你看不出来哩，丑自丑，甚是有用。"(《西游记》第十六回)

㉔ 偏是咬舌子爱说话，连个"二"哥哥也叫不出来，只是"爱"哥哥"爱"哥哥的。(《红楼梦》第二十回)

下面，我们将结果义趋向补语"出来"各期所占的比例列表1.14如下：

表1.14 结果义趋向补语"出来"各期所占的比例

语料	"出来"出现的总次数	结果义趋向补语"出来"出现的次数	比例（%）
敦煌	30	1	3.33
祖堂	46	0	0
景德	40	2	5
朱子	639	410	64.16
西游	307	30	9.77
红楼	637	203	31.87

从结果义趋向补语"出来"出现的频率看，它在《朱子语类》时期得到极大发展，之所以《西游记》《红楼梦》中出现的频率要低于《朱子语类》，主要是由于二者趋向义趋向补语的比例分别达到了54.40%和34.85%，《朱子语类》中为12.99%。"出来"作趋向补语在宋以后的比例基本相近，都达到了60%以上。(参见表1.16)

2）与结果义趋向补语"出来"共现的述语类型

（1）从语音、语法性质看，述语可以是单音节及物动词、单音节不及物动词、双音节及物动词、多音节动词、形容词。

单音节及物动词：

《敦煌变文集》：化。

《景德传灯录》：指、学。

《朱子语类》：推（推理义）、发、生、说、做、体、得、透、讨、动、变、行、看、注、撰、合、放、顺、写、画、叠、指、提、验、突、见、分、引、录、感、烧、辨、求、养、倚、教、寻。

《西游记》：说、喊、骂、点、斟、寻、现、演、捌、点、饶、织、搜、讨、供、看、长、干。

《红楼梦》：叫、说、省、写、刻、做、听、添、惹、生、看、露、描、种、对、吵、印、匀、誊、化、录、念、嚷、找、喊、批、算、行、瞧、问、弄、作、画、拧、烫、想、拟、查、洗、装、编、现、翻、认、试、尝、学、干、诌。

单音节不及物动词：

《红楼梦》：笑、哭、闹、应。

双音节及物动词：

《朱子语类》：发扬、发用、敷施、剖析、理会、捻合、解释、涵养、发见、体验、发生、推究、分破、流行、研究、默化、发明、拈掇、发露、分别、体认、思量、推说、安排、发泄、顺发、研磨、模写、奋迅、妆点、振策、旋生、变化、体贴、譬喻、推排、恭显、磨刮、发挥、推演、作为、敲点、装点、寻讨、解发、指点、装影、感发、翻绎、剔刮、看见、造化。

《西游记》：言语、收拾。

《红楼梦》：思虑、调理、编纂、抄录、誊写、誊录、比方、分别、打点、查诘、叮登、打听、告诉、胡诌、答应、收拾、对查、搜寻、解注、烘染。

多音节动词：

《朱子语类》：挑剔揩磨、团旋推荡。

形容词：

《红楼梦》：多、烂。

（2）从语义方面看，与结果义趋向补语"出来"共现的述语动词主要是非位移动词：

《敦煌变文集》：化。

《景德传灯录》：指、学。

《朱子语类》：推（推理义）、发、生、说、做、体、得、透、讨、动、变、行、看、注、撰、合、放、顺、写、画、叠、指、提、验、突、见、分、引、录、感、烧、辨、求、养、倚、教、寻、发扬、发用、敷施、剖析、理会、捻合、解释、涵养、发见、发生、体验、推究、分破、流行、研究、默化、发明、拈掇、发露、分别、体认、思量、推说、安排、发泄、顺发、研磨、模写、奋迅、妆点、振策、旋生、变化、体贴、譬喻、推排、恭显、磨刮、发挥、推演、作为、敲点、装点、寻讨、解发、发明、指点、装影、拈掇、感发、翻绎、剔刮、看见、造化、挑剔揩磨、团旋推荡。

《西游记》：说、喊、骂、点、斟、寻、现、演、搠、饶、织、搜、讨、供、看、长、干、言语、收拾。

《红楼梦》：叫、说、省、写、刻、做、听、添、惹、生、看、露、描、种、对、吵、印、匀、笑、誊、化、录、念、嚷、找、喊、批、算、行、哭、闹、应、瞧、问、弄、作、画、拧、烫、想、拟、查、洗、装、编、现、翻、认、试、尝、学、干、诌、思虑、调理、编纂、抄录、誊写、誊录、比方、分别、查诘、叩登、打点、打听、告诉、胡诌、答应、收拾、对查、搜寻、解注、烘染。

从上面的描写，我们看出：与结果义趋向补语"出来"共现的述语从唐五代开始主要是非位移动词。其实，正是因为与"出来"搭配的述语从位移动词扩大到非位移动词，"出来"的位移意义才得以进一步虚化，最终产生了表示"从无到有、从隐蔽到显现"的结果义趋向补语的用法。同时，与结果义趋向补语"出来"搭配的述语的数量和种类，在唐五代到《朱子语类》之前还比较少，到《朱子语类》时代及以后，得到了极大的发展：从及物性上看，以及物动词为主，不仅有单音节、双音节、多音节及物动词，也有单音节的不及物动词，到《红楼梦》时代，还出现了形容词，这一方面进一步扩大了述语的使用范围，另一方面也使得"出来"的意义更加虚化。

3）与结果义趋向补语"出来"共现的宾语的类型

从语法结构上看，宾语主要是表人或事物的具体名词或名词性短语。

表人或事物的具体名词：

① 你请现原身出来，我驮着你，再不敢冲撞你了。(《西游记》第四十九回)

这种单独的名词作"出来"宾语的情况很少见，绝大多数宾语是名词性短语。

名词性短语：可以是表具体的名词性短语，也可以是表抽象的名词性短语。例如：

② 周公做这爻辞，只依稀地见这个意，便说这个事出来，大段散漫。(《朱子语类·易九》)

③ 因此悔之不迭，复又想了一条主意出来。(《红楼梦》第六十九回)

从语义上分，与结果义趋向补语"出来"共现的宾语基本上是受事宾语，有少量的施事宾语，不能出现处所宾语。

从语音上看，宾语有单音节和多音节之分：由于韵律的要求，单音节的宾语很少，基本是多音节的宾语。

3. "出来"与述语和宾语的位置

"出来"与述语和宾语的位置主要有三种，我们把它们码化为：

A式——VOC（V代表述语，O代表宾语，C代表"出来"）；B式——VCO；C式——把 OVC。

A式是比较早产生的一种格式，我们在《敦煌变文集》《祖堂集》中见到的这种格式还不是动趋式，是趋向连动式。《朱子语类》中此类格式有的就已经是动趋式了。这种格式的动趋式有的是趋向义动趋式，有的是结果义动趋式，是哪种类型的动趋式，与 V 的类型有很大关系（见前面的论述和例子）。

B式我们在《朱子语类》中见到个别用例，《红楼梦》中有少量的用例，是一种较后兴起的格式，在后代有所发展。例如：

① 在它人看见是没紧要言语，它做出来多少大一件事！（《朱子语类·论语二十七》）

② 连赌博偷盗的事情，都闹出来了两三件了。（《红楼梦》第六十四回）

B式中的"出来"基本上是结果义趋向补语。

C式在《朱子语类》中开始见到，明清时期有较大的发展。例如：

③ 把这般文字将出来做甚么！（《朱子语类·学四》）

④ 他就把那葫芦都倾出来，就都吃了，如吃炒豆相似。（《西游记》第五回）

⑤ 这"母蝗虫"三字，把昨儿那些形景都现出来了。（《红楼梦》第四十二回）

C 式中的"出来"可以是趋向义趋向补语，如例③、例④，也可以是结果义趋向补语，如例⑤。

我们把"出来"发展演变的历程列表 1.15 如下：

表 1.15　"出来"发展演变的历程

			作谓语		
				句法格式	
发展轮廓	语义	语料来源	单独作谓语	作连动式第一个动词	作连动式第二个动词
出来	唐代开始有少量用例，宋代有比较大的发展，后代沿用	人或事物自身向说话人方向或说话人心里设定的方向由内向外移动	论语左传	—	—	—
			史记论衡	—	—	—
			搜神世说	—	—	—

续 表

作谓语					
发展轮廓	语义	语料来源	句法格式		
			单独作谓语	作连动式第一个动词	作连动式第二个动词
出来	唐代开始有少量用例，宋代有比较大的发展，后代沿用	人或事物自身向说话人方向或说话人心里设定的方向由内向外移动	敦煌祖堂	S+出来 介+O+出来 出来+O	出来+V 出来+V+O	V+出来 V+O+出来
			景德朱子	S+出来 介+O+出来 出来+O	出来+V 出来+V+O	V+出来 V+O+出来
			元曲西游红楼	S+出来 介+O+出来 出来+O	出来+V 出来+V+O	V+出来 V+O+出来

趋向义补语									
发展轮廓	语义	语料来源	句法格式	共现述语类型			共现宾语类型		
				语义	语法	语音	语义	语法	语音
出来	唐五代产生，宋元时期获得极大发展，后代基本沿用	人或事物通过动作由内向外向说话人位置或说话人心里设定的位置移动	论语左传	—	—	—	—	—	—	—
			史记论衡	—	—	—	—	—	—	—
			搜神世说	—	—	—	—	—	—	—
			敦煌祖堂	V+出来 V+将+出来	自移致移	及物	单双	受事	具体名词	双多
			景德朱子	V+出来 V+将+出来 V+O+出来 V₁(+O)+出来+V₂ 把字句 被字句	自移致移	及物不及物	单双	受事	具体名词抽象名词	双多

趋向义补语									
发展轮廓	语义	语料来源	句法格式	共现述语类型			共现宾语类型		
				语义	语法	语音	语义	语法	语音
出来 唐五代产生,宋元时期获得极大发展,后代基本沿用	人或事物通过动作由内向外向说话人位置或说话人心里设定的位置移动	元曲西游红楼	V+出来 V+将+出来 V+O+出来 V+了+出来 V₁(+O)+出来+V₂ 把字句 被字句 可能式	致移自移	及物不及物	单双	受事	具体名词抽象名词	双多

结果义补语									
发展轮廓	语义	语料来源	句法格式	共现述语类型			共现宾语类型		
				语义	语法	语音	语义	语法	语音
出来 唐五代出现少量用例,宋代获得极大发展,后代基本沿用	从无到有,或由隐蔽到显露	论语左传	—	—	—	—	—	—	—
		史记论衡	—	—	—	—	—	—	—
		搜神世说	—	—	—	—	—	—	—
		敦煌祖堂	V+出来	非位移	及物	单	受事	具体名词	双
		景德朱子	V+出来 V+将+出来 V+了+出来 V+O+出来 V+将+O+出来 V+出来+O V₁+出来+V₂+O 把字句 被字句 可能式	非位移	及物	双多	受事施事	具体名词抽象名词名词性短语	双多

续　表

结果义补语									
发展轮廓	语义	语料来源	句法格式	共现述语类型			共现宾语类型		
				语义	语法	语音	语义	语法	语音
出来	从无到有，或由隐蔽到显露	元曲 西游 红楼	V+出来 V+将+出来 V+了+出来 V+O+出来 V+将+O+出来 V+出来+O V₁+出来+V₂+O V₁+O+出来+V₂ 把字句 被字句 可能式	非位移形容词	及物不及物	单双	受事施事	具体名词抽象名词名词性短语	双多

注：发展轮廓栏：唐五代出现少量用例，宋代获得极大发展，后代基本沿用

"出来"在各时期各种用法中总的出现频率，列表 1.16 如下：

表 1.16　"出来"在各时期各种用法中总的出现频率

语料	"出来"出现的总次数	"出来"单独作谓语		"出来"用于连动式		"出来"作趋向补语	
		次数	比例	次数	比例	次数	比例
敦煌	30	20	66.67	8	26.67	2	6.66
祖堂	46	23	50	22	47.83	1	2.17
景德	40	20	50	15	37.5	5	12.5
朱子	639	77	12.05	69	10.80	493	77.15
西游	307	64	20.85	46	14.98	197	64.17
红楼	637	121	19	91	14.28	425	66.72

从表 1.16 可以看出，"出来"在《朱子语类》以前主要是单用作谓语或用于连动式中，作趋向补语的比例很低，《朱子语类》以后，作趋向补语成为"出来"的主要用法。因此，从历时考察的情况来看，"出来"作趋向补语，是在唐五代开始的，真正的大发展是宋代及以后。

二、"出来"的历时演变有关问题的讨论

（一）关于"出来"的比较

1. 不同位置上"出来"的比较

"出来"既可以出现在谓语中心的位置上充当谓语，也可以出现在谓语动词之后充当补语。不同位置上的"出来"在语义、句法、发展轮廓等方面有同有异。

1）语义上

作谓语的"出来"有比较实在的词汇意义，表示人或事物自身向说话人方向或说话人心里设定的方向由内向外移动，含有"动作行为""位移""方向""立足点"等语义特征。而作趋向补语的"出来"在词汇意义上已经有所虚化，"位移"和"方向"等语义特征可以包含也可以不包含。具体说来，趋向义趋向补语主要指示方向，由于前面有表示动作行为的述语，"出来"的位移义已经稍有减弱；结果义趋向补语在趋向义趋向补语的基础上进一步虚化，已经不再表示具体的位移和位移方向，而表示由于动作行为而使事物或状态从无到有、由隐蔽而显现。

2）句法上

作谓语的"出来"主要是单用，或用在连动式第一个动词位置上和连动式第二个动词位置上，作补语的"出来"用在谓词性成分后。由于动趋式的发展，单用的作谓语的"出来"在意义和句法上受到很大限制，语义上一般用"由内向外移动"的本义，句法上一般用于祈使句语境中。用在连动式第一个动词位置上的"出来"也基本用它的本义，连动式第二个动词位置上的"出来"也在宋以后逐渐虚化为趋向补语。

3）发展演变轮廓上

作谓语的"出来"和作趋向补语的"出来"在我们检索的语料中分不出时间的先后，较早用例都在《敦煌变文集》中见到。但从趋向补语发展的一般规律来说，作趋向补语的"出来"是作谓语的"出来"语法化的结果。也许是由于我们所检索的语料有限，使我们无法直观地看到二者的先后演变关系，即便是再扩大检索范围还是无法分别二者的先后，但这不影响我们对二者演变关系的推断。因为单音节的趋向补语"出"是由作谓语的"出"逐渐虚化演变而来的。在唐五代时期，单音节的趋向补语已经发展得比较成熟了，作为唐五代时期才出现的"出来"，就可以直接借用趋向补语的用法，因此一开始便有了谓语和趋向补语用法共存的现象。二者在相当长的一段时间内共存，承担各自的使

命。但受到动趋式发展的影响，"出来"作谓语在句法和语义上受到很大限制，已经不是一种自由的用法了。作趋向补语的"出来"产生于唐五代，宋代获得极大的发展，句法格式灵活多样，与"出来"共现的述语和宾语形式也很多样，特别是《红楼梦》时期，与结果义趋向补语"出来"共现的述语突破了以往动词的限制，出现了形容词述语，使动趋式的用法更加灵活。

2. 同一位置上"出来"的比较

"出来"既可以充当趋向义趋向补语，也可以充当结果义趋向补语，二者的句法位置相同，但在句法、语义、发展轮廓等方面有同有异。

1）语义上

趋向义趋向补语"出来"表示人或事物通过动作由内向外向说话人位置或说话人心里设定的位置移动，包含"位移""方向""立足点"等语义特征，但位移义比作谓语时有所减弱；结果义趋向补语"出来"表示通过动作行为而使事物或状态从无到有，从隐蔽到显现，不再表示具体的位移和位移方向。二者的语义呈现出由趋向义 > 结果义的虚化连续统。

2）使用的句法格式上

两种类型的趋向补语在句法格式上大体相同，但有一个比较显著的区别，就是趋向义趋向补语"出来"没有可能式，结果义趋向补语"出来"有可能式，同时，结果义趋向补语"出来"所应用的句法格式相对来说更丰富一些。

3）共现的述语类型上

动词的位移性由自移>致移>非位移逐渐减弱，与两种类型趋向补语共现的述语类型上，趋向义趋向补语"出来"主要与自移和致移动词共现，呈现出较强的位移性；结果义趋向补语"出来"主要与非位移动词共现，有的甚至与形容词共现，说明"出来"的位移义已经比较虚化。

4）共现的宾语类型上

趋向义趋向补语"出来"和结果义趋向补语"出来"的差别主要体现在与之共现的宾语语义类型上：前者基本上只与受事宾语共现，而后者还可以与施事宾语共现。

从整体上说，两种类型的趋向补语呈现出由趋向义 > 结果义不断语法化的序列。趋向义趋向补语和结果义趋向补语"出来"产生的时代相近，至迟在唐五代时期已经出现，均在宋代得到极大的发展，二者并存，分别承担不同的语言使命。

（二）"出来"的语法化[①]

在本节的第二部分，我们把"出来"分成作谓语的"出来"和作趋向补语的"出来"，对其历时发展过程作了比较详细的描写和分析，这为我们分析"出来"的语法化提供了基础。

前面的考察，我们看到："出来"最初是个连动结构，复合成词后的"出来"可以作谓语，也可以作趋向补语，趋向补语又分趋向义、结果义两种。"出来"正是按照这样一个轨迹语法化的，即作谓语的趋向动词"出来"→作趋向义趋向补语的"出来"→作结果义趋向补语的"出来"。

1. 作谓语的趋向动词"出来"

复合趋向动词"出来"是由表示人或物由内向外移动的"出"粘附"来"而形成的。"出"和"来"经常连用，而且语义相宜，二字逐渐消失了词的界限，复合成一个词。"出来"复合成词大概出现于唐代。例如：

① 弟子布施一索，分难之时愿平善，孩儿早出来。（《敦煌变文集·八相座押文》）

② 若诸朝官赴我筵会，小娘子事须出来相见。（《敦煌变文集·金刚丑女因缘》）

③ 仙人见太子出来，流泪满目，手拭眼泪，口赞"希差"。（《敦煌变文集·八相变（一）》）

例①是"出来"单独作谓语，例②是用在连动式第一个动词位置上，例③是用在连动式第二个动词位置上。

"出来"作谓语的用法一直沿用到现代汉语中。但"出来"作谓语的语义基本局限在"由内向外向说话人位置或说话人心里设定的位置移动"的本义上，与"出来"联系的施事是自身能够发出"由内向外移动"这一动作的人或动物，"出来"的动作意义还非常突出。而且，在连动式中作谓语的"出来"仅限于用在连动式第一个动词位置上，连动式第二个动词位置上的"出来"已经虚化为趋向补语。

2. 趋向义趋向补语"出来"

大约在唐代，出现了"出来"作趋向义趋向补语的用法，我们在《敦煌变文集》中见到较早的用例：

① 是你寺中有甚钱帛衣物，速须般运出来！（《敦煌变文集·庐山远公话》）

宋代及以后，趋向义趋向补语"出来"的用例逐渐增多，格式也更加丰富。

---

① 关于"出来"的语法化机制请参看第二章关于"起来"语法化的有关论述。

由作谓语的趋向动词发展为作趋向义趋向补语，是"出来"第一次语法化的结果。在"出来"第一次语法化的过程中，发生了一些有意义的变化：

第一，"出来"的语义，由具体表示人或动物"由内向外向说话人方向或说话人心里设定的方向移动"这一动作行为，变为表示由人或动物自身或外力致使其产生"由内向外向说话人方向或说话人心里设定的方向移动"这一结果。例如：

② （三藏）穿了衣服，开门出来。（《西游记》第十六回）

③ 宝玉不觉心里没好意思起来，又掏了出来。（《红楼梦》第二十九回）

例②的"出来"表示的是具体的动作行为，例③的"出来"表示"掏"的结果。

趋向义趋向补语"出来"虽然还保留了比较多的趋向意义，但动作行为的意义已经有所减弱了。

第二，"出来"的句法功能，由充当主干成分谓语降级为充当非主干成分补语。整个句子的中心发生了变化，充当谓语时，"出来"是句子的中心，充当补语时，句子的中心前移至"出来"前的动词。

第三，"出来"的语义指向，由指向句子的施事变成可能指向施事，也可能指向受事。"出来"作谓语时，不管施事在句中是否出现，其语义指向都是句子的施事，"出来"作趋向义趋向补语时，其语义指向根据与"出来"搭配的 V 的不同，可以指向施事，也可以指向受事。具体说来，当 V 是自移动词时，"出来"的语义指向施事；当 V 是致移动词时，"出来"的语义指向受事。例如：

④ 你只上山去将帖儿揭起，我就出来了。（《西游记》第十四回）

⑤ 然源清则未见得，被它流出来已是浊了。（《朱子语类·朱子十》）

⑥ 是你寺中有甚钱帛衣物，速须般运出来！（《敦煌变文集·庐山远公话》）

例④中，"出来"作谓语，"出来"的语义指向"我"，是"我出来"；例⑤中的"出来"作趋向义趋向补语，前面的 V 是自移动词，"出来"的语义指向"源"，是"源出来"；例⑥中的"出来"作趋向义趋向补语，前面的 V 是致移动词，"出来"的语义指向受事"钱帛衣物"，是"钱帛衣物（因'般运'这个动作而）出来"。

3. 结果义趋向补语"出来"

大约在唐代时，出现了"出来"作结果义趋向补语的用例，我们在《敦煌变文集》中见到较早的用例。例如：

① 不是鸟身受业报，并是弥陀化出来。（《敦煌变文集·佛说阿弥陀经讲经

文（三）》》

由趋向义趋向补语到结果义趋向补语，是"出来"第二次语法化的结果。在"出来"第二次语法化的过程中，也发生了一些有意义的变化：

第一，"出来"的语义，由表示具体的空间位移趋向变为表示比较抽象的结果，语义发生了明显的虚化。如例①中的"出来"并不表示空间的位移或位移的方向，而是表示前面的 V 的结果。

第二，与"出来"搭配的 V 的范围由位移动词扩大到非位移动词。V 的范围的扩大与"出来"语义的变化是相辅相成的，V 的范围扩大，导致"出来"的语义虚化，"出来"语义的虚化又会进一步推动 V 范围的扩大。

第三，"出来"的语义指向，只能指向动词中心语。趋向义趋向补语"出来"的语义指向施事或受事，说明"出来"和 V 之间的语义联系并不特别紧密，而结果义趋向补语"出来"的语义只能指向 V，说明"出来"不仅在句法上与 V 紧密结合，在语义上的联系也很紧密，"出来"的虚化程度相对更高。

第三节 "出去"的历时演变

一、"出去"的历时演变过程

"出去"在现代汉语中主要充当谓语和补语。我们下面考察"出去"的历时发展情况。

（一）作谓语的"出去"的历时演变过程

作谓语的"出去"表示人或事物向背离说话人方向或说话人心里设定的方向由内向外移动。它的语义中包含"动作行为""位移""方向""立足点"等语义特征。"动作行为""位移""方向"由"出"承担，"立足点"由"去"表示。

1. 作谓语的"出去"主要能进入的句法格式

作谓语的"出去"主要是两种用法：一是单独作谓语，二是和其他动词构成连动式一起作谓语。下面我们对汉语史上各期作谓语的"出去"能进入的句法格式作具体的描述。

1）单独作谓语的"出去"

"出去"单独作谓语，出现的时间比较早，我们在《史记》中检得 1 例：

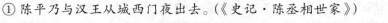

① 陈平乃与汉王从城西门夜出去。(《史记·陈丞相世家》)

这一例的"出去"还可以看作是连动短语。

《搜神记》中的这一例"出去"则已经是复合趋向动词了。

② 蝼蛄夜掘壁根为大孔,乃破械,从之出去。(《搜神记》卷二十)

唐五代及以后,作谓语的"出去"用例逐渐增多。主要有以下格式:

第一,"S+出去"格式:

③ 王郎心里莫野,出去早些归舍。(《敦煌变文集·金刚丑女因缘》)

④ 耽源便出去,良久回来。(《祖堂集》卷三)

宋代,句法格式又有了新的发展,除了上一种格式外,还有以下格式:

第二,"介词+O+出去"格式:

⑤ 总从这里出去也。(《景德传灯录》卷十九)

⑥ 行,是大纲行时;出,则始自此出去也。(《朱子语类·论语二十七》)

第三,"出去+O"格式:

⑦ 若是柔弱者,如何会出去外面同人又去涉险!(《朱子语类·易六》)

元明清时期,主要沿用宋以来的格式。例如:

⑧ 那大圣收了如意棒,抖擞神威,将身一纵,站在佛祖手心里,却道声:"我出去也!"(《西游记》第七回)

⑨ 说着,果然从后门出去,至窗下潜听。(《红楼梦》第五十二回)

⑩ 你瞧宝姑娘那里,出去了一个香菱,就冷清了多少,把个云姑娘落了单。(《红楼梦》第七十回)

例①是第一种格式,例⑨是第二种格式,例⑩是第三种格式。

我们将以上 3 种格式在各期的出现频率列表 1.17 如下:

表 1.17　3 种格式在各期的出现频率

语料	"出去"单独作谓语的次数	S+出去		介+O+出去		出去+O	
		次数	比例（%）	次数	比例（%）	次数	比例（%）
敦煌	4	4	100	0	0	0	0
祖堂	9	9	100	0	0	0	0
景德	33	31	93.94	2	6.06	0	0
朱子	26	23	88.46	2	7.69	1	3.85
西游	33	31	93.94	2	6.06	0	0
红楼	126	114	90.48	11	8.73	1	0.79

从表 1.17 看来,"出去"单独作谓语,绝大多数是不带宾语的,只有极少量

的用例带了宾语，这与"出来"单独作谓语的情况类似，而与"出"单独作谓语的情况刚好相反。

同时，单独作谓语的"出去"出现的比例也发生了明显的变化，请看表1.18：

表1.18　单独作谓语的"出去"出现的比例的变化

语料	"出去"出现的总次数	"出去"单独作谓语次数	比例（%）
敦煌	4	4	100
祖堂	19	9	47.37
景德	44	33	75
朱子	77	26	33.77
西游	134	33	24.63
红楼	370	126	34.05

"出去"单独作谓语的比例在宋代《朱子语类》之后大幅度下滑，这主要是受到"出去"用于连动式并虚化为趋向补语的影响。（参见表1.22）

2）和其他动词构成连动式一起作谓语的"出去"

和其他动词构成连动式一起作谓语的"出去"，主要用在连动式第一个动词位置上，也有少数用在连动式第二个动词位置上。

（1）用在连动式第一个动词位置上的"出去"。

宋代《朱子语类》中见到较早的用例，主要有两种格式，后代沿用。

第一，"出去+V"格式：

①明道十四五便学圣人，二十及第，出去做官，一向长进。（《朱子语类·孔孟周程张子》）

②孙悟空来了，汝等出去接待接待。（《西游记》第七十七回）

③周瑞家的忙出去答应了，趁便回了刘姥姥之事。（《红楼梦》第七回）

第二，"出去+V+O"格式：

④"克己"是入来胜己，"克伐"是出去胜人。（《朱子语类·论语二十六》）

⑤待我且出去迎他，看是何如。（《西游记》第四十三回）

⑥周瑞家的听了，方出去引他两个进入院来。（《红楼梦》第六回）

（2）用在连动式第二个动词位置上的"出去"。

第二个动词位置上的"出去"，也有少数是与V构成连动式作谓语的。

第一，唐五代，主要有一种格式："V+出去"。

⑦岩礼拜出去，向道吾拈起因缘。（《祖堂集》卷四）

第二，宋代及元明清时期增加了一种格式："V+O+出去"。

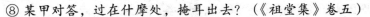

⑧ 某甲对答，过在什摩处，掩耳出去？（《祖堂集》卷五）

⑨ 高就桶内舀一杓饭便出去。（《景德传灯录》卷十四）

⑩ 那贼得了手，不往西去，倒抬向城东，杀了守门的军，打开城门出去。（《西游记》第八十四回）

⑪（晴雯）拿了钱，便摔帘子出去了。（《红楼梦》第二十回）

下面，我们将连动式第一个、第二个动词位置上的"出去"各期所占的比例列表 1.19 如下：

表 1.19 连动式第一个、第二个动词位置上的"出去"各期所占的比例

语料	"出去"出现的总次数	连动式第一个动词上"出去"次数	比例（%）	连动式第二个动词上"出去"次数	比例（%）
敦煌	4	0	0	0	0
祖堂	19	0	0	4	21.05
景德	44	0	0	6	13.64
朱子	77	4	5.19	0	0
西游	134	12	8.96	2	1.49
红楼	370	64	17.30	11	2.97

位于连动式第一个动词位置上的"出去"最早用例在《朱子语类》中见到，宋元明时期比例较低，《红楼梦》中比例有所增大，这与"出去"的用例增多，而连动式第一个动词位置上的"出去"一直没有虚化有关。第二个动词位置上的"出去"在《朱子语类》之前有较高的比例，但之后的比例就非常低了，这与"出去"虚化为趋向补语有关。（参见表 1.22）

（二）作趋向补语的"出去"的历时演变过程

趋向补语"出去"可以表示两种语法意义：趋向义、结果义。我们从这两种意义分别考察其历时发展过程。考察分几个方面进行：趋向补语的意义、句法格式、述语的特点、宾语的情况等。

1. 趋向义趋向补语"出去"

趋向义趋向补语"出去"表示"人或事物通过动作由内向外向背离说话人位置或说话人心里设定的位置移动"。它的语义中包含"位移""方向""立足点"，由于前面有了述语，动作行为的语义转而由前面的述语表达，"出去"主要表示位移、位移的方向和立足点。试比较下面两个例子：

① 耽源便出去，良久回来。（《祖堂集》卷三）

② 若便赶将出去，则祸根绝矣。(《朱子语类·论语二十六》)

例①的"出去"包含了"走/跑"之类动词的语义，例②的"出去"只包含"由低处向高处"位移、位移的方向和立足点的语义，动作行为的意义主要由"赶"来表示。

1) 趋向义趋向补语"出去"能进入的句法格式

趋向义趋向补语出现的时间相对较晚，我们检索的语料中，到晚唐五代《祖堂集》才看到较早的用例。

唐五代，主要有以下几种格式：

第一，"V+出去"格式：

① 若是好马，则将出去。(《祖堂集》卷四)

② 师便打出去。(《祖堂集》卷十一)

第二，"被+N+V+出去"格式：

③ 师姑云："元来是蓛上座。"被师喝出去。(《祖堂集》卷七)

宋代，《景德传灯录》《朱子语类》中，除了沿用以上两种格式外，主要还有以下几种格式：

第三，"V+将+出去"格式：

④ 若便赶将出去，则祸根绝矣。(《朱子语类·论语二十六》)

第四，"V+O+出去"格式：

⑤ 且如有一人牵你出去街上行，不成不管后，只听他牵去。(《朱子语类·大学五或问下》)

⑥ 诸公意欲救之，所以排他出去。(《朱子语类·本朝四》)

第五，"V+出去+O"格式：

⑦ 只是不放出去外头作过，毕竟窝藏。(《朱子语类·论语二十六》)

第六，"V_1+出去+V_2+O"格式：

⑧ 前夜所说，只是不合要先见一个浑沦大底物摊在这里，方就这里放出去做那万事；不是于事都不顾理，一向冥行而已。(《朱子语类·朱子十四》)

第七，"V_1+O+V_2+出去"格式：

⑨ 不是只要抱一个浑沦底物事，教他自流出去。(《朱子语类·朱子十四》)

第八，"将/把+O+V+出去"格式：

⑩ 曰："视是将这里底引出去，所以云'以安其内'；听是听得外面底来，所以云'闲邪存诚'。"(《朱子语类·论语二十三》)

第九，元明清时期，主要沿用以上格式，增加了相应的可能式："V+不/得+出去"格式：

⑪他那手掌，方圆不满一尺，如何跳不出去？（《西游记》第七回）

⑫若绕不出去，可够他绕回子好的。（《红楼梦》第四十一回）

2）与趋向义趋向补语"出去"共现的述语类型

（1）从结构上看，主要是单音节及物动词和不及物动词。

单音节及物动词：

《祖堂集》：将、喝、领、打。

《景德传灯录》：领、却。

《朱子语类》：流、动、赶、进、放、牵、排、引。

《西游记》：流、赶、打、吃、搬、驮、钻、拿、放、喷、偷、送、教、引、让、带、哄、救、脱、献、驾、请、吹、撞、摆、抬、搠、领、拾。

《红楼梦》：升、迎、撵、接、交、带、拖、叉、流、赶、拿、藏、托、支、请、捡、绕、让、送、搬、传、抬、掉、赏、放、携、赎、推、发、叫、使、拉、随、跟、领、挤、掣、讨、差、命、打、撂。

单音节不及物动词：

《西游记》：撺、走、飞、跳、跑、溜。

《红楼梦》：退、躲、走、跑。

双音节及物动词：

《朱子语类》：牢笼。

《西游记》：搬抢、叱令、带领。

《红楼梦》：打发、撵逐、使唤。

双音节不及物动词：

《朱子语类》：奔驰、迸裂。

《红楼梦》：挺身。

（2）从语义类型上，与趋向义趋向补语"出去"共现的基本是位移动词，包括有自移动词，也有致移动词。

自移动词：

《朱子语类》：流、进、奔驰、迸裂。

《西游记》：流、撺、搬、驮、钻、喷、跳、跑、溜。

《红楼梦》：退、升、躲、走、跑、跟、挤。

致移动词：

《祖堂集》：将、喝、领、打。

《景德传灯录》：领、却。

《朱子语类》：动、赶、放、牵、排、引、牢笼。

《西游记》：赶、打、吃、走、拿、放、偷、送、教、引、让、带、哄、救、脱、献、驾、请、吹、撞、摆、抬、捌、领、拾、带领、搬抢、叱令。

《红楼梦》：迎、撵、接、交、带、拖、叉、流、赶、拿、藏、托、支、请、捡、绕、让、送、搬、传、打发、抬、掉、赏、放、携、赎、推、发、叫、使、拉、随、领、掣、讨、差、命、打、撂、绕、撵逐、挺身、使唤。

从上面的考察我们可以看到，与趋向义趋向补语"出去"共现的述语基本是位移动词，可以是自移动词，也可以是致移动词，以致移动词居多。音节上，基本上是单音节动词，有少量双音节动词。在及物性上，述语可以是及物动词，也可以是不及物动词，以及物动词居多。同时，随着与"出去"搭配的动词在宋代《朱子语类》以后不断扩大，"出去"作趋向义趋向补语的用法也不断发展成熟。

3）与趋向义趋向补语"出去"共现的宾语的类型

从语法结构上看，宾语主要是名词或名词性短语。例如：

① 且如有一人牵你出去街上行，不成不管后，只听他牵去。（《朱子语类·大学五或问下》）

② 小将不才，愿带领五十个小妖校出去，把那什么孙行者拿来凑吃。（《西游记》第二十回）

从语音上看，宾语基本上是双音节或多音节词，如以上所举各例。

从语义上看，宾语基本上是受事宾语。

2. 结果义趋向补语"出去"

结果义趋向补语"出去"表示"从无到有、从隐蔽到显现"。

1）结果义趋向补语"出去"能进入的句法格式

结果义趋向补语"出去"的用例，从我们检索的语料来看，出现的时间比趋向义趋向补语"出去"要晚一些，我们在《景德传灯录》中开始见到，而且搜集的例句也相对比较少。

宋代，主要有以下几种格式：

第一，"V+出去"格式：

① 所主是忠，发出去无非是恕。（《朱子语类·论语二十七》）

第二，"V+将+出去"格式：

② 到得成果子，里面又有生生不穷之理，生将出去，又是无限个太极，更无停息。（《朱子语类·易十一》）

第三，"V+O+出去"格式：

③ 这里不曾有人乱说道理出去。（《景德传灯录》卷十五）

④ 当时若写此文字出去，谁人敢争！(《朱子语类·朱子四》)

第四，"将/把+O+V+出去"格式：

⑤ 孟子怕人将不好底做出去，故说此。(《朱子语类·孟子七》)

元明清时期，主要的变化是"V+将+出去"基本上变成了"V+了+出去"，而把字句没有检得用例。

第五，"V+了+出去"格式：

⑥ 这三个女人听了出去，果然将他三人带来。(《红楼梦》第七十七回)

2）与结果义趋向补语"出去"共现的述语类型

与结果义趋向补语"出去"共现的述语主要是单音节的非位移动词：

《景德传灯录》：说。

《朱子语类》：行、推（推理义）、说、发、做、生、用、写。

《西游记》：认、理。

《红楼梦》：听、应、找。

有少量的双音节非位移动词：

《朱子语类》：推广。

《红楼梦》：答应、吩咐。

3）与结果义趋向补语"出去"共现的宾语类型

主要是名词或名词性短语，如以上各例，这里不再重复。

下面，我们将趋向义、结果义趋向补语"出去"各期所占的比例列表 1.20 如下：

表 1.20　趋向义、结果义趋向补语"出去"各期所占的比例

语料	"出去"出现的总次数	趋向义趋向补语"出去"出现的次数	比例（%）	结果义趋向补语"出去"出现的次数	比例（%）
敦煌	4	0	0	0	0
祖堂	19	6	31.58	0	0
景德	44	4	9.09	1	2.27
朱子	77	18	23.38	29	37.66
西游	134	85	63.43	2	1.49
红楼	370	163	44.06	6	1.62

从趋向补语"出去"出现的频率看，它在《朱子语类》时期得到极大发展，明清时期延续了这种发展。在《祖堂集》中的比例之所以比较高，也许是因为"出去"用例较少的缘故。而结果义趋向补语"出去"只在《朱子语类》中比例较高，也许与其文体有关，在《西游记》《红楼梦》中的出现频率都很低，说明

这一用法还处在发展的过程中，并没有发展成熟。

"出去"的历时演变历程如表 1.21 所示。

表 1.21 "出去"的历时演变历程

作谓语					
发展轮廓	语义	语料	句法格式		
			单独作谓语	作连动式第一个动词	作连动式第一个动词
魏晋时期出现，宋代有所发展，后代沿用	人或事物自身向背离说话人方向或说话人心里设定的方向由内向外移动	论语、左传	—	—	—
		史记、论衡	—	—	—
		搜神、世说	介词+O+出去	—	—
		敦煌、祖堂	S+出去	—	V+出去
		景德、朱子	S+出去 介词+O+出去 出去+O	出去+V 出去+V+O	V+出去 V+O+出去
		元曲、西游、红楼	S+出去 介词+O+出去 出去+O	出去+V 出去+V+O	V+出去 V+O+出去

趋向义补语									
发展轮廓	语义	语料	句法格式	共现述语类型			共现宾语类型		
				语义	语法	语音	语义	语法	语音
唐五代出现，宋代格式有较大发展，元明清时期沿用	人或事物通过动作由内向外向背离说话人位置或说话人心里设定的位置移动	论语左传	—	—	—	—	—	—	—
		史记论衡	—	—	—	—	—	—	—
		搜神世说	—	—	—	—	—	—	—
		敦煌祖堂	V+出去 被字句	致移	及物	单	受事	具体名词、名词性短语	双多
		景德朱子	V+出去 V+O+出去 V+出去+O V+将+出去 V₁+出去+V₂+O V₁+O+V₂+出去 把字句 被字句	致移自移	及物不及物	单双	受事	具体名词、名词性短语	双多

续　表

趋向义补语									
发展轮廓	语义	语料	句法格式	共现述语类型			共现宾语类型		
				语义	语法	语音	语义	语法	语音
唐五代出现,宋代格式有较大发展,元明清时期沿用	人或事物通过动作由内向外离说话人或说话人心设定位置向背话位置话里的移动	西游红楼	V+出去 V+O+出去 V+出去+O V+将+出去 V₁+出去+V₂+O V₁+O+V₂+出去 把字句 被字句	致移 自移	及物 不及物	单双	受事	具体名词、名词性短语	双多

结果义补语									
发展轮廓	语义	语料	句法格式	共现述语类型			共现宾语类型		
				语义	语法	语音	语义	语法	语音
宋代出现,元明清时期沿用,隐蔽用例较少	从无到有,从隐蔽到显现	论语左传	—	—	—	—	—	—	—
		史记论衡	—	—	—	—	—	—	—
		搜神世说	—	—	—	—	—	—	—
		敦煌祖堂	—	—	—	—	—	—	—
		景德朱子	V+出去 V+O+出去 V+将+出去 把字句	非位移	及物	单双	受事	名词名词性短语	双多
		元曲西游红楼	V+出去 V+O+出去	非位移	及物	单双	受事	名词名词性短语	双多

　　"出去"在各时期各种用法中的出现频率如表1.22所示:

表1.22　"出去"在各时期各种用法中的出现频率

语料	"出去"出现的总次数	"出去"单独作谓语		"出去"用于连动式		"出去"作趋向补语	
		次数	比例	次数	比例	次数	比例
敦煌	4	4	100	0	0	0	0
祖堂	19	9	47.37	4	21.05	6	31.58
景德	44	33	75	6	13.64	5	11.36
朱子	77	26	33.77	4	5.19	47	61.04
西游	134	33	24.63	14	10.45	87	64.92
红楼	370	126	34.05	75	20.27	169	45.68

从表1.22可以看出，"出去"在《朱子语类》以前主要是单用作谓语或用于连动式，作趋向补语的比例比较低，《朱子语类》以后，作趋向补语成为"出去"的主要用法。

二、"出去"历时演变有关问题的讨论

（一）关于"出去"的比较

1. 不同句法位置上的"出去"的比较

"出去"可以出现在谓语位置上，也可以出现在补语位置上，二者在语义、句法和演变轮廓等方面有同有异。

1）语义上

作谓语的"出去"有比较实在的词汇意义，表示人或事物自身向背离说话人方向或说话人心里设定的方向由内向外移动，含有"动作行为""位移""方向""立足点"等语义特征。而作趋向补语的"出去"在词汇意义上已经有所虚化，"位移"和"方向"等语义特征可以包含也可以不包含。具体说来，趋向义趋向补语主要指示方向，由于前面有表示动作行为的述语，"出去"的位移义已经稍有减弱；结果义趋向补语在趋向义趋向补语的基础上进一步虚化，已经不再表示具体的位移和位移方向，而表示从无到有，从隐蔽到显现，或表示动作行为的实现、产生了某种结果。

2）句法上

作谓语的"出去"主要是单用，或是用在连动式第一个动词位置上和连动式第二个动词位置上，作补语的"出去"用在谓词性成分后。由于动趋式的发

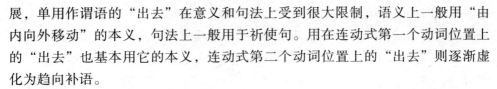

展，单用作谓语的"出去"在意义和句法上受到很大限制，语义上一般用"由内向外移动"的本义，句法上一般用于祈使句。用在连动式第一个动词位置上的"出去"也基本用它的本义，连动式第二个动词位置上的"出去"则逐渐虚化为趋向补语。

3）发展演变轮廓上

作谓语的"出去"比作趋向补语的"出去"先产生很久：前者在魏晋时期就已出现，后者则到唐宋之际才产生。作趋向补语的"出去"是作谓语的"出去"语法化的结果。但二者在共时平面上并不是一种完全的替代关系，它们在相当长的一段时间内共存，承担各自的使命。但受到动趋式发展的影响，"出去"单独作谓语在句法和语义上受到很大的限制，已经不是一种自由的用法了。

2. 同一句法位置上的"出去"的比较

"出去"既可以充当趋向义趋向补语，也可以充当结果义趋向补语，二者的句法位置相同，但在句法、语义、发展轮廓等方面有同有异，联系密切。

1）语义上

趋向义趋向补语"出去"表示人或事物通过动作由内向外向背离说话人位置或说话人心里设定的位置移动，包含"位移""方向""立足点"等语义特征，但位移义比作谓语时有所减弱，而且不再隐含具体动作行为的语义；结果义趋向补语"出去"表示动作行为的实现或产生了某种结果，不再表示具体的位移和位移方向。二者的语义呈现出由趋向义＞结果义的虚化连续统。

2）使用的句法格式上

在句法格式上，趋向义趋向补语"出去"比结果义趋向补语"出去"使用的句法格式更多样（具体格式可参见前面的有关论述）。

3）共现的述语类型上

在共现述语的类型上，趋向义趋向补语主要与位移动词搭配，而结果义趋向补语"出去"主要与非位移动词搭配，表明"出去"的位移义已经进一步虚化。

4）共现的宾语类型上

两种类型趋向补语的宾语基本上都是受事宾语，但趋向义趋向补语"出去"主要与具体的名词或名词性短语宾语共现，而结果义趋向补语"出去"还可以与抽象名词或名词性短语宾语共现。

5）发展演变的轮廓上

从整体上说，两种类型的趋向补语呈现出由趋向义＞结果义不断语法化的序列。趋向义趋向补语"出去"产生的时代较早，至迟在唐五代时期已经出现，结果义趋向补语"出去"大致在宋代才出现，而且从格式类型和用例数量上来说，趋向义趋向补语"出去"占优势，趋向义趋向补语"出去"在宋代至元明清已经获得极大的发展，而结果义趋向补语"出去"还处在比较缓慢的发展过程中。

（二）"出去"的语法化①

在本节的第一部分，我们把"出去"分成作谓语的"出去"和作趋向补语的"出去"，对其历时发展过程作了比较详细的描写和分析，这为我们分析"出去"的语法化轨迹提供了基础。

前面的考察，我们看到："出去"最初是个连动结构，复合成词后的"出去"可以作谓语，也可以作趋向补语，趋向补语又分趋向义、结果义两种。"出去"正是按照这样一个轨迹语法化的，即作谓语的趋向动词"出去"→作趋向义趋向补语的"出去"→作结果义趋向补语的"出去"。

1）作谓语的趋向动词"出去"

复合趋向动词"出去"是由表示人或物由内向外移动的"出"粘附"去"而形成的。"出"和"去"经常连用，而且语义相宜，二字之间逐渐消失了词的界限，复合成一个词。"出去"复合成词大概出现在魏晋南北朝时期。例如：

① 蝼蛄夜掘壁根为大孔，乃破械，从之出去。（《搜神记》卷二十）

"出去"用于连动式中，我们在唐代看到较早的用例，宋代用例较多。

② 岩礼拜出去，向道吾拈起因缘。（《祖堂集》卷四）

③ 明道十四五便学圣人，二十及第，出去做官，一向长进。（《朱子语类·孔孟周程张子》）

例①是"出去"单独作谓语，例②是用在连动式第一个动词位置上，例③是用在连动式第二个动词位置上。

"出去"作谓语的用法一直沿用到现代汉语中。但"出去"作谓语的语义基本局限在"由内向外向背离说话人位置或说话人心里设定的位置移动"的本义上，与"出去"联系的施事是自身能够发出"由内向外移动"这一动作的人或动物，"出去"的动作意义还非常突出。而且，在连动式中作谓语的"出去"仅限于用在连动式第一个动词位置上，连动式第二个动词位置上的"出去"已经虚化为趋向补语。连动式第二个动词位置上的"出去"为其虚化为补语提供了句法条件。

---

① 关于"出去"的语法化机制请参看第二章关于"起来"的语法化的论述。

2）趋向义趋向补语"出去"

大约在晚唐五代时期，出现了"出去"作趋向义趋向补语的用法。我们在《祖堂集》中见到较早的用例：

① 若是好马，则将出去。（《祖堂集》卷四）

宋代及以后，趋向义趋向补语"出去"的用例逐渐增多，格式也更加丰富。

由作谓语的趋向动词发展为作趋向义趋向补语，是"出去"第一次语法化的结果。在"出去"第一次语法化的过程中，发生了一些有意义的变化。

第一，"出去"的语义，由具体的表示人或动物"由内向外向背离说话人方向或说话人心里设定的方向移动"这一动作行为，变为表示由人或动物自身或外力致使其产生"由内向外向背离说话人方向或说话人心里设定的方向移动"这一结果。例如：

② 耽源便出去，良久回来。（《祖堂集》卷三）

③ 若便赶将出去，则祸根绝矣。（《朱子语类·论语二十六》）

例②的"出去"表示的是具体的动作行为，例③的"出去"表示"赶"的结果。趋向义趋向补语"出去"虽然还保留了比较多的趋向意义，但动作行为的意义已经有所减弱了。

第二，"出去"的句法功能，由充当主干成分谓语降级为充当非主干成分补语。整个句子的重心发生了变化。充当谓语时，"出去"是句子的重心，充当补语时，句子的重心前移至"出去"前的动词。

第三，"出去"的语义指向，由指向句子的施事而变成可能指向施事，也可能指向受事。"出去"作谓语时，不管施事在句中是否出现，其语义指向都是句子的施事，"出去"作趋向义趋向补语时，其语义指向根据与出去搭配的 V 的不同，可以指向施事，也可以指向受事。具体说来，当 V 是自移动词时，"出去"的语义指向施事；当 V 是致移动词时，"出去"的语义指向受事。例如：

④ 耽源便出去，良久回来。（《祖堂集》卷三）

⑤ 他那手掌，方圆不满一尺，如何跳不出去？（《西游记》第七回）

⑥ 若便赶将出去，则祸根绝矣。（《朱子语类·论语二十六》）

例④中，"出去"作谓语，"出去"的语义指向"耽源"，是"耽源出去"；例⑤中的"出去"作趋向义趋向补语，前面的 V 是自移动词，"出去"的语义指向施事"孙悟空"，是"孙悟空出去"；例⑥中的"出去"也作趋向义趋向补语，前面的 V 是致移动词，"出去"的语义指向后面的受事"某人"，是"某人（因'赶'这个动作而）出去"。

3）结果义趋向补语"出去"

大约在唐代，出现了"出去"作结果义趋向补语的用例。我们在《敦煌变文集》中见到较早的用例。例如：

① 这里不曾有人乱说道理出去。(《景德传灯录》卷十五)

由趋向义趋向补语到结果义趋向补语，是"出去"第二次语法化的结果。在"出去"第二次语法化的过程中，也发生了一些有意义的变化。

第一，"出去"的语义，由表示具体空间的位移趋向变为表示比较抽象的结果，语义发生了明显的虚化。如例①中的"出去"并不表示空间的位移或位移的方向，而是表示前面的 V 的结果。

第二，与"出去"搭配的 V 的范围由位移动词扩大到非位移动词。V 的范围的扩大与"出去"语义的变化是相辅相成的，V 的范围扩大，导致"出去"的语义虚化，"出去"语义的虚化又会进一步推动 V 的范围扩大。

第三，"出去"的语义指向，只能指向动词中心语。趋向义趋向补语"出去"的语义指向施事或受事，说明"出去"和 V 之间的语义联系并不特别紧密，而结果义趋向补语"出去"的语义只能指向 V，说明"出去"不仅在句法上与 V 紧密结合，在语义上的联系也很紧密，"出去"的虚化程度相对更高。

第四节　本章小结兼论"出、出来、出去"的不对称现象

本章主要讨论"出""出来""出去"的演变问题。根据"出""出来""出去"的句法功能，以入句情况为纲，结合语义，分别从作谓语和作补语两个方面对"出""出来""出去"发展演变过程进行了细致的描写和分析。本章选取各时期的代表作品一至二部进行穷尽性的调查，描写和分析了"出""出来""出去"在各期能进入的句法格式，共现的述语、宾语类型，对"出""出来""出去"在各期出现的总次数、作谓语和作趋向补语出现的次数进行了数量统计，以比较翔实的数据比较客观地勾勒了它们在历史上发展演变的轨迹。调查结果显示：作谓语的"出"比作趋向补语的"出"先产生，《论语》中就有作谓语的"出"，作趋向补语的"出"产生于秦汉，作趋向补语的"出"是作谓语的"出"语法化的结果。"出来""出去"是"出"粘附于"来/去"而形成的复合趋向动词，产生的时间比"出"晚，大约在唐代出现。作谓语的"出"由于受到复音化趋势及"出"作补语的影响，在唐五代后逐渐萎缩。趋向义和结果义的"出"

在唐代受到"出来"和其他格式的竞争而开始逐渐衰退。在对"出"组趋向动词演变过程详细描写的基础上，还讨论了趋向动词词义的演变与主、宾语类型的关系，认为能够发出位移动作的人或动物作主语、处所词语作宾语是趋向动词保持本义的两个条件，其中一个条件变化，趋向动词的意义就有可能引申。本章还对"出"组趋向动词语法化的轨迹及语法化过程中语义、句法功能、语义指向等方面的变化进行了具体分析。

同时，我们发现，"出""出来""出去"是意义和用法上紧密相关的一组趋向动词，它们在形式上呈现出整齐的对应性，但在使用上却存在不对称现象，关于复合趋向动词的不对称现象，现代汉语学界有多人进行过研究，并从认知的角度对这种现象进行了解释，但历时的研究我们很少看到。

我们主要从历时的角度来探讨"出""出来""出去"在使用上的不对称。

一、"出"与"出来""出去"的不对称

"出"是单音节的趋向动词，"出来""出去"是复合趋向动词，是在"出"的基础上粘附"来/去"形成的，因此，"出"与"出来""出去"的不对称首先反映在出现时间的早晚上，单趋"出"在上古汉语中就已存在，而"出来""出去"则在唐代才出现。其次，"出"与"出来""出去"的意义也存在不对称，"出"的语义中不包含主观位移，"出来""出去"则包含。再次，"出"与"出来""出去"出现的频率一直是此消彼长的：虽然"出来""出去"在唐代已经复合成词，但《红楼梦》时期以前，"出"的出现频率是高于"出来""出去"的，《红楼梦》时期，"出"的出现频率才低于"出来""出去"，这种情况一直延续到现代汉语中（见表 1.23）。最后，"出""出来""出去"作趋向义趋向补语和作结果义趋向补语的频率也是变化的："出"在先秦就可以作趋向补语，"出来""出去"到唐代才出现趋向补语的用法，在《红楼梦》时期以前，作趋向补语的"出"的出现频率高于"出来""出去"，《红楼梦》时期，"出来""出去"作趋向补语的频率要高于"出"，这种情况也一直延续到现代汉语中。（见表 1.24）

表 1.23　各期"出""出来""出去"出现次数统计表

	论语	左传	史记	论衡	搜神	世说	敦煌	祖堂	景德	朱子	西游	红楼
出	27	329	744	468	186	145	351	207	531	1697	1084	305
出来	0	0	0	0	0	0	30	46	40	639	307	637
出去	0	0	0	0	0	0	4	19	44	77	134	370

表1.24 各期"出""出来""出去"作趋向义趋向补语和结果义趋向补语统计表

	趋向义补语"出"	趋向义补语"出来"	趋向义补语"出去"	结果义补语"出"	结果义补语"来"	结果义补语"出去"
论语	0	0	0	0	0	0
左传	6	0	0	0	0	0
史记	23	0	0	0	0	0
论衡	5	0	0	15	0	0
搜神	36	0	0	0	0	0
世说	6	0	0	0	0	0
敦煌	69	1	0	12	1	0
祖堂	63	1	6	17	0	0
景德	89	3	4	20	2	1
朱子	147	83	18	621	410	29
西游	543	167	85	135	30	2
红楼	90	222	163	70	203	6

二、"出来""出去"的不对称

"出来""出去"在形式上虽然对称,但在使用上也存在不对称现象。我们以历时的角度从以下几个方面来看"出来""出去"的不对称情况。

(一)"出来""出去"出现频率的不对称

第一,"出来""出去"出现的总的频率上的不对称(见表1.25)。

表1.25 "出来""出去"出现次数统计表

	敦煌	祖堂	景德	朱子	西游	红楼
出来	30	46	40	639	307	637
出去	4	19	44	77	134	370

"出来""出去"在唐代产生之初就呈现出不对称性,"出来"的使用频率要高于"出去",宋代《朱子语类》以后,这种不对称更加明显。

第二,"出来""出去"作谓语出现频率的不对称。

表1.26 "出来""出去"作谓语的出现频率统计表

	敦煌	祖堂	景德	朱子	西游	红楼
出来	28	45	35	146	110	212
出去	4	13	39	30	47	201

"出来""出去"作谓语，总起来说，也是"出来"出现的频率高于"出去"。

第三，"出来""出去"作趋向义趋向补语出现频率的不对称。

表1.27 "出来""出去"作趋向义趋向补语的出现频率统计表

	敦煌	祖堂	景德	朱子	西游	红楼
出来	1	1	3	83	167	222
出去	0	6	4	18	85	163

"出来""出去"作趋向义趋向补语在《朱子语类》以前，由于用例较少，还看不出频率的变化，在《朱子语类》及以后，"出来"的频率明显高于"出去"。

第四，"出来""出去"作结果义趋向补语出现频率的不对称。

表1.28 "出来""出去"作结果义趋向补语的出现频率统计表

	敦煌	祖堂	景德	朱子	西游	红楼
出来	1	1	2	410	30	203
出去	0	0	1	29	2	6

"出来""出去"作结果义趋向补语在《朱子语类》以前，由于用例较少，还看不出频率的变化，在《朱子语类》及以后，"出来"的频率明显高于"出去"。

（二）"出来""出去"虚化程度的不对称

前面的考察，我们已经看到，趋向动词从作谓语到作趋向义趋向补语，再到作结果义趋向补语，虚化程度不断加深。如果我们把表1.26和表1.27、表1.28结合起来看就会发现，在《朱子语类》之前，由于"出来""出去"作趋向补语的情况还不多，还看不出频率上的差别，《朱子语类》以后"出来"作趋向补语的频率要远远高于"出去"，特别是"出来"作结果义趋向补语的频率要大大高于"出去"，说明"出来"的虚化程度要高于"出去"。

三、"出来""出去"使用不对称的认知解释

我们从历时的考察得知，"出来""出去"不仅能表示具体的空间关系，还

可以表示抽象的非空间关系。认知语言学认为，"出来""出去"表示具体空间关系和抽象的非空间关系，都来自同一种关系和结构：容器图式。容器图式是一种重要的意象图式。"所谓意象图式指的是在对事物之间基本关系的认知的基础上所构成的认知结构，是人类经验和理解中一种联系抽象关系和具体意象的组织结构，是反复出现的对知识的组织形式，是理解和认知更复杂概念的基本结构。""人们从空间结构获得了容器图式，又将它用于对世界其他经验的建构，即将其他的非容器的事物、状态等也看作是容器，并依此来认识和描述，词的意义也通过投射发展了隐喻意义。"①例如：

① 他从房里走出来。

② 别把这事说出去！

例①的"房里"是一个具体的空间，具有容器图式所需的三个基本构成要素：里、外、边界，"出来"表示人或事物从容器内到容器外。例②中是把叙事主体（人）看作一个容器，"出去"表示话语从叙事主体（人）的内心（容器内）通过语言而表现出来（容器外）。

当容器图式用于具体的空间概念时，说话者就有一个观察角度的问题：说话者或者在容器内，或者在容器外。例如：

③ 他从房里走出来。

④ 他从房里走出去。

例③中，说话者在容器外；例④中，说话者在容器内。

同样，当容器图式用于抽象的空间概念时，说话者的主观感受也被投射到抽象概念中。同样是从容器内到容器外，观察角度不同，说话者的主观就会感受不同，说法就不一样，使得有些说法是合格的，有些说法是不合格的。如可以说"写出来""看出来""卖出去""用出去"等，但不能说"写出去""看出去""卖出来""用出来"等。这些就造成了"出来""出去"在使用上的不对称。马庆株（1997）关于主观范畴的论述可以很好地解释这一现象，他指出："汉语中亲眼见到的与不是亲眼见到的事情表示法不同，这与说话人的主观态度和感知有关，动作造成可见结果的动词，后面出现"来"或者"×来"（×指客观趋向动词"上、下、进、出"等，笔者注）；反之，后面出现"去"或者"×去"；如果既可能见到结果，又可能见不到结果，那么在可能见到结果的时候动词后面出现"来"或者"×来"，在可能见不到结果的时候动词后面出现"去"或者

①　赵艳芳：《认知语言学概论》，上海外语教育出版社 2004 年版，第 67-69 页。

"×去"。"①"写""看"的结果是人能够感知到的，所以选择用"出来"不用"出去"；而"卖""用"的结果是使事情（一般指"物品"或"钱"）消失了，与"去"表达的不可感、不可见的主观范畴相一致，所以用"出去"不用"出来"。通常，"可见、可感知"往往更容易受人关注，使用频率更高，这或许是"出来""出去"使用不对称的认知上的原因。虽然马庆株是从现代汉语共时层面上观察"出来""出去"的不对称并对其作出认知上的解释的，我们历时平面上的考察进一步确证了这种不对称性，也使得对不对称的认知解释更有说服力。

---

① 马庆株:《"V 来/去"与现代汉语动词的主观范畴》，载《语文研究》1997 年第 3 期，第 16 页。

第二章　"起、起来、起去"的历时演变

第一节　"起"的历时演变

一、"起"的历时演变过程

"起"在古代汉语中，是个用法和意义比较多样的词，我们把它大致归为两大类：一类是非趋向动词，另一类是趋向动词。非趋向动词的"起"可以表示"启发、出动、兴建"等意义，是个及物动词，后面可以比较自由地带宾语。例如：

① 子曰："起予者商也，始可与言《诗》已矣。"（《论语·八佾篇》）

② 宫之奇谏，不听，遂起师。（《左传·僖公二年》）

③ 勇之乃曰："越俗有火灾，复起屋必以大，用胜服之。"（《史记·孝武本纪》）

趋向动词"起"是个不及物动词，本身不能带宾语，可以作谓语，或者是用在述语后构成动趋式。例如：

④ 平公大喜，起而为师旷寿。（《史记·乐书》）

⑤ 僧提起茶盏子。（《祖堂集》卷九）

我们主要考察趋向动词"起"的历时演变，不讨论非趋向义的"起"，只在讨论涉及的时候作简要说明。

我们的讨论分两个部分：一是作谓语的"起"，二是作趋向补语的"起"。

（一）作谓语的"起"的历时演变过程

作谓语的"起"表示"由低处往高处移动"的意思。它的语义中包含"动作行为""位移""方向"，它强调动作、位移、位移方向，但并不强调位移的起点或终点，尤其是不能引入表示位移终点的处所词。

单独作谓语的"起"的语义中除了包含"位移""方向"外，还隐含了"动作行为"的语义，单独作谓语的"起"和趋向义趋向补语"起"在语义上的主要区别在于："动作行为"这一语义特征在单独作谓语的"起"中是隐含在"起"

的语义中的，而在"起"作趋向义趋向补语时，"动作行为"是通过具体的动作行为动词来体现的。例如：

① 召悼之，降，逆之。大夫皆起。(《左传·襄公二十三年》)

② 忽闻塔中如拽铁索声，僧众惊起。(《景德传灯录》卷五)

例①中的"起"包含了动作行为动词"站"的含义，而例②中的"起"由于前面有动词"惊"，就只表示趋向意义。

1. 作谓语的"起"所进入的句法格式

作谓语的"起"主要能进入两种格式：一是单独作谓语，二是和其他动词构成连动式一起作谓语。受到作谓语的"起"的语义特点的制约，"起"所能进入的句法格式也受到一定的限制，主要表现在"起"后不能直接带处所宾语，引进处所词的介词结构主要放在"起"前作状语，一般不能放在"起"后作补语。下面我们对汉语史上各期作谓语的"起"能进入的句法格式分两大类作具体的描述。

1）单独作谓语的"起"

先秦时期，主要有以下几种格式：

第一，"$S_施$+起"（$S_施$有时会不出现，但可以补出）（$S_施$表示施事主语），"起"是"站起来，起床"的意思。《左传》中有 1 例，$S_施$为表人的名词：

① 召悼之，降，逆之。大夫皆起。(《左传·襄公二十三年》)

第二，"起+O"，"起"用作使动，"起"是"使……起来"的意思，《左传》中有 1 例：

② 登子反之床，起之。(《左传·宣公十五年》)

第三，否定形式："否定词（不、弗、莫等）（+能/敢）+起"，"起"是"站起来"的意思。《左传》中有 1 例：

③ 与之乘，至，公告之故，拜，不能起。(《左传·哀公十四年》)

先秦时期的"起"，单独作谓语的主要是非趋向动词，趋向动词单独作谓语的不多。

汉代的"起"，在用法上与先秦没有大的区别，不过在格式的使用频率上有所变化，第一式用例明显增加，第二式由于使动用法的整体衰落而呈现逐渐衰微的趋势。

魏晋南北朝时期的"起"，主要用在第一式和第三式中。

第四，唐五代时期，除了沿用第一式、第三式外，还新出现了一种格式："$S_施$+介词+$O_处$+起"（$O_处$表示处所宾语）。

④ 说多时，日色被，珍重门徒从座起。（《敦煌变文集·角座文汇抄》）

要说明的是，这种格式在《史记》中就已经出现，《论衡》《搜神记》中都有用例，但其中的"起"不是趋向动词，而《敦煌变文集》中的"起"是趋向动词，这说明"起"虽然不能像"进、出、入"等趋向动词那样自由地带处所宾语，但也和其他趋向动词一样可以通过介词引出处所宾语。

唐五代时期，由于"起"作趋向补语的用法已经得到很大的发展（详见后文有关"起"作趋向补语的论述），单音节动词"起"单独作谓语的用法已经逐渐萎缩了，在实际语料中，唐以来就较少见到"起"单独作谓语的用例。

第五，宋代文献中，还检索到另一种格式："起+介词+O处"。

⑤ 不起于座，奄然归寂。（《景德传灯录》卷二）

元明清时期，"起"单独作谓语的用法更加萎缩，基本上只少量地出现于第一式和第三式中。

从宋代起，单独作谓语的趋向动词已经越来越少，基本上限定在表示"由卧而起"的本义上，其他表示人或事物由低处向高处移动的"起"或通过动作而使人或事物由低处向高处移动的"起"则很少见，到《红楼梦》时代，我们在实际的语料中已经检索不到这样的用例，这说明"起"单独作谓语已经是极受限制的一种用法了。

我们把单独作谓语的"起"在各期出现的频率列表 2.1 如下：

表 2.1　单独作谓语的"起"在各期出现的频率

语料	"起"出现的总次数	"起"单独作谓语次数	比例（%）
左传	4	3	75
史记	107	42	39.3
论衡	48	13	27.1
搜神	30	14	46.7
世说	39	15	38.5
敦煌	66	16	24.2
祖堂	131	23	17.6
景德	197	36	18.3
朱子	105	20	19.0
元曲	184	28	15.2
西游	434	72	16.6
红楼	191	11	5.8

总的来说，单独作谓语的趋向动词的"起"，在先秦时有少量用例，到汉代用例有比较大的增加，但句法格式和语义均没有大的变化。随着汉代复合词的发展、使动用法的整体衰落，动趋式逐渐发展，魏晋南北朝开始使动用法的"起"在我们检索的实际语料中没有见到用例；唐五代开始，单独作谓语的"起"在使用范围上逐渐缩小，到元明清时期，已经只能表示"由卧而起"的语义，其他表示由低处向高处位移的"起"基本上都用复合词或动趋式代替了。这样，单独作谓语的趋向动词"起"的发展实际上经历了一个 S 形的过程：少（先秦时期）→多（汉代、魏晋南北朝，用例增加）→少（唐五代后逐渐衰落）。

2）和其他动词构成连动式一起作谓语的"起"

和其他动词构成连动式一起作谓语的"起"，可以用在连动式第一个动词位置上，也可以用在连动式第二个动词的位置上。下面我们就这两方面的情况看连动式中的"起"。

（1）连动式第一个动词位置上的"起"。

先秦时期，《论语》和《左传》中没有见到用在连动式第一个动词位置上的"起"。

汉代，《史记》《论衡》中，"起"用在连动式第一个动词位置上，意义和用法多样，由于我们主要考察的是"起"作趋向动词的用法，所以我们对"起"作其他意义的用法不详加叙述，但可以作一个总的说明："起"作其他非趋向意义用时，可以直接带受事宾语或处所宾语，表示"起"的对象或处所，但"起"作趋向动词用时，不能带宾语。例如：

①秦果悉起兵益章邯，击楚军，大破之定陶，项梁死。（《史记·项羽本纪》）

句中的"起"是"出动"的意思，后面可以直接带宾语"兵"。

"起"作趋向动词时，用在连动式第一个动词位置上，主要有两种格式。

第一，"起（+状语）（+而）+V"格式，这种格式中，V 主要是具体的动作行为动词，如"如厕、舞、朝、更衣、王、坐、行、立、察"等。例如：

②高祖奉玉卮，起为太上皇寿。（《史记·高祖本纪》）

③陆贾说以汉德，惧以圣威，蹴然起坐，心觉改悔，奉制称蕃，其于椎髻箕坐也，恶之若性。（《论衡·率性篇》）

出现了"前、入、出"之类实义趋向动词与"起"搭配使用。请看以下例句：

④平原君乃置酒，酒酣起前，以千金为鲁连寿。（《史记·鲁仲连邹阳列传》）

⑤即罢起入，上食太后。（《史记·魏其武安侯列传》）

⑥嘉见耳目非是，即起而出。（《史记·南越列传》）

第二，"起+V+O"格式，O 是 V 的宾语，V 是具体的动作行为动词，主要有："泛（打翻义）、待、筑（扶义）、摄、行、入、之（到义）、视"等，O 一般为表人或事物的名词，当 V 是趋向动词"入、之"等时，O 是方位名词"禁中""中庭"等。例如：

⑦ 太后乃恐，自起泛孝惠厄。(《史记·吕太后本纪》)

⑧ 二公命国人，凡大木所偃，尽起而筑之。(《史记·鲁周公世家》)

⑨ 上怒，起入禁中。(《史记·张释之冯唐列传》)

⑩ 每当饮者，起之中庭，乃复还坐，则是烦苦相藉，不能甚乐。(《论衡·语增篇》)

魏晋南北朝时期，《搜神记》中的趋向动词"起"均用在连动式第一个动词位置上。魏晋南北朝时期主要沿用汉代的格式，V 的使用范围稍有扩大。而且第一式中，"起"和 V 之间基本不用"而"连接，显示出二者之间的联系更加紧密。V 主要是动作行为动词：行、往、舞、去（离开义）、视、立、跃、出、弹、彷徨、迎、坐。例如：

⑪ 须臾，马忽自门外走还，至马尸间便灭，应时能动，起行。(《搜神记》卷二)

⑫ 潮水至，沈令起彷徨。(《世说新语·雅量》)

⑬ 锺起去，康曰："何所闻而来？何所见而去？"(《世说新语·简傲》)

唐五代时期，基本沿用前代的格式，但连动式第一个动词位置上的趋向动词"起"的用法已经受到较大的限制，所搭配的动词范围比较小，主要集中在与"由卧而起"意义相的动词"坐、立、卧"和其他的趋向动词如"来、去、入、归"等。

宋元明清时期，用在连动式第一个动词位置上的"起"，在我们检索的语料中已找不到第一式的用例，第二式也比较少。例如：

⑭ 师乃便起入方丈。(《景德传灯录》卷十六)

⑮ 晨起穿林薄中，并无露水沾衣。(《朱子语类·理气下》)

特别是元明清以来，我们检索的语料中只在《西游记》中有以下用例：

⑯ 大圣起到空中道："什么宝贝？"(《西游记》第三十五回)

⑰ 好行者，将身一纵，踏云光起在空中，睁眼观看，远见一座城池。(《西游记》第四十四回)

⑱ （大圣）起在空中。(《西游记》第五十七回)

将《西游记》中这三个例句对照起来看，我们认为，这些例句中的"起"是单用，不是用在连动式中，"起"后的"到""在"已经虚化为介词了。因此，就我们所检索的语料来看，元明清时期已经找不到"起"用在连动式中第一个动词位置上的用例了。

下面，我们将各期连动式第一个动词位置上的"起"出现的频率列表2.2如下：

表2.2 各期连动式第一个动词位置上的"起"出现的频率

语料	"起"出现的总次数	连动式第一个动词上的"起"的次数	比例（%）
左传	4	0	0
史记	107	31	29.0
论衡	48	18	37.5
搜神	30	15	50.0
世说	39	15	38.5
敦煌	66	28	42.4
祖堂	131	8	6.1
景德	197	22	11.2
朱子	105	4	3.8
元曲	184	0	0
西游	434	0	0
红楼	191	0	0

用在连动式第一个动词位置上的"起"经历了一个由兴起、发展到衰退的过程：汉代开始兴起，魏晋时期使用范围有所扩大，到唐五代以后由于复合趋向动词"起来"的发展和动趋式的发展，"起"在连动式中第一个动词位置上的用法受到很大限制，基本上局限于跟"由卧而起"的语义有关的"坐、立、卧"等少数几个动词的搭配上，到元明清时期，已经基本上见不到用在连动式第一个动词位置上的"起"了。

（2）连动式第二个动词位置上的"起"。

先秦时期，主要是一种格式。

第一，"V（+而）+起"格式，"起"是"站起来"的意思。《论语》中没有此类用例，《左传》中有1例：

⑲楚子闻之，投袂而起。（《左传·宣公十四年》）

用于连动式中的"起"是意义比较实在的谓语动词，和句中的另一个动词一起表示先后发生的两个动作。

汉代，第一式的用例更丰富。格式中，V为具体的动作行为动词，主要有三类：

第一类是和"起"构成反义关系的，如跪、卧、坐、拜等。

⑳此两人非有材能，徒以婉佞贵幸，与上卧起，公卿皆因关说。（《史记·佞幸列传》）

㉑是故康叔、伯禽失子弟之道，见于周公，拜起骄悖，三见三答。（《论衡·谴

告篇》）

第二类是包含"使人或事物随动作而向上运动"这样语义特征的动词，如引。

㉒ 未至身，秦王惊，自引而起，袖绝。（《史记·刺客列传》）

第三类则是描写"起"的方式的，如笑、叱。

㉓ 高帝笑而起。（《史记·樊郦滕灌列传》）

㉔ 王叱而起，疾乃遂已。（《论衡·道虚篇》）

以上各例 V 和"起"表示先后发生的两个动作，或并列的两个动作行为，或表示方式和结果的关系。

汉代还出现了两种格式：

第二，"V+O（+而）+起"格式，O 是 V 的宾语，V 是动作行为动词"举、引、援、提"等。这些动词大多包含着"使人或事物随动作而向上运动"这样的语义特征，和"起"的语义是相宜的。例如：

㉕ 举酒而起。（《史记·楚世家》）

㉖ 司马夜引袁盎起。（《史记·袁盎晁错列传》）

㉗ 平公提觞而起，为师旷寿。（《论衡·纪妖篇》）

第三，"V+不+起"格式，《史记》《论衡》中各有 1 例，V 为卧。例如：

㉘ 太尉终卧不起。（《史记·绛侯周勃世家》）

㉙ 呼人示之，人皆伤心；惠帝见之，疾卧不起。（《论衡·雷虚篇》）

例句中的"卧"和"不起"构成同义关系，"卧"就是"不起"，是并列关系。这类"V+不+起"和"举不起"之类的格式构成同形异构关系。

《史记》中还出现了 1 例"V+O+不+起"的用例，不过其中的"起"是"痊愈"的意思，并不表示趋向。

第四，魏晋南北朝时期，除了沿用前代的格式外，还出现了一种新格式："V+不+得+起"。这种句式在《世说新语》中仅见 1 例，V 为伏。

㉚ 桓玄伏不得起。（《世说新语·言语》）

这种格式我们在检索的语料中仅发现这 1 例，不知是否是《世说新语》中的特殊用法，姑且存疑。

唐五代时期，虽然还保留了第一、第二、第三式，但在使用上已经受到比较大的限制：由于动趋式的发展，第一式作为连动式我们在语料中只在《祖堂集》中检得 4 例，均是与"礼拜"连用的，估计与《祖堂集》的禅宗史书性质有关。例如：

㉛ 学人礼拜起。（《祖堂集》卷十三）

㉜ 因郑十三娘年十二，随一师姑参见西院泐和尚，才礼拜起，大泐问："这

个师姑什摩处住？"（《祖堂集》卷九）

第二式中，O 为 V 的宾语，动词为具体动作行为动词：割、距、抬、遣、拔、腾、抽、把。例如：

㉝怜贤不欲动之，命左右拔刀割断袖而起。（《敦煌变文集·前汉刘家太子传》）

㉞四脚距地而起。（《敦煌变文集·佛说阿弥陀经讲经文（一）》）

㉟二臣拊手抬身起，朱解愁怕转芬芸。（《敦煌变文集·捉季布传文》）

㊱晨昏早遣儿妻起，酒食先教父母尝。（《敦煌变文集·故圆鉴大师二十四孝押座文》）

㊲道吾便抽身起，却入僧堂内，待师过后却出来。（《祖堂集》卷十六）

上述例句中，值得注意的是，"抬""遣"等动词后是有生名词时，"V+O+起"构成兼语式，O 既是其前面动词的宾语，又是后面动词"起"的主语。"抬""遣"和"起"构成的兼语式是两种不同的类型，"遣"是通常所说的使令动词，可以比较自由地和一般动词构成兼语式，当然也可以和"起"构成兼语式，而"抬、拔、腾、抽、把"之所以能跟"起"构成兼语式是因为"抬"（含"举""引"一类的动词）具有"使人或事物随动作向上移动"这一语义特征，跟"起"的"向上移动"的语义内涵是相适宜的，而这类兼语式很容易发展成动趋式。

第三式在《祖堂集》时代，已经基本上演变成了动趋式。

第四式我们检索的语料中不见用例。

第五，"V+O+不+起"格式，V 为卧、见、请，O 为 V 的宾语。例如：

㊳（阙）房中卧地不起，不经三两□□，□□□叟来至。（《敦煌变文集·舜子变》）

㊴后一日上山礼师，师睡次，见来不起。（《祖堂集》卷五）

宋元明清时期，连动式第二个动词位置上的"起"，已经基本上演变成趋向补语，趋向连动式已经基本演变成动趋式，只在"卧床不起"之类的凝固格式中还可以分析成连动式。

我们将连动式第二个动词位置上"起"出现的频率列表 2.3 如下：

表 2.3 连动式第二个动词位置上"起"出现的频率

语料	"起"出现的总次数	连动式第二个动词上的"起"的次数	比例（%）
左传	4	1	25
史记	107	34	31.8
论衡	48	10	20.8
搜神	30	1	3.3

语料	"起"出现的总次数	连动式第二个动词上的"起"的次数	比例（%）
世说	39	8	20.5
敦煌	66	11	16.7
祖堂	131	10	7.6
景德	197	14	7.1
朱子	105	0	0
元曲	184	3	1.6
西游	434	10	2.3
红楼	191	2	1.04

由以上的内容我们看到：用在连动式第二个动词位置上的"起"，在先秦时期就已见到，汉代有所发展，句法格式多样化，动词的类型也扩大了，魏晋南北朝时期基本沿用了汉代的用法，但从唐代开始，特别是到了晚唐五代，由于动趋式的发展成熟，连动式的用法已经受到很大的限制，宋代以后，趋向连动式已经几乎完全向动趋式转变了，只在少数的凝固格式中保留了趋向连动式的用法。《搜神记》中的频率低和晚唐五代以后的频率低是由于不同的原因，《搜神记》是由于"起"用在连动式第二个动词位置上的用例本来少，"起"主要用在连动式第一个动词位置上，或是单独作谓语，而晚唐五代以后主要是由于动趋式的发展。

（二）作趋向补语的"起"的历时演变过程

趋向补语"起"可以表示三种语法意义：趋向义、结果义、状态义[①]。我们从这三种意义分别考察其历时发展过程。考察分几个方面进行：趋向补语的意义、句法格式、述语的特点、宾语的类型等。

1. 趋向义趋向补语"起"

趋向义趋向补语"起"表示"人或事物通过动作由低处向高处移动"的意思。它包含"位移""方向"等语义特征。同时，"起"不强调位移的起点或终点，尤其是不能标明位移的终点，它不能跟表示位移终点的宾语共现。因此刘月华的《趋向补语通释》中在谈到移动的起点、终点与处所宾语问题时，把"起"组（包括"起""起来"）单独归为一类，叫做"无指向趋向补语"[②]。

[①] 刘月华：《趋向补语通释》，北京语言文化大学出版社1998年版，第317、319、330页。

[②] 刘月华：《趋向补语通释》，北京语言文化大学出版社1998年版，第8-10页。

1）趋向义趋向补语"起"能进入的句法格式

汉代及以前：《史记》及前代我们检索的语料中，没有发现"起"作趋向补语的用法。《论衡》中已有"起"作趋向补语的用例，但我们检得的用例均是作结果补语的，我们将在后面论及。在《汉书》中检得 2 例"起"作趋向补语的用例。

第一，"V+起"格式：

① 上惊起，左右拔刃欲格之，上恐并中日磾，止勿格。（《汉书·霍光金日磾传》）

第二，"V+起+O"格式：

② 上与左右见贺悲哀，感动下泣，曰："扶起丞相。"（《汉书·公孙刘田王杨蔡陈》）

魏晋南北朝时期没有什么发展，主要是沿用第一式。例如：

③ 籍时在袁孝尼家，宿醉扶起，书札为之，无所点定，乃写付使。（《世说新语·文学》）

唐五代，沿用第一式、第二式，用例逐渐多起来，特别是第二式，在《敦煌变文集》中开始多起来。其中的 V 为：册（扶义）、放、解、扶等。例如：

④ 杨妃亦见，处分左右："册起使君，便赐上殿。"（《敦煌变文集·韩擒虎话本》）

⑤ 狱主闻语，扶起青提夫人。（《敦煌变文集·大目乾连冥间救母变文》）

到《祖堂集》时代，"V+起+O"用例明显增多，但动词类型没有多大变化，主要是"提、举"类动词，说明"起"作趋向补语在唐五代时已经发展成熟，意义主要是比较实在的趋向意义。例如：

⑥ 六祖见僧，竖起拂子云："还见摩？"（《祖堂集》卷二）

⑦ 师又拈起筷篱云："乞取盐钱些子。"（《祖堂集》卷六）

《祖堂集》中的否定句和肯定句中均出现了"起"表能性的用例。

第三，"V+不/得+起"格式：

⑧ 问："大庾岭头趁得及，为什摩提不起？"（《祖堂集》卷六）

"起"也可以作表肯定的能性补语，这是我们在以前的文献中没有检查到的，《祖堂集》也只检得 1 例：

⑨ 疏山代云："只到这里岂是提得起摩？"（《祖堂集》卷六）

这说明在《祖堂集》时期，趋向义趋向补语"起"可能式已经出现，而且可以出现在肯定句或否定句中。

宋代，趋向义趋向补语"起"所使用的句法格式和唐五代没有大的变化，还是有一定的发展，表现在：

一是"V+起"格式的用例有明显增多的趋势；V 的范围在《景德传灯录》《朱子语类》中已经有所扩大，提、拈、托、竖、扶、飞、挑、坐、睡、惊、枭、唤、拾、掣等动词都可以充当 V。例如：

⑩ 忽闻塔中如拽铁索声，僧众惊起。（《景德传灯录》卷五）

⑪ 见一蛇，以杖挑起。（《景德传灯录》卷十八）

⑫ 当时纣既投火了，武王又却亲自去斫他头来枭起。（《朱子语类·论语十七》）

二是"V+起+O"格式用例进一步增多。

第四，《朱子语类》中还出现了一种格式："V+O+起"。

⑬ 因提案上药囊起。（《朱子语类·学五》）

⑭ 常提撕他起，莫为物欲所蔽，便将这个做本领，然后去格物、致知。（《朱子语类·大学二》）

元明清时期，有几个明显的变化：

一是"V+起"在《元曲选》《西游记》中还是延续了宋代的趋势，用例比较多，但到《红楼梦》时期，"V+起"格式呈现出萎缩的趋势，应该与"起来"的用例增多有关。

二是"V+起+O"格式在元明清时期用例很多，是趋向动词"起"的一种主要格式。与前期有比较明显变化的是，格式中 O 的变化。前期的 O 基本上以双音节或三音节的词语为主，元明清时期 O 在音节上呈现出多元化的趋势，可以是双音节的词，也可以是复杂的短语，甚至可以是小句或复句（具体例句请看与"起"搭配的宾语类型的论述）。

三是出现了新格式。

第五，"V+不/得+起+O"格式：

⑮ 唾津儿浸满盆池，手心儿擎得起屏石。（《元曲选·梁州第七》）

第六，"将/把+O+V+起（+O₂）"格式：

⑯ 一个一个儿窝的眼又瞎，一个将纸鸦儿放起，盼的人眼睛花，一个递撖牛的没乱杀。（《元曲选·元和令》）

⑰ 沉李浮瓜肴馔美，把几个摩诃罗儿摆起。（《元曲选·集贤宾南》）

⑱ 他却作五色祥云，把唐僧撮起空中，径至东边台上坐下。（《西游记》第四十六回）

⑲ 说着，又将火盆上的铜罩揭起，拿灰锹重将熟炭埋了一埋，拈了两块素香放上，仍旧罩了，至屏后重剔了灯，方才睡下。（《红楼梦》第五十一回）

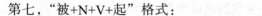

第七,"被+N+V+起"格式:

⑳那师父踏不住脚,毂辘的跌在水里,早被撑船人一把扯起,站在船上。(《西游记》第九十八回)

㉑虽被夫人时吊起,已经勾引彼同行。(《红楼梦》第五十一回)

从元代开始,"起来"的运用逐渐多起来,到《西游记》《红楼梦》时代,"起来"的使用频率已经和"起"差不多,甚至超过了"起"。

现代汉语中,我们调查了《骆驼祥子》。《骆驼祥子》中的"起"基本沿用了《红楼梦》以来"起"的用法,但也有一个重要的变化,就是在不带宾语的动趋式里,"起来"基本上已经取代了"起"。《骆驼祥子》中,"V+起"只有 1 例,"V+起来"有 137 例,"起来"的优势地位更加明显。

下面,我们将各期趋向义趋向补语"起"出现的频率列表 2.4 如下:

表2.4 各期趋向义趋向补语"起"出现的频率

语料	"起"出现的总次数	趋向义趋向补语"起"的次数	比例(%)
左传	4	0	0
史记	107	0	0
论衡	48	0	0
搜神	30	0	0
世说	39	1	2.6
敦煌	66	6	9.1
祖堂	131	87	66.4
景德	197	111	56.3
朱子	105	27	25.7
元曲	184	47	25.5
西游	434	218	50.2
红楼	191	40	20.9

从以上考察我们发现,魏晋南北朝时期我们见到较早的"起"作趋向义趋向补语的用例,但用例还较少,唐代开始,"起"作趋向义趋向补语的用法有了极大的发展,出现了几种不同的格式,唐以后主要是沿用这些格式,在元明清时期出现了趋向义趋向补语"起"用在"把"字句和"被"字句中的用例。此外,作趋向义趋向补语的"起"由魏晋南北朝开始,发展到宋代达到鼎盛,随后由于"起来"的崛起,和其他格式的兴起,逐渐在元明清时期出现了一定程度的萎缩,尤其是"V+起"格式,到现代汉语中已经很难找到实际用例了。

2. 与趋向义趋向补语"起"共现的述语类型

从结构形式上看，可以分为：

单音节及物动词：

《世说新语》：扶、册（扶义）。

《敦煌变文集》：吹、拥、转。

《祖堂集》：撩、提（拎起义）、拈、竖、举、抬、架、跷、泛。

《景德传灯录》：提（拎起义）、拈、托、竖、扶、挑、举、惊。

《朱子语类》：提（拎起义）、拾、挈、竖、枭（悬义）、涌、唤。

《元曲选》：扶、挂、轮、吊、溅、拈、竖、架、绰（抓举义）、涌、吹、卷、惊。

《西游记》：拿、抱、抛、架、驾、扯、挝（抓义）、扶、搀、举、挽、吊、腾、摇、纵、轮（抡义）、撩、卷、溅、竖、绰（抓举义）、揭、撑、掬、拈、提（拎起义）、抬、拽、踢、拾、掳、挺、钩、擎、撮、撒、泛、丢。

单音节不及物动词：

《景德传灯录》：飞。

《元曲选》：飞。

《西游记》：翔、飘、迸、站、飞、跳、爬、立、挣。

双音节及物动词：

《元曲选》：打叠、打捞。

从语义类型上，与趋向义趋向补语"起"共现的主要是位移动词。

自移动词：

《祖堂集》：泛。

《景德传灯录》：飞。

《朱子语类》：涌。

《元曲选》：涌、飞。

《西游记》：腾、纵、泛、翔、飘、迸、站、飞、跳、爬、立、挣。

致移动词：

《世说新语》：扶、册（扶义）。

《敦煌变文集》：吹、拥、转。

《祖堂集》：撩、提（拎起义）、拈、竖、举、抬、架、跷。

《景德传灯录》：提（拎起义）、拈、托、竖、扶、挑、举、惊。

《朱子语类》：提（拎起义）、拾、挈、竖、枭（悬义）、唤。

《元曲选》：扶、吹、卷、挂、轮、吊、拈、竖、架、绰（抓举义）惊、溅、打叠、打捞。

《西游记》：拿、抱、抛、架、驾、扯、挝（抓义）、扶、挽、举、挽、吊、摇、轮（抡义）、撩、卷、竖、绰（抓举义）、揭、撑、掬、拈、提（拎起义）、抬、拽、踢、拾、掳、挺、钩、掣、撮、撒、丢、溅。

从上面的考察我们可以看到，与趋向义趋向补语"起"共现的述语主要是位移动词，而且这些位移动词往往能够表示确定的方向：由下往上或由水平到垂直向上。如扶、跳、立、爬、飞等动词，这种类型的动词和"起"的语义相宜，二者有结合的可能，这样，就为"起"的虚化提供了条件。东汉魏晋南北朝的时候已经有比较成熟的动趋式用例，述语是致移动词，不过用例较少，动词的局限性也比较大，所见的用例动词均为"扶"义。唐五代时起动词的范围和数量不断扩大，总体来说，致移动词所占比重更大；音节上，元以前主要是单音节动词，《元曲选》中，开始出现双音节动词，后代还在沿用，不过总体上来说，以单音节动词占绝对优势；在及物性上，述语以及物动词为主，非及物动词相对较少，历代的情况都是如此。

3. 与趋向义趋向补语"起"共现的宾语的类型

从语法结构上看，宾语主要是名词或名词性短语，又可以细分为：

表人或事物的具体名词：

在《朱子语类》以前，由于与"起"同现的动词往往是表示位移或使位移的动作行为动词，因此，与"起"同现的宾语往往是表示具体的人或事物的宾语。例如：

① 衾虎亦见，处分左右，册起蛮奴。(《敦煌变文集·韩擒虎话本》)

② 其僧提起茶碗。(《祖堂集》卷四)

名词性短语：

这种宾语早期很少见，到宋代以后才逐渐多起来。例如：

① 其僧竖起五指。(《祖堂集》卷五)

② 这桌子举起一角，便有三角在。(《朱子语类·论语十八》)

③ 刚绰起半撮，小梅香也歌和，分明掌上见嫦娥。(《元曲选·赚煞》)

④ 往锅里一掼，烹的响了一声，溅起些滚油点子，把那小道士们脸上烫了几个燎浆大泡！(《西游记》第二十五回)

⑤ 林黛玉听了，不觉带腮连耳通红，登时直竖起两道似蹙非蹙的眉，瞪了两只似睁非睁的眼，微腮带怒，薄面含嗔。(《红楼梦》第二十三回)

从语义上分，与趋向义趋向补语"起"共现的宾语可以分为三种类型：受事宾语、施事宾语、处所宾语。与趋向义趋向补语"起"同现的主要是及物的述语动词所带的受事宾语，施事宾语和处所宾语在实际语料中很少见。

以下三个例子的宾语分别是受事宾语、施事宾语、处所宾语三种类型：

⑥ 狱主闻语，扶起青提夫人。(《敦煌变文集·大目乾连冥间救母变文》)

⑦ 河南的荷塘的绿叶细小无力的浮在水面上，叶子左右时时冒起些细碎的小水泡。(《骆驼祥子》)

⑧ 那魔头巍巍冷笑，袖子中暗暗将宝贝取出，撒手抛起空中。(《西游记》第五十二回)

从语音上看，宾语有单音节和多音节之分：单音节的宾语比较少见，因为动趋式本身是双音节的，带上单音节的宾语在韵律上显得不够协调。

⑨ 师拈起衣云："争奈这个何。"(《景德传灯录》卷八)

《朱子语类》以前，宾语以双音节或三音节的为主，很少出现更多音节的，但以后就出现了多音节的复杂短语作宾语的情况。

⑩ 行者在旁，眼不转睛看着那怪揭起两三层衣服，贴身带着三个铃儿。(《西游记》第七十回)

⑪ 他便要趁势作脸献好，因越众向前拉起探春的衣襟，故意一掀。(《红楼梦》第七十四回)

⑫ 汽车迎头来了，卷起地上所有的灰土，祥子不躲，不论汽车的喇叭怎样的响，不管坐车的怎样着急。(《骆驼祥子》)

2. 结果义趋向补语"起"

结果义趋向补语"起"表示动作实现或产生某种结果。

1）结果义趋向补语"起"能进入的句法格式

结果义趋向补语"起"，我们在《论衡》中见到较早的用例。

第一，"V+起+O"格式：

① 见食之家，作起厌胜，以五行之物，悬金木水火。(《论衡·词时篇》)

② 酒糜五谷，生起盗贼，沉湎饮酒，盗贼不绝，奏记郡守，禁民酒。(《论衡·对作篇》)

这一格式中，与"起"共现的动词为非位移动词，宾语可以是受事，也可以是施事。

魏晋南北朝时期我们调查的两部语料《搜神记》《世说新语》中均没有见到"起"作结果义趋向补语的用例。

唐五代时期，除了沿用第一式外，还有几种格式：

第二，"V+起"格式：

在唐五代，这种格式中的"起"以作趋向义趋向补语为主，有少量作结果义趋向补语的用例。

③ 虎狼性纵恣，禽兽心长起。(《敦煌变文集·譬喻经变文》)

④ 迦陵形，孔雀貌，尽是你弥陀佛化起。(《敦煌变文集·角座文汇抄》)

这一格式中的动词为非位移动词。

第三，"V+O+不+起"格式：

这种格式虽然以前出现过，但之前的文献中，这种格式中的"起"表示"起来"的意思，V 的意思是和"起"相反的"卧"等，而《祖堂集》中，出现了以下用例：

⑤ 师云："扶我教不起。"(《祖堂集》卷十八)

上例中，"起"已经是结果义的能性补语了。

第四，"V+不+起"格式：

与"V+O+不+起"格式相似的是：《祖堂集》中还出现了："V+不+起"，"起"也是结果义的能性补语。

⑥ 三世诸佛不能唱，十二分教载不起。(《祖堂集》卷六)

⑦ 四十九年明不尽，四十九年标不起。(《祖堂集》卷九)

宋代，主要沿用以往的格式，但还是发生了一些变化。

一是"V+起"格式的用例有明显增多的趋势，V 的范围进一步扩大，非位移动词与"起"共现的情况增多。例如：

⑧ 额间隆起如肉珠。(《景德传灯录》卷九)

⑨ 曰："据某看，'居敬而行简，以临其民'，它说'而行简以临民'，则行简自是一项，这'而'字是别唤起。"(《朱子语类·论语十二》)

二是"V+起+O"中 V 的范围扩大到"发、耸、著"之类的动词，与之搭配的宾语也出现了抽象名词宾语。

⑩ 然禅定一行最为神妙，能发起性上无漏智慧。(《景德传灯录》卷十三)

⑪ 耸起精神，树起筋骨，不要困，如有刀剑在后一般!(《朱子语类·学四》)

⑫ 须是勇猛著起精神，拔出心肝与它看，始得!(《朱子语类·大学一》)

这说明这一格式运用的范围还在不断扩大中。

三是出现了新格式。

第五，"V+得+O+起"格式：

⑬ 人当放肆怠惰时，才敬，便扶策得此心起。(《朱子语类·学六》)

元明清时期，"起"主要沿用以前的句法格式，但也有所发展，表现在：

一是与"起"搭配的动词进一步扩大，"想、念"之类的动词开始和"起"搭配使用；双音节动词开始和"起"搭配使用。例如：

⑭思量起，思量起，怎不动情？（《元曲选·滴溜子》）

⑮正此凄怆，忽想起菩萨当年在蛇盘山曾赐我三根救命毫毛，不知有无，且等我寻一寻看。（《西游记》第七十五回）

⑯雨村听了，如雷震一惊，方想起往事。（《红楼梦》第四回）

⑰此时一见，未免勾引起我归农之意。（《红楼梦》第十七回）

二是"起"作结果义能性补语出现了新的格式。

第六，"V+不/得+起（+O）"格式：

⑱我虽见你眼熟，一时间却想不起姓名。（《西游记》第三十一回）

⑲我说一句话，你就禁不起，你那样下死手的板子，难道宝玉就禁得起了？（《红楼梦》第三十三回）

三是出现了把字句。

第七，"将/把+O+V+起（+O₂）"格式：

⑳杜鹃怕将愁唤起，困东风夜深花睡。（《元曲选·春晚次韵二首》）

㉑呆子不要乱说，把那丑也收拾起些。（《西游记》第二十回）

㉒湘云连忙将那麒麟藏起。（《红楼梦》第三十一回）

四是出现了被字句。

第八，"被+N+V+起"格式：

㉓兢兢业业心儿里，谁知又被人拿起，含羞忍耻。（《元曲选·偷情为获》）

五是从元代开始，"起来"的运用逐渐多起来，到《西游记》《红楼梦》时代，"起来"的使用频率已经和"起"差不多，甚至超过了"起"（参见"起来"一节）。

和趋向义趋向补语"起"的发展情况类似，《骆驼祥子》中的结果义趋向补语"起"基本沿用了《红楼梦》以来的用法，但也有一个重要的变化，就是在不带宾语的动趋式里，"起来"基本上已经取代了"起"，《骆驼祥子》中，"V+起"已经没有检索到实际用例。

下面，我们将各期结果义趋向补语"起"出现的频率列表 2.5 如下：

表2.5　各期结果义趋向补语"起"出现的频率

语料	"起"出现的总次数	结果义趋向补语"起"的次数	比例（%）
左传	4	0	0
史记	107	0	0

语料	"起"出现的总次数	结果义趋向补语"起"的次数	比例（%）
论衡	48	7	14.6
搜神	30	0	0
世说	39	0	0
敦煌	66	5	7.6
祖堂	131	3	2.3
景德	197	10	5.1
朱子	105	29	27.6
元曲	184	92	50.0
西游	434	84	19.4
红楼	191	91	47.6

从表 2.5 可以看出，结果义趋向补语"起"在汉代产生后，经历了一个缓慢发展的过程，在《朱子语类》时期及以后得到了极大的发展。

2）与结果义趋向补语"起"共现的述语类型

从及物不及物看：

单音节及物动词：

《论衡》：生、发、感。

《敦煌变文集》：长、化、放、解、发。

《祖堂集》：发。

《朱子语类》：擂（～战鼓）、奋、引、凑（～众说）、接（～一句一字）。

《元曲选》：唤、想、添、感、助、筑、绰、抄、壮、引、叫、扎、焚、踢、放、摆、闭、掇、拿₂（抓住义）。

《西游记》：收、救、藏、留、想、烧、点、发、设、钩、叫、盛、冲、占、搭、隔、踏、长、筑、弄、撞、套、披、焚、取、穿、扇、包、接。

单音节不及物动词：

《景德传灯录》：隆。

《元曲选》：闹、惹、喧、簇、剔。

《西游记》：飞、跳、打（～精神）。

双音节及物动词：

《朱子语类》：抖擞、耸（～精神）、树（～筋骨）、著（～精神）。

《元曲选》：打叠、抬叠、收拾、擗掉、勾引、打撷、寻思、打捞。

《西游记》：收拾。

从语义类型看：

结果义趋向补语"起"的述语动词有位移动词和非位移动词两大类。位移动词主要是**致移动词**：

《敦煌变文集》：长、放、解。

《朱子语类》：引、凑（～众说）、接（～一句一字）。

《元曲选》：唤、添、筑、绰、抄、引、叫、扎、踢、放、摆、闭、簇、掇、勾引、收拾、擗掉、打捞、抬叠、打揲、打叠。

《西游记》：收、藏、留、钩、叫、盛、冲、搭、隔、踏、长、筑、撞、套、披、取、穿、扇、包、接、收拾。

还有不少的**非位移动词**：

《论衡》：生、发、感。

《敦煌变文集》：化、发。

《祖堂集》：发。

《朱子语类》：擂（～战鼓）、耸（～精神）、树（～筋骨）、著（～精神）、抖擞。

《元曲选》：想、感、助、壮、焚、闹、惹、喧、拿$_2$（抓住义）。

《西游记》：救、想、烧、点、发、打（～精神）、设、占、弄、焚。

与结果义趋向补语"起"共现的致移动词和非位移动词，都不表示明确的位移方向。

3）与结果义趋向补语"起"共现的宾语的类型

从语法结构上看，宾语主要有以下几种类型：

第一，名词或名词性短语。

表人或事物的具体名词。例如：

①酒糜五谷，生起盗贼，沉湎饮酒，盗贼不绝，奏记郡守，禁民酒。（《论衡·对作篇》）

与述语动词范围的扩大、"起"的语法意义由趋向义引申到结果义这些发展相适应的是，与"起"同现的宾语出现了越来越多的抽象名词。例如：

②莫教才醒，便抖擞起精神，莫要更教他睡，此便是醒。（《朱子语类·大学四或问上》）

③八戒长起威风，与妖精厮斗，那怪喝令小妖把八戒一齐围住不题。（《西游记》第八十五回）

名词性短语。例如：

④呖呖风前孤雁儿,感起我一弄儿嗟咨。(《元曲选·梁州》)

⑤但是,刚一说出,他便想起昨夜的恐怖,心中忽然堵成了一团。(《骆驼祥子》)

第二,在《红楼梦》及以后的文献中,开始出现了小句甚至是复句充当宾语的用例。

小句。例如:

⑥(宝玉)因想起近日薛宝钗在家养病,未去亲候,意欲去望他一望。(《红楼梦》第八回)

⑦湘云一见他这般景况,只当有什么新闻,忙也来一看,也要笑时,忽然想起宝钗素日待他厚道,便忙掩住口。(《红楼梦》第三十六回)

⑧他得带走这几匹牲口,虽然还没想起骆驼能有什么用处,可是总得算是几件东西,而且是块儿不小的东西。(《骆驼祥子》)

复句。例如:

⑨(宝玉)因又想起上日平儿也是意外想不到的,今日更是意外之意外的事了。(《红楼梦》第六十二回)

⑩想起乍由山上逃回来的时候,大家对他是怎样的敬重,现在会这样的被人看轻,他更觉得难过了。(《骆驼祥子》)

从语义上看,与结果义趋向补语"起"共现的宾语基本上是受事宾语。

从语音上看,宾语有单音节和多音节之分:由于韵律的要求,单音节的宾语很少。多音节的宾语,特别是小句和复句作宾语与结果义趋向补语"起"共现的用例要比与趋向义趋向补语"起"共现的用例多。

3. 状态义趋向补语"起"

状态义的趋向补语"起"表示动作开始或持续,或进入某种新的状态。

1)状态义趋向补语"起"能进入的句法格式

我们检索的语料,宋代《景德传灯录》中见到状态义趋向补语"起"的较早用例,《朱子语类》中用例逐渐多起来。主要有两种格式:

第一,"V+起+O"格式:

①打起南山鼓,唱起北山歌。(《景德传灯录》卷二三)

②其意只是提起一事,使人读著常惺惺地。(《朱子语类·大学一》)

③太王又旋来那岐山下做起家计。(《朱子语类·论语十七》)

第二,"V+起"格式:

④须是要谨行谨言,从细处做起,方能克得如此大。(《朱子语类·学二》)

⑤ 圣人教人持敬，只是须著从这里说起。(《朱子语类·大学一》)

元明清时期，主要是沿用宋代的用法，用例有所增多。例如：

⑥ 便将小姐央，说起风流况。(《元曲选·西厢寄寓》)

⑦ 他二人拜毕，方才坐定，又叙起他昨日之事。(《西游记》第十七回)

⑧ 若问起那一房的亲戚，更伤了兄弟们的和气。(《红楼梦》第九回)

⑨ 四围绵绣繁华地，车马喧天闹起。(《元曲选·斗鹌鹑》)

⑩ 大圣不恋战，只情跑起。(《西游记》第六回)

⑪ 赵姨娘听说，鼻子里笑了一声，说道："罢，罢，再别说起。"(《红楼梦》第二十五回)

第三，"将/把+O+V+起"格式：

⑫ 菩萨将真言念起。(《西游记》第十七回)

⑬ 你如今且把诗社别提起，只管普通一请。(《红楼梦》第三十七回)

《骆驼祥子》中主要沿用《红楼梦》中的用法。

下面，我们将各期状态义趋向补语"起"出现的频率列表 2.6 如下：

表2.6　各期状态义趋向补语"起"出现的频率

语料	"起"出现的总次数	状态义趋向补语"起"的次数	比例（%）
左传	4	0	0
史记	107	0	0
论衡	48	0	0
搜神	30	0	0
世说	39	0	0
敦煌	66	0	0
祖堂	131	0	0
景德	197	4	2.0
朱子	105	25	23.8
元曲	184	14	7.6
西游	434	50	11.5
红楼	191	47	24.6

状态义趋向补语"起"在《景德传灯录》中见到较早用例，《朱子语类》时期及以后得到较大的发展。

2）与状态义趋向补语"起"共现的述语类型

从及物不及物看，与状态义趋向补语"起"共现的述语主要是及物动词。

单音节及物动词：

《景德传灯录》：唱。

《朱子语类》：提$_2$（说起义）。

《元曲选》：吹、焚、题（说起义）、提$_2$（说起义）。

《西游记》：喊、吃、想、忙、斟、烧、发、叙、说、讽、念、作、撒、使、放、动、讲、做、找、弄、问、喝（喝斥义）等、提$_2$（说起义）、题。

双音节及物动词：

《全元散曲》：思量、寻思。

《西游记》：思量。

从语义上看，述语有位移动词和非位移动词两大类。

位移动词中，主要是**致移动词**：

《元曲选》：吹。

《西游记》：撒、放、动。

非位移动词：

《景德传灯录》：唱。

《朱子语类》：提$_2$（说起义）。

《元曲选》：焚、题（说起义）、提$_2$（说起义）、思量、寻思。

《西游记》：喊、吃、想、忙、斟、烧、发、叙、说、讽、念、作、使、讲、做、找、弄、问、喝（喝斥义）、提$_2$（说起义）、题、思量。

与状态义趋向动词"起"共现的述语即便是位移动词也并不表示空间的位移，也不表示明确的方向。

3）与状态义趋向补语"起"共现的宾语的类型

从语法结构上看，宾语主要有以下几种类型：

第一，名词或名词性短语。

表人或事物的具体名词。例如：

① 打动关南鼓，唱起德山歌。（《景德传灯录》卷十一）

与述语动词范围的扩大、"起"的语法意义由趋向义引申到状态义这些发展相适应的是，与"起"同现的宾语出现了越来越多的抽象名词。例如：

② 我寻到洞外借扇，他就与我讲起仇隙，把我砍了几剑。（《西游记》第五十九回）

③ 见过王夫人急忙回来，宝玉已醒了，问起原故，袭人且含糊答应，至夜间人静，袭人方告诉。（《红楼梦》第三十六回）

名词性短语。例如：

④ 闲话之间，金荣的母亲偏提起昨日贾家学房里的那事，从头至尾，一五一十都向他小姑子说了。(《红楼梦》第十回)

⑤ 大人们吃饱之后，脾气和平了许多，爱说话的才三五成团，说起一天的辛苦。(《骆驼祥子》)

第二，小句和复句。例如：

⑥ 宝玉并未理论，因问起昨日可有什么事情。(《红楼梦》第二十八回)

⑦ 因说起"今年纸札香料短少，明年必是贵的。明年先打发大小儿上来当铺内照管，赶端阳前我顺路贩些纸札香扇来卖。除去关税花销，亦可以剩得几倍利息。"(《红楼梦》第四十八回)

从语义上分，宾语只能是受事宾语，不能是施事宾语和处所宾语。

从语音上看，宾语有单音节和多音节之分，情况跟结果义趋向补语"起"差不多，在此不再详述。

4. "起"与动词和宾语的位置

"起"与动词和宾语的位置主要有三种，我们把它们码化为：

A式——VOC(V代表动词，O代表宾语，C代表"起")；B式——VCO；C式——把OVC。

A式是比较早产生的一种格式，我们在《史记》《论衡》中见到的这种格式还不是动趋式，是趋向连动式。例如：

① 平公提觞而起，为师旷寿。(《论衡·纪妖篇》)

B式于东汉开始萌芽，在魏晋已经成为一种稳定的形式，A式作为早期的动趋式在后代的文献中有所保留，不过用例越来越少，呈现出逐渐萎缩的趋势。

B式在东汉时期开始萌芽，《论衡》中有少量的用例：

② 见食之家，作起厌胜，以五行之物，悬金木水火。(《论衡·诇时篇》)

③ 酒糜五谷，生起盗贼，沉湎饮酒，盗贼不绝，奏记郡守，禁民酒。(《论衡·对作篇》)

在唐代发展为动趋式的主要格式，这种情形一直延续到现代汉语中。

C式大概在元代始见，明清时期用例更多。

④ 一个一个儿窝的眼又瞎，一个将纸鸦儿放起，盼的人眼睛花，一个递撒牛的没乱杀。(《元曲选·元和令》)

⑤ 猴王大喜，将赭黄袍穿起，众等欣然排班朝拜，即将鬼王封为前部总督先锋。(《西游记》第四回)

⑥ 柳家的听了，便将茯苓霜搁起，且按着房头分派菜馔。(《红楼梦》第六

十一回）

我们把"起"的发展历程列表 2.7 如下：

表 2.7 "起"的发展历程

作谓语					
			句法格式		
发展轮廓	语义	语料	单独作谓语	作连动式第一个动词	作连动式第二个动词
先秦少见，魏晋南北朝发展，唐五代后萎缩	人或事物由低处向高处移动	论语左传	$S_{施}$+起 起$_{使动}$+O 不+能+起	—	V+而+起
		史记论衡	$S_{施}$+起 起$_{使动}$+O 不+能+起	起（+状）（+而）+V_2 起+V_2+O	V（+而）+起 V+O（+而）+起 V+不+起
		搜神世说	$S_{施}$+起 不+起	起+V_2 起+V_2+O	V（+而）+起 V+不+起 V+不+得+起
		敦煌祖堂	$S_{施}$+起 不+起 $S_{施}$+介+$O_{处}$+起	起+V_2 起+V_2+O	V（+而）+起 V+O+起 V+不+起 V+O+不+起
		景德朱子	$S_{施}$+起 不+起 $S_{施}$+介+$O_{处}$+起 起+介+$O_{处}$	起+V_2+O	V+O+不+起
		元曲西游红楼	$S_{施}$+起 不+起		—
		祥子	—		—

趋向义补语								
				共现述语类型			共现宾语类型	
发展轮廓	语义	语料	句法格式	语义	语法	语音	语义	语法	语音
产生于汉代，发展于唐宋，元明清及现代萎缩	人或事物通过动作由低处向高处移动	论语左传	—	—	—	—	—	—	—
		史记汉书	—	致移	及物	单	受事	具体名词	双
		搜神世说	V+起	致移	及物	单	受事	具体名词	双

趋向义补语									
发展轮廓	语义	语料	句法格式	共现述语类型			共现宾语类型		
				语义	语法	语音	语义	语法	语音
产生于汉代，发展于唐宋，元明清及现代萎缩	人或事物通过动作由低处向高处移动	敦煌祖堂	V（+而）+起 V+起+O V+不/得+起	致移自移	及物	单	受事	具体名词、名词性短语	双
		景德朱子	V+起 V+起+O	致移自移	及物不及物	单	受事	具体名词、名词性短语	双多
		元曲西游红楼	V+起 V+起+O V+不/得+起+O 将+O+V+起 被+N+V+起	致移自移	及物不及物	单双	受事施事处所	具体名词、名词性短语	双多
		祥子	V+起 V+起+O V+不/得+起+O 将+O+V+起 被+N+V+起	致移自移	及物不及物	单双	受事施事处所	具体名词、名词性短语	双多
结果义补语									
发展轮廓	语义	语料	句法格式	共现述语类型			共现宾语类型		
				语义	语法	语音	语义	语法	语音
产生于东汉，唐代有所发展，宋元明清繁荣，现代汉语中有所萎缩	动作实现或产生某种结果	论语左传	—	—	—	—	—	—	—
		史记论衡	V+起+O	非位移	及物	单	受事	具体名词	双
		搜神世说	—	—	—	—	—	—	—
		敦煌祖堂	V+起 V+起+O V+O+不+起 V+不+起	致移非位移	及物	单	受事	具体名词	双多
		景德朱子	V+起 V+起+O V+O+不+起 V+不+起 V+得+O+起	致移非位移	及物不及物	单双	受事	具体名词、抽象名词、名词性短语	双多

续 表

结果义补语									
发展轮廓	语义	语料	句法格式	共现述语类型			共现宾语类型		
				语义	语法	语音	语义	语法	语音
产生于东汉，唐代有所发展，宋元明清繁荣，现代汉语中有所萎缩	动作实现或产生某种结果	元曲西游红楼	V+起 V+起+O V+O+不+起 V+得+O+起 V+不/得+起（+O） 将/把+O+V+起（+O₂） 被+N+V+起	致移 非位移	及物 不及物	单双	受事	具体名词、抽象名词、名词性短语、小句、复句	双多
		祥子	V+起+O V+O+不+起 V+得+O+起 V+不/得+起（+O） 将/把+O+V+起（+O₂） 被+N+V+起	致移 非位移	及物 不及物	单双	受事	具体名词、抽象名词、名词性短语、小句、复句	双多

状态义补语									
发展轮廓	语义	语料	句法格式	共现述语类型			共现宾语类型		
				语义	语法	语音	语义	语法	语音
产生并发展于宋代，元明清及现代沿用	动作开始或持续，进入某种新的状态	论语左传	—	—	—	—	—	—	—
		史记论衡	—	—	—	—	—	—	—
		搜神世说	—	—	—	—	—	—	—
		敦煌祖堂	—	—	—	—	—	—	—
		景德朱子	V+起 V+起+O	非位移	及物	单	受事	具体名词	双多
		元曲西游红楼	V+起 V+起+O 将/把+O+V+起	非位移 致移	及物	单双	受事	具体名词 抽象名词 名词性短语 小句复句	双多
		祥子	V+起 V+起+O 将/把+O+V+起	非位移 致移	及物	单双	受事	具体名词 抽象名词 名词性短语 小句复句	双多

说明：在我们调查的汉代语料《史记》《论衡》中，没有检得"起"作趋向义趋向补语的用例，但在《汉书》中有。因此，表中汉代的语料我们用了《汉书》。

"起"在各时期各种用法中总的出现频率，列表 2.11 如下：

表 2.11 "起"在各时期各种用法中总的出现频率

语料	"起"出现的总次数	"起"单独作谓语		"起"用于连动式		"起"作趋向补语	
		次数	比例	次数	比例	次数	比例
《左传》	4	3	75	1	25	0	0
《史记》	107	42	39.3	65	60.7	0	0
《论衡》	48	13	27.1	28	58.3	7	14.6
《搜神》	30	14	46.7	16	53.3	0	0
《世说》	39	15	38.5	23	59.0	1	2.5
《敦煌》	66	16	24.2	39	59.1	11	16.7
《祖堂》	131	23	17.6	18	13.7	90	68.7
《景德》	197	36	18.3	36	18.3	125	63.4
《朱子》	105	20	19.0	4	3.8	81	77.2
《元曲》	184	28	15.2	3	1.6	153	83.2
《西游》	434	72	16.6	10	2.3	352	81.1
《红楼》	191	11	5.8	2	1.0	178	93.2

二、"起"的历时演变有关问题的讨论

（一）关于"起"的比较

1. 不同句法位置上的"起"的比较

"起"可以出现在谓语位置上，也可以出现在补语位置上，二者在语义、句法和演变轮廓等方面有同有异。

1）语义上

作谓语的"起"有比较实在的词汇意义，表示人或有生物由低处向高处位移，含有"动作行为""位移""方向""立足点"等语义特征。而作趋向补语的"起"在词汇意义上已经有所虚化，"位移"和"方向"等语义特征可以包含也可以不包含。具体说来，趋向义趋向补语主要指示方向，由于前面有表示动作行为的述语，"起"的位移义已经稍有减弱；结果义趋向补语在趋向义趋向补语的基础上进一步虚化，已经不再表示具体的位移和位移方向，而表示动作行为

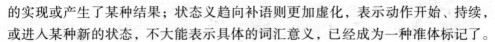

的实现或产生了某种结果；状态义趋向补语则更加虚化，表示动作开始、持续，或进入某种新的状态，不大能表示具体的词汇意义，已经成为一种准体标记了。

2）句法上

作谓语的"起"主要是单用，或是用在连动式第一个动词位置上和连动式第二个动词位置上；作补语的"起"用在谓词性成分后充当补语。由于汉语复音化的趋势，单用的作谓语的"起"和用在连动式第一个动词位置上的"起"先后被"起来"代替，连动式第二个动词位置上的"起"也在唐以后逐渐虚化为趋向补语或被"起来"代替。

3）发展演变轮廓上

作谓语的"起"比作趋向补语的"起"先产生，作趋向补语的"起"是作谓语的"起"语法化的结果。但二者在共时层面上并不是一种完全的替代关系，它们在相当长的一段时间内共存，承担各自的使命。作谓语的"起"先秦少见，魏晋南北朝发展，由于受到复音化趋势及"起"作补语的影响，在唐五代后开始萎缩。作趋向补语的"起"产生于汉魏，趋向义和结果义的"起"在唐代开始受到"起来"和其他格式的竞争而开始衰退；而作状态义的"起"在宋代才开始出现，在现代汉语中和"起来"处在竞争共存的状态。

2. 同一句法位置上的"起"的比较

"起"既可以充当趋向义趋向补语，也可以充当结果义趋向补语、状态义趋向补语，三者的句法位置相同，但在句法、语义、发展轮廓等方面有同有异，联系密切。

1）语义上

趋向义趋向补语"起"表示人或事物通过动作由低处向高处移动，包含"位移""方向"等语义特征，但位移义比作谓语时有所减弱；结果义趋向补语"起"表示动作行为的实现或产生了某种结果，不再表示具体的位移和位移方向；状态义趋向补语"起"的意义更加虚化，表示动作开始、持续，或进入某种新的状态，相当于一种始续体标记，不大能表示具体的词汇意义。三者的语义呈现出由趋向义 > 结果义 > 状态义的虚化连续统。

2）使用的句法格式上

三种类型的趋向补语在使用的句法格式上大体相同，但有一个比较显著的区别，就是趋向义和结果义趋向补语"起"有相应的可能式和否定式，状态义趋向补语"起"没有相应的可能式和否定式，这说明状态义趋向补语"起"的虚化程度更高。

3）共现的述语类型上

动词的位移性由自移＞致移＞非位移逐渐减弱，与三种类型趋向补语共现的述语类型，趋向义趋向补语"起"主要与自移和致移动词共现，述语动词有明确的位移方向，呈现出较强的位移性；结果义和状态义趋向补语"起"主要与致移动词和非位移动词共现，结果义趋向补语的述语可以表示位移，但不能表示明确的位移方向，"起"的位移性已经虚化；状态义趋向补语的述语不能表示空间的位移，更不能表示位移的方向，"起"的位移性彻底虚化。

4）共现的宾语类型上

趋向义趋向补语"起"可以和施事宾语、受事宾语、处所宾语共现，但宾语的结构类型相对简单一些，只能跟名词或名词性短语共现，不能与更复杂的小句和复句共现；而结果义趋向补语和状态义趋向补语"起"只能跟受事宾语共现，但宾语可以是结构更复杂的小句和复句。

5）发展演变的轮廓上

从整体上说，三种类型的趋向补语呈现出由趋向义＞结果义＞状态义不断语法化的序列。趋向义和结果义趋向补语"起"产生的时代较早，在汉代已经出现，在唐以后由于受到"起来"和其他格式的竞争，在实际运用中受到比较大的限制而逐渐衰落，现代汉语中用例已经较少；状态义趋向补语"起"在宋代才虚化成型，还处在和状态义趋向补语"起来"的竞争发展中。

（二）"起"的语法化过程及"起"的语义演变[①]

前面我们对"起"作谓语和作各类趋向补语的发展过程分别作了纵向的描述。下面，我们具体地分析一下"起"语法化的过程及在语法化过程中"起"的语义演变。

1. "起"的语法化轨迹

1）"起"作谓语

"起"作趋向义动词用时，是个自动词，是不及物的，后面不能带宾语。但在上古汉语中，自动词和他动词的区分并不是很严格，自动词可以通过使动用法带上使动宾语，"起"就是这样一个动词。在《左传》中我们就可以看到"起"通过使动用法带宾语的用例：

① 宋人惧，使华元夜入楚师，登子反之床，起之。（《左传·宣公十五年》）

《史记》中还有这样的用法：

---

① 关于"起"的语法化机制请参看第二章关于"起来"的语法化的论述。

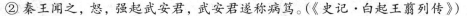

② 秦王闻之，怒，强起武安君，武安君遂称病笃。(《史记·白起王翦列传》)

③ 昭王强起应侯，应侯遂称病笃。(《史记·范雎蔡泽列传》)

东汉魏晋时期"起"的使动用法逐渐消失，"起"恢复了其自动词的本来用法，后面不再带宾语。"起"用在其他动词之后，就成了"Vt+X+起"(X为连词、否定标记、修饰成分等之类的插入物)和"Vt+起"。如果要加入受事成分，只能放在 Vt 和"起"的中间，而不能放在"起"之后，即只能是"Vt+O+X+起""Vt+O+起"，而不能是"Vt+起+O"。

第一，"Vt+起"格式：

④ 夫不本累害所从生起，而徒归责于被累害者，智不明，暗塞于理者也。(《论衡·累害篇》)

第二，"Vt+X+起"格式：

⑤ 仲堪流涕而起曰："臣进退维谷。"(《世说新语·纰漏》)

第三，"Vt+O+X+起"格式：

⑥ 平公提觞而起，为师旷寿。(《论衡·纪妖篇》)

⑦ 是日大火，有云从东起，须臾大雨，火遂灭。(《搜神记》卷二)

第四，"Vt+O+起"格式：

⑧ 去后皆见白云起，从旦至暮。(《搜神记》卷一)

第一式中 Vt 和"起"紧密相邻的句法环境为"起"的语法化提供了句法上的条件，同时，与"起"共现的 Vt 的语义也是至关重要的影响因素。先秦时期，Vt 主要是非位移动作行为动词，与"起"表示先后发生的两个动作；或是表示"起"的方式，与"起"构成类似状中关系的结构；或是与"起"同义或反义的动词，与"起"构成等立的结构。这些类型的 Vt 尽管与"起"构成了"Vt+起"格式，具备了语法化的句法条件，但它们在语义上还是有明显的连动关系，Vt 和"起"是句法地位等立的动词，并没有语法化为动趋式。例如：

⑨ 楚子闻之，投袂而起。(《左传·宣公十四年》)

⑩ 时嫣常与上卧起。(《史记·佞幸列传》)

⑪ 高帝笑而起。(《史记·樊郦滕灌列传》)

2）"起"作趋向补语

随着"Vt+起"格式的不断运用，Vt 的范围不断扩大，大约在汉代，表示致移的 Vt 可以进入到该格式中，这是动趋式产生的一个重要语义条件。由于 Vt 具有致移的语义特征，使得其后的"起"有可能分析为 Vt 的结果，而动作与结果的语义关系正是动趋式中动词和补语的语义关系(从根本上来讲，动趋式也是一种动补式)。例如：

①上惊起，左右拔刃欲格之，上恐并中日磾，止勿格。(《汉书·霍光金日磾传》)

这种用法在东汉魏晋南北朝时期继续发展：

②籍时在袁孝尼家，宿醉扶起，书札为之，无所点定，乃写付使。(《世说新语·文学》)

"Vt+起"在语义上和句法上都具备了向动趋式转化的条件之后，在长期的使用过程中，"起"渐渐失去动词的特征，失去了独立动词的地位，而与 Vt 结合得越来越紧密，最后二者之间消失了词的界限，渐渐类似一个动词，后面能够重新带宾语，形成"Vt+起+O"格式，"起"就变成 Vt 的补充成分。大约早在东汉，我们就可以看到这样的用例。

③见食之家，作起厌胜，以五行之物，悬金木水火。(《论衡·诮时篇》)

④酒縻五谷，生起盗贼，沉湎饮酒，盗贼不绝，奏记郡守，禁民酒。(《论衡·对作篇》)

第四式"Vt+O+起"在《史记》见到较早的用例。

⑤司马夜引袁盎起。(《史记·袁盎晁错列传》)

其中的 O 为 Vt 的宾语，"Vt+O"与"起"构成的还是连动关系。但是，汉代以后"Vt+起"的语义关系发生了重新分析，而且用例不断增多，"Vt+O+起"格式中的"Vt"和"起"紧密结合的要求和可能性越来越大，最终在汉代以后逐渐变成"Vt+起+O"，和由第一式"Vt+起"发展而来的"Vt+起+O"合流，成为动趋式。需要指出的是，动趋式虽然在汉代就已经产生了，但并不是所有的"Vt+O+起"在汉代就已经变成了动趋式"Vt+起+O"，还有一部分"Vt+O+起"一直到《红楼梦》时期才基本消失。新旧格式并存有时会持续相当长的一段时间。

——"起"作趋向义趋向补语

"起"作趋向补语的用法产生之初，主要是作趋向义趋向补语。例如：

⑥上与左右见贺悲哀，感动下泣，曰："扶起丞相。"(《汉书·公孙刘田王杨蔡陈》)

⑦上惊起，左右拔刃欲格之，上恐并中日磾，止勿格。(《汉书·霍光金日磾传》)

"起"作趋向义趋向补语虽然早在汉代就已开始，但真正大发展是在晚唐五代以后。晚唐五代以前，与"起"共现的动词主要是及物的致移动词，宋代开始，出现了不及物的自移动词。

⑧师曰："三尺杖头挑日月。一尘飞起任遮天。"(《景德传灯录》卷十五)

⑨猴王纵身跳起，拐呀拐的走了两遍。(《西游记》第一回)

不及物动词的出现，说明早期动趋结构中 V 和 C 的限制已经逐渐取消，V 和 C 的结合越来越紧密。

——"起"作结果义趋向补语

"起"语法化的脚步并未就此停下，它在继续向前发展。大约在东汉时期，出现了"起"作结果补语的用法：

⑩ 见食之家，作起厌胜，以五行之物，悬金木水火。(《论衡·诘时篇》)

⑪ 酒糜五谷，生起盗贼，沉湎饮酒，盗贼不绝，奏记郡守，禁民酒。(《论衡·对作篇》)

宋代开始出现不及物动词作结果义动趋式中的述语。

⑫ 幼于本州黄檗山出家，额间隆起如肉珠，音辞朗润志意冲澹。(《景德传灯录》卷九)

⑬ 须是勇猛著起精神，拔出心肝与它看，始得！(《朱子语类·大学一》)

趋向义趋向补语"起"发展为结果义趋向补语"起"是有其认知基础的："起"的趋向义表示由低处向高处移动，表示的是一个位移事件，当这个位移事件结束时，就意味着动作已经完成，很自然地蕴含了"结果"的语义。这样，"起"就可以由"表示由低处向高处移动"的趋向义向"表示动作行为的实现或产生某种结果"的结果义虚化。由于趋向动词能够表示一定的位移事件，几乎所有的趋向动词都可以虚化作结果义趋向补语。

——"起"作状态义趋向补语

同样的道理，"起"语义中蕴含的位移起点可以通过隐喻转指动作行为的起点、某种状态的开始，这样，"起"就可以虚化为"表示动作开始或持续，进入某种新的状态"的状态义趋向补语了（而"出"组趋向动词或许正是因为语义中不能蕴含位移起点，因此无法通过隐喻而转指动作行为或状态的开始，因此没有发展成状态义趋向补语）。状态义趋向补语"起"大约在宋代开始出现。

⑭ 打动关南鼓，唱起德山歌。(《景德传灯录》卷十一)

⑮ 太王又旋来那岐山下做起家计。(《朱子语类·论语十七》)

2. 语法化过程中"起"的语义的演变

"起"由作谓语→趋向义趋向补语→结果义趋向补语→状态义趋向补语，是一个不断语法化的连续统。其间，"起"的句法功能经历了降级的演变，由作主干成分的谓语降级到作非主干成分的补语；"起"的语义也经历了一个不断虚化的过程。

1）作谓语的"起"

有实在的词汇意义，表示人或事物由低处向高处移动。语义中蕴含了"位移""方向""立足点"，由于上古汉语语法结构的简约性，"起"的语义中实际上还蕴含了使"起"这个位移动作发生的另一个动作行为的语义（如起等于站起）因此，实际上，作谓语的"起"的语义包含了"位移""方向""立足点""动作行为"。例如：

① 哙拜谢，起，立而饮之。（《史记·项羽本纪》）

例①中的"起"就相当于"站起来"的意思。

2）作趋向义趋向补语的"起"

作趋向义趋向补语的"起"表示人或事物通过动作由低处向高处移动，由于动作行为已经由"起"前的述语表示，"起"的语义只蕴含"位移""方向""立足点"。例如：

① 主云："如何是粗。"师竖起锄头。（《景德传灯录》卷七）

3）作结果义趋向补语的"起"

作结果义趋向补语的"起"表示动作行为的实现或产生某种结果，这种动趋式中一般有宾语或能够补出宾语，宾语是 V 的结果或产物，或者是随动作而出现的，其语义关系是"宾语因 V 而起（产生）"。"起"的语义由表示具体的位移虚化为表示抽象的位移。例如：

① 那些贼果找起绳扛，把柜抬着就走，幌阿幌的。（《西游记》第八十四回）

② 须史间，那马打个展身，即退了毛皮，换了头角，浑身上长起金鳞，腮颔下生出银须。（《西游记》第一百回）

前一例中的"绳扛"是随"找"这个动作而出现的，后一例的"金鳞"是"长"的结果。

4）作状态义趋向补语的"起"

作状态义趋向补语的"起"表示动作开始、持续，或进入某种新的状态，"起"的位移义彻底虚化。

① 唐僧果然耳软，又信了他，随复念起。（《西游记》第二十七回）

② 第三个撒起莽性，使乌油杆棒来打。（《西游记》第八十八回）

例①表示动作开始，例②表示进入某种新的状态。

第二节　"起来"的历时演变

一、"起来"的历时演变过程

"起来"由简单趋向动词"起""来"复合而成，"起来"的意义也是二者的结合："起"表示空间位置的移动，表示人或事物通过动作由低处向高处运动，"来"表示位移的方向是趋向说话人方向或说话人心里设定的方向的。"起来"既可以表示位移，又可以标明立足点。

复合趋向动词"起来"的用法归纳起来有两类：一是作谓语的"起来"，二是作趋向补语的"起来"。我们首先分别描述它们的发展过程。在讨论之前要说明的是：由于对"V+起+O+来"格式，学界历来有不同的看法，此部分我们仅讨论"起来"连用的情况。

（一）作谓语的"起来"的历时演变过程

作谓语的"起来"表示人或事物自身向说话人方向或说话人心里设定的方向由低处向高处移动。和作谓语的"起"一样，它也隐含了动作行为的意义，包含"动作行为""位移""方向""立足点"等语义特征。

1. 作谓语的"起来"主要能进入的句法格式

作谓语的"起来"主要能进入两种格式：一是单独作谓语，二是和其他动词构成连动式一起作谓语。下面我们对汉语史上各期作谓语的"起来"能进入的句法格式作具体的描述。

1）单独作谓语的"起来"

第一，"S+起来"格式。

与"起"相比较，单独作谓语的"起来"出现得晚得多，据王灿龙的考察，在东汉和东晋时期的译经中才出现"起来"连用的用例：[①]

① 是时萨陀波伦菩萨安隐从三昧觉起，并与五百女人共至昙无竭宫门外，门外立，自念言："今我用经法起来，师入在内，我义不可卧、不可坐，须我师来，出上高座，说般若波罗蜜，乐乃坐耳。"（东汉·支娄迦谶译《道行般若经》）

② 欲灭诤事者，当先自筹量身力、福德力、辩才力、无畏力，知事缘起。比丘先自思量有如是等力，又此诤事起来未久，此人心调软，诤事易可灭。此比丘尔时应作灭诤。（东晋·佛陀跋陀罗共法显译《摩诃僧祇律》）

第二，唐五代时期，除了沿用第一式外，还出现了一种格式："从+O处+起来"。

③ 庆闻语，举身自仆，七孔之中，皆流鲜血，良久乃苏。从地起来，乃成偈。（《敦煌变文集·庐山远公话》）

---

① 王灿龙：《"起去"的语法化未完成及其认知动因》，载《世界汉语教学》2004年第3期，第27-37页。

④ 弥勒承于圣旨，忙忙从座起来。（《敦煌变文集·维摩诘经讲经文（四）》）

宋代、元代主要是沿用第一式：

⑤ 晨朝起来，洗手面盥漱了吃茶。（《景德传灯录》卷二六）

⑥ 设或理会得些小道理，也滋润他不得，少间私欲起来，又间断去，正如亢旱不能得雨相似也。（《朱子语类·学三》）

不过总的来说，"起来"单独作谓语，在我们检索的语料中，直到元代都比较少见。

明清时期，第一式比较常见。例如：

⑦ 老叟答礼道："你起来。你可曾疏失了什么东西？"（《西游记》第十三回）

⑧ 秦钟连忙起来，抱怨道："这算什么？"（《红楼梦》第十五回）

现代汉语中沿用了明清时期的用法。例如：

⑨ "别紧自蹲着，说话呀！你起来！"她似乎也觉出冷来，愿意活动几步。（《骆驼祥子》）

⑩ 听着风声，祥子把头往被子里埋，不敢再起来。（《骆驼祥子》）

单独作谓语"起来"的语义主要表示"由卧而坐或由坐跪而站立"的意义，也有少数是用的引申义，如例②、例⑥等。

单独作谓语的"起来"出现的比例上也发生了明显的变化，请看表2.12：

表2.12　单独作谓语的"起来"出现的比例的变化

语料	"起来"出现的总次	"起来"单独作谓语	比例（%）
敦煌	14	4	28.5
祖堂	21	8	38.1
景德	6	2	33.3
朱子	13	2	15.4
元曲	31	1	3.2
西游	207	46	22.2
红楼	567	56	9.9

从表2.12可以看出，《朱子语类》以前，"起来"单独作谓语的比例相对比较高，《朱子语类》以后则有所降低。

2）和其他动词构成连动式一起作谓语的"起来"

和其他动词构成连动式一起作谓语的"起来"，可以用在连动式第一个动词位置上，也可以用在连动式第二个动词的位置上。下面我们就这两方面的情况看连动式中的"起来"。

（1）连动式第一个动词位置上的"起来"。

连动式第一个动词位置上的"起来"，可以出现在两种句法格式中：一种是"起来+V"，还有一种是"起来+V+O"。

第一，"起来+V"格式，较早的是《敦煌变文集》中的例子，后代沿用。

①因得听闻不退转，起来礼谢不休停。(《敦煌变文集·维摩诘经讲经文（四）》)

②石头又强为不得，起来迎接，相看一切了，让和尚与石头起院成持也。(《祖堂集》卷四)

③起来搔首人独自，谩写乌丝。(《元曲·春情》)

④次日将银子送到宁国府来，尤氏方才起来梳洗，因问是谁送过来的，丫环们回说："是林大娘。"(《红楼梦》第四十三回)

⑤大家都得早早的起来操作，唯有她可以安闲自在的爱躺到什么时候就躺到什么时候。(《骆驼祥子》)

第二，"起来+V+O"格式，较早的是《祖堂集》中的用例，后代有所沿用，但用例较少。

⑥德山起来打之云："道什摩？"(《祖堂集》卷七)

⑦仰山起来打四藤杖。(《景德传灯录》卷十二)

⑧向对面床上瞧了一瞧，只见芳官头枕着炕沿上，睡犹未醒，连忙起来叫他。(《红楼梦》第六十三回)

⑨疲乏后的安息是最甜美的享受，起来伸了个懒腰，骨节都轻脆的响，胃中象完全空了，极想吃点什么。(《骆驼祥子》)

连动式第一个动词位置上的"起来"主要用的是本义，"起来"和V表示先后发生的两个动作。

下面，我们将连动式第一个动词位置上的"起来"各期所占的比例列表2.13如下：

表2.13　连动式第一个动词位置上的"起来"各期所占的比例

语料	"起来"出现的总次数	连动式第一个动词上"起来"的次数	比例（%）
敦煌	14	6	42.9
祖堂	21	11	52.4
景德	6	3	50
朱子	13	1	7.7
元曲	31	3	9.7
西游	207	0	0
红楼	567	17	3

总体来说，"起来"用在连动式第一个动词位置上的用例相对比较少，而且

《朱子语类》后出现频率大幅降低，这应该是受到"起来"的动作意义逐步虚化后主要用来表示动作趋向的用法的影响。

（2）连动式第二个动词位置上的"起来"。

连动式第二个动词位置上的"起来"，主要能进入两种格式："V+起来"和"V+O+起来"。

第一，"V+起来"格式，在《敦煌变文集》见到比较早的趋向连动式的用例。

⑩ 比至礼三拜起来，早已化作一千躯佛众。（《敦煌变文集·悉达太子修道因缘》）

《祖堂集》和《景德传灯录》中各检得1例趋向连动式"V+起来"，《朱子语类》及以后的文献中"V+起来"基本上都已演变成动趋式。

⑪ 师教僧去章敬和尚处，见他上堂说法次，礼拜起来，收他一只履，以抽拂上尘，倒头覆下。（《祖堂集》卷十四）

⑫ 待兴化苏息起来。向汝道未在。（《景德传灯录》卷十二）

第二，"V+O+起来"格式：

⑬ 是时慈母闻唤数声，抬身强强起来，状似破车无异。（《敦煌变文集·目连缘起》）

⑭ 良久而死，复乃重苏，两手按地起来。（《敦煌变文集·大目乾连冥间救母变文》）

"V+O+起来"在明清的文献中还见到较多趋向连动式用例。

⑮ 遂叫一家大小起来，安排谢意，替他收拾马匹。（《西游记》第十三回）

⑯ 自己也觉无味，抖抖土起来，下山寻归旧路，往怡红院来。（《红楼梦》第二十八回）

连动式第二个动词位置上的"起来"的意义主要用的是本义，V和"起来"表示先后发生的两个动作。

我们将连动式第二个动词位置上的"起来"各期所占的比例列表2.14如下：

表2.14　连动式第二个动词位置上的"起来"各期所占的比例

语料	"起来"出现的总次数	连动式第二个动词上"起来"的次数	比例（%）
敦煌	14	4	28.6
祖堂	21	1	4.8
景德	6	1	16.7
朱子	13	0	0
元曲	31	0	0
西游	207	9	4.3
红楼	567	15	2.6

总体来说，"起来"作谓语的用法相对较少，格式也比较简单，语义基本局限在"由卧而坐或由坐而立"的本义上。到宋代以后，作谓语的用法进一步衰落，主要作趋向补语。《骆驼祥子》中没有检索到位于连动式第二个动词上"起来"的用例。

（二）作趋向补语的"起来"的历时演变过程

趋向补语"起来"可以表示三种语法意义：趋向义、结果义、状态义。我们从这三种意义分别考察其历时发展过程。考察分几个方面进行：趋向补语的意义、句法格式、述语的特点、宾语的情况等。

1. 趋向义趋向补语"起来"

趋向义趋向补语"起来"表示"人或事物通过动作由低处向高处向说话人位置或说话人心里设定的位置移动"的意思。它的语义中包含"位移""方向"和"立足点"，由于前面有了述语，"起来"中隐含的动作行为的意义由前面的述语表达，"起来"主要是表示位移、位移的方向和立足点。试比较下面两个例子：

① 秦钟连忙起来，抱怨道："这算什么？"（《红楼梦》第十五回）

② 刚说着，黛玉便翻身坐了起来。（《红楼梦》第二十六回）

例①中的"起来"除了"位移""方向""立足点"语义之外，还隐含了动作行为"站"的含义，例②中的"起来"只包含"由低处向高处"位移、位移的方向和立足点的语义。

1）趋向义趋向补语"起来"能进入的句法格式

趋向义趋向补语"起来"出现的时间相对较晚，我们检索的语料中，到《祖堂集》才检得1例。

第一，"V+起来"格式：

① 见一星火，夹起来云："这个不是火是什摩？"沩山便悟。（《祖堂集》卷十四）

宋代开始，趋向义趋向补语"起来"不仅可以用于一般句式中，还可以用于可能式中。

第二，可能式："V+得+起来"。

② 是南边自有一老人星，南极高时，解浮得起来。（《朱子语类·论语五》）

从元代开始，"起来"的运用更加多起来，到《西游记》《红楼梦》时代，"起来"的使用频率已经和"起"差不多，甚至超过了"起"，除了可以用于第一式、第二式外，还可以用于以下格式中。

第三，"V₁+起来+V₂"格式：

③行者道："你掀起来看看。"(《西游记》第三十八回)

④宝玉不答，因镜台两边俱是妆奁等物，顺手拿起来赏玩，不觉又顺手拈了胭脂，意欲要往口边送，因又怕史湘云说。(《红楼梦》第二十一回)

第四，"V+O+起来"格式：

⑤你且扶我起来，取出我的纸笔墨，寺里借个砚台来使使。(《西游记》第八十一回)

⑥宝玉听了，忙走过去，便跪下要说，王夫人忙笑着拉他起来。(《红楼梦》第四十六回)

第五，"V+将+起来"格式：

⑦悟空又礼拜恳求，祖师却又传个口诀道："这朵云，捻着诀，念动真言，攒紧了拳，将身一抖，跳将起来，一筋斗就有十万八千里路哩!"(《西游记》第二回)

⑧那只虎直挺挺站将起来，把那前左爪轮起，抠住自家的胸膛，往下一抓，唿剌的一声，把个皮剥将下来，站立道旁。(《西游记》第二十回)

第六，"V+了+起来"格式：

⑨刚说着，黛玉便翻身坐了起来。(《红楼梦》第二十六回)

⑩贾母因看见有个赤金点翠的麒麟，便伸手拿了起来。(《红楼梦》第二十九回)

第七，把字句："将/把+O+V₁+起来（+V₂）"格式：

⑪小的们，都出去把那山上烧酥了的碎石头与我搬将起来堆着。(《西游记》第二十八回)

⑫宝玉忙把袭人扶起来，叹了一声，在床上坐下，叫众人起去。(《红楼梦》第三十一回)

第八，被字句："被+N+V（+将）+起来"格式：

⑬那呆子抱着铁棒，被行者轻轻提将起来，将他放下去。(《西游记》第三十八回)

第九，可能式："V+不+起来"格式：

⑭（他）急翻身爬不起来，被七圣一拥按住，即将绳索捆绑，使勾刀穿了琵琶骨，再不能变化。(《西游记》第六回)

⑮那怪道："立也立不起来，怎生走路?"(《西游记》第三十三回)

现代汉语中，"起来"主要沿用明清时期的用法，只是"V+了+起来"已经基本取代了"V+将+起来"。出现了"V+起来+O"格式。

第十，"V+起来+O"格式：

⑯小马儿刚一进门，他拿起来一个："小马儿，乖乖，给你！"(《骆驼祥子》)

⑰"煤，劈柴，都在后院小屋里。"祥子扛起来铺盖。(《骆驼祥子》)

但这种格式的用例比较少。

下面我们将趋向义趋向补语"起来"各期所占的比例列表 2.15 如下：

表 2.15 趋向义趋向补语"起来"各期所占的比例

语料	"起来"出现的总次数	趋向义趋向补语"起来"出现的次数	比例(%)
敦煌	14	0	0
祖堂	21	1	4.8
景德	6	0	0
朱子	13	1	7.7
元曲	31	0	0
西游	207	102	49.3
红楼	567	101	17.8

从以上考察我们发现，《祖堂集》时期我们见到较早的"起来"作趋向义趋向补语的用例，但数量还较少。宋代有所发展，出现了趋向义趋向补语"起来"可能式的用例。明清时期，"起来"作趋向义趋向补语的用法有了极大的发展，出现了"V+将+起来""V+了+起来"格式，出现了趋向义趋向补语"起来"用于"把"字句和"被"字句的用例，出现了趋向义趋向补语"起来"可能式的否定用法。现代汉语中主要沿用这些格式，但也有值得注意的变化："V+将+起来"基本衰落，被"V+了+起来"取代；"V+O+起来"基本衰落；新产生了"V+起来+O"格式。

同时，作为后起的"起来"，在明清时期获得了极大的发展，而与之意义、用法等密切相关的"起"在此期却逐渐衰落，体现出汉语中处在同一语义场中的词语处在相互竞争的格局中，词语的关联度越大，相似性越多，此消彼长的可能性就越大。

2）与趋向义趋向补语"起来"共现的述语类型

从结构形式上看，可以分为：

单音节及物动词：

《祖堂集》：夹。

《西游记》：提₁、揭、拉、拿、扯、丢、吊、掬、扶、掀、扛、牵、举、横、搋、搬。

《红楼梦》：搋、抱、翻、提、拉、拿、拣、挽、揭、拾、端、放、勾、携、抬、推、扶、架、举、欠。

《骆驼祥子》：拾、挽、拿、扶、带、扛、拉、端、抱、揭、吹、抬。

单音节不及物动词：

《朱子语类》：浮。

《西游记》：跳、爬、立、站、飞、挣、惊、扒。

《红楼梦》：站、坐、跳、立。

《骆驼祥子》：坐、立、跳、站、飞。

双音节及物动词：

《红楼梦》：打捞。

双音节不及物动词：

《红楼梦》：扎挣、拃挣、飘浮。

从语义类型上看，与趋向义趋向补语"起来"共现的主要是位移动词。

自移动词：

《朱子语类》：浮。

《西游记》：跳、爬、立、站、飞、挣、扒。

《红楼梦》：翻、欠、站、爬、坐、跳、扎挣、拃挣、飘浮。

《骆驼祥子》：坐、立、跳、站、飞。

致移动词：

《祖堂集》：夹。

《西游记》：提、揭、拉、拿、扯、丢、吊、搠、扶、掀、扛、牵、举、横、搀、搬、惊。

《红楼梦》：搀、抱、提、拉、拿、拣、挽、揭、拾、端、放、勾、携、抬、推、扶、架、举、打捞。

《骆驼祥子》：拾、挽、拿、扶、带、扛、拉、端、抱、揭、吹、抬。

从上面的考察我们可以看到，《祖堂集》中已开始出现"起来"作趋向义趋向补语的用法，不过用例较少，动词的局限性也比较大，直到明清时期，动词的范围和数量才不断扩大。与趋向义趋向补语"起来"共现的述语主要是位移动词，致移动词与"起来"的搭配范围更广一些，很多致移动词都可以和"起来"搭配。自移动词主要是"坐、立、站、爬、跳、飞"等，这些动词和"起来"共现的频率很高。而且与趋向义趋向补语"起来"共现的位移动词往往能够表示确定的方向：由下往上，或由水平到垂直向上。这种类型的动词和"起来"的语义相宜，二者有结合的可能，这样，就为"起来"的虚化提供了条件。音节上，以单音节动词占绝对优势，出现了少量双音节动词；在及物性上，述

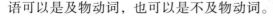

语可以是及物动词，也可以是不及物动词。

3）与趋向义的趋向补语"起来"共现的宾语的类型

从语法结构上看，宾语主要是名词或名词性短语，又可以细分为：

第一，表人或事物的具体名词。

由于与"起来"同现的动词往往是表示位移或使位移的动作行为动词，因此，与"起来"同现的宾语往往是表示具体的人或事物的宾语。例如：

① 你且扶我起来，取出我的纸笔墨，寺里借个砚台来使使。（《西游记》第八十一回）

② 一面说，一面拉了宝玉起来。（《红楼梦》第二十六回）

第二，名词性短语。

这种宾语在"把"字句中比较多，其他句型里比较少见。例如：

③（行者）把那牌子并香炉拿将起来，返云光，径出门去。（《西游记》第八十三回）

④（凤姐）便将贾母的杯拿起来，将半杯剩酒吃了，将杯递与丫环，另将温水浸的杯换了一个上来。（《红楼梦》第五十四回）

⑤ 长叹了一声，无可如何的把钱揣在怀里，然后他把铺盖和那几件衣服抱起来，去找小福子。（《骆驼祥子》）

这里要说明的是，由于我们讨论的是"起来"连用的情况，所以"起来"与宾语共现的情况比较简单，主要是三种格式"V+O+起来""V+起来+O""将/把+O+V+起来"。"V+O+起来"在现代汉语中已经逐渐衰落，而且，"起来"由谓语动词向趋向补语虚化要求二者在位置上相邻，而格式中V和"起来"有宾语插入，因此，要求宾语不能是很复杂的形式。"V+起来+O"中的O在理论上说起来应该可以是简单宾语，也可以是复杂宾语，但我们在实际语料中仅检得2例，1例是数量短语充当，1例是名词充当。

⑥ 小马儿刚一进门，他拿起来一个："小马儿，乖乖，给你！"（《骆驼祥子》）

⑦ "煤，劈柴，都在后院小屋里。"祥子扛起来铺盖。（《骆驼祥子》）

"把"字句中能够出现比较复杂的宾语，这也许与"把"字句本身的特点有关，"把"字句里的受事宾语应该是有定的，这种有定的宾语一般需要词语来标明，这样，宾语往往是定中短语或数量短语等复杂的形式了。

从语义上分，与趋向义趋向补语"起来"共现的宾语均为受事宾语。例如：

⑧ 妖精见长老应了一声，他推开门，把唐僧搀起来，和他携手挨背，交头接耳，你看他做出那千般娇态，万种风情，岂知三藏一腔子烦恼！（《西游记》第八十二回）

⑨ 给他个枕头，他便睡下，扶他起来，他便坐着，倒了茶来，他便吃茶。（《红楼梦》第五十七回）

从语音上看，宾语基本上是双音节或多音节的，如以上所举各例。

2. 结果义趋向补语"起来"

结果义趋向补语"起来"表示动作的完成，或某一行为的实现，或产生某种结果。

1）结果义趋向补语"起来"能进入的句法格式

第一，"V+起来"格式：

① 待得再新整顿起来，费多少力！（《朱子语类·学二》）

② 这般事若能追念起来，在己之德既厚，而民心亦有所兴起。（《朱子语类·论语四》）

结果义趋向补语"起来"的用例，比趋向义趋向补语"起来"出现得晚一些，我们在《朱子语类》中见到较早的用例。

宋代，结果义趋向补语"起来"的运用还不太多，我们检索到的仅见于上述一种格式。格式中，与"起来"共现的动词为非位移动词，"起来"的位移、方向义已经虚化，主要表示动作行为的结果等。

元代，结果义趋向补语"起来"的用法有所发展，出现了动趋式后带宾语的格式。

第二，"V+起来+O"格式：

③ 白云归山鸟知还，想起来连云栈，不如磻溪岸垂钓竿。（《元曲·丰年乐》）

明清时期，结果义趋向补语"起来"的用法有了极大的发展，除了沿用以往的两种格式以外，还可以用于以下格式中。

第三，"V_1+起来+V_2"格式：

④ 我们正疑惑，老太太怎么忽然想起来叫人每一日送一两燕窝来呢？（《红楼梦》第五十七回）

这种格式中的 V_1 主要为非位移动词。

第四，"V+将+起来"；这种格式的结果义动趋式比较少，主要是被"V+了+起来"代替的缘故。

⑤ 马道婆见说，果真便挑了两块袖将起来。（《红楼梦》第二十五回）

第五，"V+了+起来"格式：

⑥ 晚间，湘云更衣时，便命翠缕把衣包打开收拾，都包了起来。（《红楼梦》第二十二回）

⑦ 宝钗忙一把接了，看时，就是岫烟才说的当票，忙折了起来。(《红楼梦》第五十七回)

第六，把字句"将/把+O+V+起来（+V₂）"格式：

⑧ 好，好，来把这个花扫起来，撂在那水里。(《红楼梦》第二十三回)

⑨ 原来这小红本姓林，小名红玉，只因"玉"字犯了林黛玉、宝玉，便都把这个字隐起来，便都叫他"小红"。(《红楼梦》第二十四回)

第七，被字句"被+N+V+起来"格式：

⑩ 这里五儿被人软禁起来，一步不敢多走。(《红楼梦》第六十一回)

第八，可能式"V+不+起来"格式：

⑪ 借水救之，却烧不起来，倒相应了他；只是借此罩，护住了唐僧无伤，其余管他，尽他烧去。(《西游记》第十六回)

⑫ 贾琏笑问二姐是谁，二姐一时也想不起来。(《红楼梦》第六十五回)

《骆驼祥子》中的结果义趋向补语"起来"基本沿用了《红楼梦》以来的用法，只是"V+将+起来"没有检索到实际用例。

下面，我们将结果义趋向补语"起来"各期所占的比例列表 2.16 如下：

表 2.16 结果义趋向补语"起来"各期所占的比例

语料	"起来"出现的总次数	结果义趋向补语"起来"出现的次数	比例（%）
敦煌	14	0	0
祖堂	21	0	0
景德	6	0	0
朱子	13	5	38.5
元曲	31	4	12.9
西游	207	10	4.8
红楼	567	83	14.6

结果义趋向补语"起来"在宋代出现，在《朱子语类》中的比例较高，这也许是因为《朱子语类》中的"起来"用例本来不多的缘故（主要还是用"起"），到元明清时期，"起来"作结果义趋向补语的比例也不高。

2）与结果义趋向补语"起来"共现的述语类型

从及物不及物看：

单音节及物动词：

《元曲》：想。

《西游记》：包、筑、记、捆、烧。

《红楼梦》：想、捆、包、披、揣、收、偷、并、折、编、应、灌、藏、锁、说、袖、扫、隐、兜、瞒。

《骆驼祥子》：想、合、缠。

单音节不及物动词：

《红楼梦》：奋、撑、闹。

双音节及物动词：

《朱子语类》：整顿、装荷、提掇、追念、拈掇。

《西游记》：打扮。

《红楼梦》：得罪、锁禁、软禁。

《骆驼祥子》：隐藏、联接、搀合。

双音节不及物动词：

《红楼梦》：不合、合算、娇嫩、浮缩。

《骆驼祥子》：融调、包合、凝固、暖和。

多音节动词：

《红楼梦》：自杀自灭。

从语义方面看，与结果义趋向补语"起来"共现的述语动词有位移动词和非位移动词两大类。

位移动词中主要是致移动词：

《朱子语类》：装荷、提掇、拈掇。

《西游记》：包、筑、捆。

《红楼梦》：捆、包、披、揣、收、并、藏、袖、扫、兜、奋、撑。

《骆驼祥子》：合、联接、搀合、包合。

非位移动词：

《朱子语类》：整顿、追念。

《元曲》：想。

《西游记》：记、烧、打扮。

《红楼梦》：想、偷、折、编、应、锁、灌、说、闹、隐、瞒、准折、得罪、锁禁、软禁、不合、合算、娇嫩、浮缩、自杀自灭。

《骆驼祥子》：缠、想、隐藏、融调、凝固、暖和。

与结果义趋向补语"起来"共现的致移动词和非位移动词，都不表示明确的位移方向。

3）与结果义趋向补语"起来"共现的宾语的类型

从语法结构上看，宾语主要有以下几种类型：

第一，名词或名词性短语。

表人或事物的具体名词。例如：

① 白云归山鸟知还，想起来连云栈，不如磻溪岸垂钓竿。(《元曲·丰年乐》)

② 红玉上来回道："平姐姐说，奶奶刚出来了，他就把银子收了起来，才张材家的来讨，当面称了给他拿去了。"(《红楼梦》第二十七回)

名词性短语。例如：

③ 因你也将真心真意瞒了起来，只用假意，我也将真心真意瞒了起来，只用假意，如此两假相逢，终有一真。(《红楼梦》第二十九回)

④ 高妈的话永远是把事情与感情都揉合起来，显着既复杂又动人。(《骆驼祥子》)

第二，在《红楼梦》中，出现了小句充当宾语的用例。

⑤ 终久暖和不成的，我又想起来汤婆子还没拿来呢。(《红楼梦》第五十一回)

⑥ 宝玉只得闷闷的转步，又忽想起来黛玉无人随伴，忙命小丫头子跟了送回去。(《红楼梦》第七十九回)

从语义上看，与结果义趋向补语"起来"共现的宾语基本上是受事宾语，很少出现施事宾语，不能出现处所宾语。

从语音上看，宾语有单音节和多音节之分。由于韵律的要求，单音节的宾语很少，多音节的宾语较多，还出现了小句作宾语。

3. 状态义趋向补语"起来"

状态义趋向补语"起来"表示动作开始、持续，或进入某种新的状态。

1）状态义趋向补语"起来"能进入的句法格式

状态义趋向补语"起来"在宋代的《朱子语类》中见到较早的用例，主要有以下格式。

第一，"V+起来"格式：

① 当时邠也只是一片荒凉之地，所以他去那里辑理起来。(《朱子语类·论语十七》)

第二，"V+O+起来"格式：

② "兴于诗"，是初感发这些善端起来。(《朱子语类·论语十七》)

第三，"V_1+起来+V_2"格式：

③ 因说知止至能得，上云"止于至善"矣，此又提起来说。(《朱子语类·大学一》)

　　元代，状态义趋向补语"起来"和述语构成的动趋式后还可以带上其他谓词性成分，前面的述语经常是表主观性的"想、题（提）、看"等，"想起来"等虚化为话题成分。

　　④ 题起来羞，这相思何日休，好姻缘不到头。（《元曲·凤鸾吟》）

　　⑤ 想起来相思最苦，空教人好梦全无。（《元曲·十二月》）

　　明清时期，用法更加多样。除了沿用上述三种格式外，还有其他几种格式。

　　第四，"V+将+起来"格式：

　　⑥ 行者笑将起来，把那妇人与八戒说的勾当，从头说了一遍，三藏也似信不信的。（《西游记》第二十三回）

　　⑦ 一面说，一面在他母亲身旁坐了，由不得哭将起来。（《红楼梦》第三十五回）

　　第五，"V+了+起来"格式：

　　⑧ 及开了箱柜，一滴无存，只有些拆簪烂花并几件半新不旧的绸绢衣裳，都是尤二姐素习所穿的，不禁又伤心哭了起来。（《红楼梦》第六十九回）

　　⑨ 众人不敢违拗，只得回房去另妆饰了起来。（《红楼梦》第七十回）

　　第六，"V+起来+O"格式：

　　⑩ 倘又叨登起来这事，咱们虽不怕，也终担心。（《红楼梦》第六十八回）

　　第七，把字句"把/将+O+V+起来"格式：

　　⑪ 说着也把鲍二家的撕打起来。（《红楼梦》第四十四回）

　　《骆驼祥子》中的状态义趋向补语"起来"主要沿用《红楼梦》以来的用法，但也有一些变化：《红楼梦》中出现过的"V+O+起来""V+将+起来"等格式在《骆驼祥子》中均没有出现。

　　下面，我们将状态义趋向补语"起来"各期所占的比例列表 2.17 如下：

表 2.16　状态义趋向补语"起来"各期所占的比例

语料	"起来"出现的总次数	状态义趋向补语"起来"出现的次数	比例（%）
敦煌	14	0	0
祖堂	21	0	0
景德	6	0	0
朱子	13	4	30.8
元曲	31	23	74.2
西游	207	40	19.3
红楼	567	295	52

状态义趋向补语"起来"在各期所占的比例都比较高,特别是元明清时期,反映出复合趋向补语"起来"虚化的进程比较快。

2)与状态义趋向补语"起来"共现的述语类型

从及物不及物看,与状态义趋向补语"起来"共现的述语动词主要是及物动词。

单音节及物动词:

《朱子语类》:说、拈₂、提₂。

《元曲》:提、题、想。

《西游记》:说、算、念、争、烧、想、骂、看、打、笑、叫。

《红楼梦》:论、叫、治、笑、说、评、咬、想、要、问、提、用、捶、骂、算、打、读、叙、讲、吃、看、吵、喊、划、过、唱、告、应、赌、忙、吹。

《骆驼祥子》:拉、想、笑、喝、打、说、坐。

单音节不及物动词:

《元曲》:响、焦。

《西游记》:哭、走、闹、嚷。

《红楼梦》:哭、闹、嚷、嗽、跪、痒。

《骆驼祥子》:走、跑、哭。

双音节(多音节)及物动词:

《朱子语类》:辑理、感发。

《元曲》:比较。

《红楼梦》:拐骗、抱怨、鼓舞、糟蹋、思索、取笑、感叹、盘问、感叹、疑心、折腾、蹶蹋、踏践、妆饰、胡诌、疑畏、凉飒、喜欢、纵横、后悔、鼓捣、叨登、撕打、扮演、作兴、大哭大骂。

双音节(多音节)不及物动词:

《红楼梦》:过活、活动、发痒、告状、攀谈、云雨、叫喊、作为、寻思、哽咽、吵闹、动作、叩头、吵嚷、磕头、通算、痛哭、发作、展拜、咳嗽、泼哭泼闹、有造化、不服使唤、开丧破土、醉露真情、持戈试马、拉拉扯扯、哄然大笑。

《骆驼祥子》:哆嗦。

形容词:

《西游记》:怒、认真、性急。

《红楼梦》:讪、乱、恼、善、赖、怒、好、慌、急、气、好笑、伤感、呜咽、疏远、亲密、喜欢、鼎沸、大妆、唬慌、糊涂、心酸、伤心、清雅、踌躇、体面、积粘、好笑、发狠、困倦、轻薄、贤惠、兴头、悠扬、混账、纵性、不自在、没兴头、没意思、怕前怕后、没好意思、疯疯癫癫、高谈阔论、不好意思、倚老卖老、前仰后合。

《骆驼祥子》：闲、大、贵、冷、乱、壮、热、红、高、亮、哭、长、晴、强、足壮、闹腾、膙满、吵闹、暴热、嘈乱、健壮、困倦、强壮、平静、迷乱、稀少。

从语义上看，述语主要是非位移动词：

《朱子语类》：说、拈$_2$、提$_2$、辑理、感发。

《元曲》：提、题、想、响、焦、比较。

《西游记》：说、算、念、争、烧、想、骂、看、打、笑、叫、哭、闹、嚷。

《红楼梦》：论、叫、治、笑、说、评、咬、想、要、问、提$_2$、用、捶、骂、算、打、读、叙、讲、吃、看、吵、喊、划、过、唱、告、应、赌、哭、闹、嚷、忙、嗽、跪、痒、拐骗、抱怨、鼓舞、糟蹋、思索、取笑、感叹、盘问、感叹、疑心、折腾、蹶踢、踏践、妆饰、胡诌、疑畏、凉飒、纵横、鼓捣、叨登、撕打、扮演、作兴、过活、活动、发痒、告状、攀谈、云雨、叫喊、作为、寻思、哽咽、吵闹、动作、叩头、吵嚷、磕头、通算、发作、展拜、咳嗽、痛哭、有造化、不服使唤、开丧破土、醉露真情、持戈试马、拉拉扯扯、大哭大骂、哄然大笑、泼哭泼闹。

《骆驼祥子》：想、笑、喝、打、说、由、哭、哆嗦。

少量位移动词：

致移动词：

《红楼梦》：吹。

《骆驼祥子》：拉。

自移动词：

《西游记》：走。

《骆驼祥子》：跑、走、坐。

从《西游记》开始，特别是到《红楼梦》时代及以后，出现了大量表示状态的形容词（见上文）。

与状态义趋向动词"起来"共现的述语即便是位移动词也并不表示空间的位移，更不表示明确的方向。

从音节上看，述语以单音节或双音节为主，到《红楼梦》时期，开始出现三音节、四音节的词语。

3）与状态义趋向补语"起来"共现的宾语的类型

从语法结构上看，宾语主要是名词或名词性短语。

第一，表人或事物的具体名词。例如：

① 黛玉笑道："正是古人常说的好，'事若求全何所乐'。据我说，这也罢了，偏要坐船起来。"（《红楼梦》第七十六回）

② 逃回城里之后，他并没等病好利落了就把车拉起来，虽然一点不服软，可是他时常觉出疲乏。（《骆驼祥子》）

第二，名词性短语。例如：

③ 倘又叨登起来这事，咱们虽不怕，也终担心。（《红楼梦》第六十八回）

④ 说着也把鲍二家的撕打起来。（《红楼梦》第四十四回）

从语义上看，宾语只能是受事宾语，不能是施事宾语和处所宾语。

从语音上看，宾语有单音节和多音节之分，以多音节为主。

4."起来"与述语和宾语的位置

"起来"与述语和宾语的位置主要有三种，我们把它们码化为：

A式——VOC（V代表述语，O代表宾语，C代表"起来"）式；B式——VCO式；C式——把OVC式。

A式是比较早产生的一种格式，我们在《敦煌变文集》中见到的同形格式还不是动趋式，是趋向连动式。例如：

① 夫人闻言，泪流如雨，抛却妆台起来。（《敦煌变文集·妙法莲华经讲经文（一）》）

② 是时慈母闻唤数声，抬身强强起来，状似破车无异。（《敦煌变文集·目连缘起》）

此例可以看作是趋向连动式向动趋式过渡的阶段。

后代的A式既有趋向连动式，也有动趋式。这种格式的动趋式以趋向义动趋式为主，有少量的表状态义，没有见到表结果义的用例。

B式我们在元代才见到个别用例，《红楼梦》《骆驼祥子》中有少量的用例，是一种较后兴起的格式，在后代有所发展。

③ 白云归山鸟知还，想起来连云栈，不如磻溪岸垂钓竿。（《元曲·丰年乐》）

④ 倘又叨登起来这事，咱们虽不怕，也终担心。（《红楼梦》第六十八回）

⑤ 小马儿刚一进门，他拿起来一个："小马儿，乖乖，给你！"（《骆驼祥子》）

以下两例转引自王国栓[1]。

---

[1] 见王国栓：《趋向问题研究》，华夏出版社2005年版，第158页。

⑥ 小姑娘下来，又让我上去悠，悠起来一点，还是不高，我有点心慌。(《浮出海面》)

⑦ "我现在恍惚想起来了一点印象，我当时很凶吧？"(《我是你爸爸》)

B 式中的"起来"既可以是趋向义趋向补语，也可以是结果义趋向补语，还可以是状态义趋向补语。

C 式在《西游记》中见到较早用例，后代文献中沿用。

⑧ 这大圣情知是毒，将茶锺钟手举起来，望道士劈脸一掼。(《西游记》第七十三回)

⑨ 只得忙卸了妆饰，命人先到玄真观将所有的道士都锁了起来，等大爷来家审问。(《红楼梦》第六十三回)

⑩ 他拉上了个买卖，把车拉起来，他才晓得天气的厉害已经到了不允许任何人工作的程度。(《骆驼祥子》)

《西游记》中，C 式中的"起来"主要为趋向义趋向补语，《红楼梦》《骆驼祥子》则三种类型的都有。

我们把"起来"发展演变的历程列表 2.18 如下：

表 2.18　"起来"发展演变的历程

	发展轮廓	语义	语料来源	作谓语		
				句法格式		
				单独作谓语	作连动式第一个动词	作连动式第二个动词
起来	汉魏译经中始见，唐及以后沿用，但句法、语义等均受较多限制	人或事物向说话人方向或说话人心里设定的方向由低处向高处移动	论语左传		—	
			史记论衡	$S_施$+起来	—	
			搜神世说	$S_施$+起来	—	
			敦煌祖堂	$S_施$+起来 介+$O_处$+起来	起来+V 起来+V+O	V+起来 V+O+起来
			景德朱子	$S_施$+起来	起来+V 起来+V+O	V+起来
			元曲西游红楼	$S_施$+起来	起来+V 起来+V+O	V+起来 V+O+起来
			祥子	$S_施$+起来	—	—

			趋向义补语						
发展轮廓	语义	语料来源	句法格式	共现述语类型			共现宾语类型		
				语义	语法	语音	语义	语法	语音
起来 唐五代产生，宋元不见，明清时期获得极大发展，现基本沿用代	人或事物通过动作由低处向高处向说话人位置或说话人心里设定的位置移动	论语左传	—	—	—	—	—	—	—
		史记论衡	—	—	—	—	—	—	—
		搜神世说	—	—	—	—	—	—	—
		敦煌祖堂	V+起来	致移	及物	单	受事	具体名词	双
		景德朱子	V+起来 V+得+起来	自移	不及物	单	受事	具体名词	双
		元曲西游红楼	V+起来 V_1+起来+V_2 V+O+起来 V+将+起来 V+了+起来 将/把+O+V_1+起来（+V_2） 被+O+V（+将）+起来 V+不+起来	致移 自移	及物 不及物	单 双	受事	具体名词、名词性短语	双 多
		祥子	V+起来 V_1+起来+V_2 V+起来+O V+了+起来 将/把+O+V+起来 被+O+V（+将）+起来 V+不+起来	致移 自移	及物 不及物	单 双	受事	具体名词、名词性短语	双 多

				结果义补语						
发展轮廓	语义	语料来源	句法格式		共现述语类型			共现宾语类型		
					语义	语法	语音	语义	语法	语音
起来	宋代出现，现代所展，清期得大展代本用	动的成，某行的现，产某结或一为实或生种果	论语左传	—	—	—	—	—	—	—
			史记论衡	—	—	—	—	—	—	—
			搜神世说	—	—	—	—	—	—	—
			敦煌祖堂	—	—	—	—	—	—	—
			景德朱子	V+起来	致移非位移	及物	双	受事	具体名词、抽象名词、名词性短语	双
			元曲西游红楼	V+起来 V+起来+O V_1+起来+V_2 V+将+起来 V+了+起来 将/把+O+V_1+起来（+V_2） 被+O+V（+将）+起来 V+不+起来	致移非位移	及物不及物	单双	受事	具体名词、抽象名词、名词性短语、小句	双多
			祥子	V+起来 V+起来+O V_1+起来+V_2 V+了+起来 将/把+O+V_1+起来（+V_2） 被+O+V（+将）+起来 V+不+起来	致移非位移	及物不及物	单双	受事	具体名词、抽象名词、名词性短语、小句	双多

续　表

发展轮廓	语义	语料来源	句法格式	共现述语类型 语义	语法	语音	共现宾语类型 语义	语法	语音
起来	动作开始、持续，进入某种新的状态 产生于宋代，元明清时期获得极大发展，现代沿用	论语左传	—	—	—	—	—	—	—
		史记论衡	—	—	—	—	—	—	—
		搜神世说	—	—	—	—	—	—	—
		敦煌祖堂	—	—	—	—	—	—	—
		景德朱子	V+起来 / V₁+起来+V₂ / V+O+起来	非位移	及物 不及物	单	受事	具体名词	双多
		元曲西游红楼	V+起来 / V+O+起来 / V+起来+O / V₁+起来+V₂ / V+将+起来 / V+了+起来 / 将/把+O+V+起来	非位移 致移 形容词	及物 不及物	单双多	受事	具体名词 抽象名词 名词性短语	双多
		祥子	V+起来 / V+了+起来 / 将/把+O+V+起来 / V+不+起来	非位移 致移 形容词	及物 不及物	单双多	受事	具体名词 抽象名词 名词性短语	双多

"起来"在各时期各种用法中总的出现频率，列表2.19如下：

表2.19　"起来"在各时期各种用法中总的出现频率

语料	"起来"出现的总次数	"起来"单独作谓语 次数	比例%	"起来"用于连动式 次数	比例%	"起来"作趋向补语 次数	比例%
敦煌	14	4	28.6	10	71.4	0	0
祖堂	21	8	38.1	12	57.1	1	4.8
景德	6	2	33.3	4	66.7	0	0

语料	"起来"出现的总次数	"起来"单独作谓语		"起来"用于连动式		"起来"作趋向补语	
		次数	比例%	次数	比例%	次数	比例%
朱子	13	2	15.4	1	7.7	10	76.9
元曲	31	1	3.2	3	9.7	27	87.1
西游	207	46	22.2	9	4.3	152	73.5
红楼	567	56	9.9	32	5.6	479	84.5

"起来"在《朱子语类》以前，主要用于连动式中，《朱子语类》以后主要用作趋向补语。

二、"起来"的历时演变有关问题的讨论

（一）关于"起来"的比较

1. 不同句法位置的"起来"的比较

"起来"既可以出现在谓语中心的位置上，充当谓语，也可以出现在谓语动词之后，充当补语。不同位置上的"起来"在语义、句法、发展轮廓等方面有同有异，有着密切的联系。

1）语义上

作谓语的"起来"有比较实在的词汇意义，表示人或事物向说话人方向或说话人心里设定的方向由低处向高处移动，含有"动作行为""位移""方向""立足点"等语义特征。而作趋向补语的"起来"在词汇意义上已经有所虚化，"位移"和"方向"等语义特征可以包含也可以不包含。具体说来，趋向义趋向补语主要指示方向，由于前面有表示动作行为的述语，"起来"的位移义已经稍有减弱；结果义趋向补语在趋向义趋向补语的基础上进一步虚化，已经不再表示具体的位移和位移方向，而表示动作行为的实现或产生了某种结果；状态义趋向补语则更加虚化，表示动作开始、持续，或进入某种新的状态，不大能表示具体的词汇意义，已经成为一种准体标记了。

2）句法上

作谓语的"起来"主要是单用，或用在连动式第一个动词位置上和连动式第二个动词位置上，作补语的"起来"用在谓词性成分后。由于动趋式的发展，单用的作谓语的"起来"在意义和句法上受到很大限制，语义上一般局限在"由卧而起或由坐而起"的本义上，句法上一般用于祈使句语境中。用在连动式第

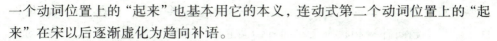

一个动词位置上的"起来"也基本用它的本义，连动式第二个动词位置上的"起来"在宋以后逐渐虚化为趋向补语。

3）发展演变轮廓上

作谓语的"起来"比作趋向补语的"起来"先产生，作趋向补语的"起来"是作谓语的"起来"语法化的结果。二者在共时层面上并不是一种完全的替代关系，它们在相当长的一段时间内共存，承担各自的使命。作谓语的"起来"汉魏译经中有少量用例，唐代后均有"起来"作谓语的用例，但受到动趋式发展的影响，"起来"作谓语在句法和语义上受到很大的限制，已经不是一种自由的用法了。作趋向补语的"起来"产生于唐宋之际，明清时期获得极大的发展，句法格式灵活多样，与"起来"共现的述语和宾语形式也很多样，特别是《红楼梦》时期，与状态义趋向补语"起来"共现的述语突破了以往动词的限制，出现了形容词述语，使动趋式的用法更加灵活自由。

2. 同一句法位置上的"起来"的比较

"起来"既可以充当趋向义趋向补语，也可以充当结果义趋向补语，还可以作状态义趋向补语，它们的句法位置相同，但在句法、语义、发展轮廓等方面有同有异，联系密切。

1）语义上

趋向义趋向补语"起来"表示人或事物通过动作由低处向高处向说话人位置或说话人心里设定的位置移动，包含"位移""方向""立足点"等语义特征，但位移义比作谓语时有所减弱，而且不再隐含具体动作行为的语义；结果义趋向补语"起来"表示动作行为的实现或产生了某种结果，不再表示具体的位移和位移方向；状态义趋向补语"起来"的意义更加虚化，表示动作开始、持续，或进入某种新的状态，相当于一种始续体标记，不大能表示具体的词汇意义。三者的语义呈现出由趋向义 > 结果义 > 状态义的虚化连续统。

2）使用的句法格式上

三种类型的趋向补语在句法格式上大体相同，但有一个比较显著的区别，就是趋向义和结果义趋向补语"起来"有相应的可能式，状态义趋向补语"起来"没有相应的可能式。另外，就是在我们检索的语料中，趋向义和结果义的趋向补语"起来"可以出现在"被"字句中，状态义的趋向补语"起来"没有出现在"被"字句中。

3）共现的述语类型上

动词的位移性由自移 > 致移 > 非位移逐渐减弱，趋向义趋向补语"起来"

主要与自移和致移动词共现，述语动词有明确的位移方向，呈现出较强的位移性；结果义趋向补语和状态义趋向补语"起来"主要与致移动词和非位移动词共现，结果义趋向补语的述语可以表示位移，但不能表示明确的位移方向，"起来"的位移性已经虚化；状态义趋向补语甚至与形容词共现，述语不能表示空间的位移，更不能表示位移的方向，"起来"的位移性彻底虚化。

4）共现的宾语类型上

三种类型的趋向补语"起来"基本上都只与受事宾语共现，但与趋向义趋向补语"起来"共现的宾语结构类型相对简单一些，只能跟具体名词或名词性短语；状态义趋向补语"起来"还可与抽象名词共现；结果义趋向补语"起来"可与复杂的小句共现。

5）发展演变的轮廓上

从整体上说，三种类型的趋向补语呈现出由趋向义＞结果义＞状态义不断语法化的序列。趋向义趋向补语"起来"产生的时代较早，在唐代已经出现，结果义趋向补语和状态义趋向补语"起来"在宋代才开始出现，三种类型的趋向补语都在明清时期得到极大的发展，三者并存，分别承担不同的语言使命。

（二）"起来"的语法化

在本节的第一部分，我们把"起来"分成作谓语的"起来"和作趋向补语的"起来"，对其历时发展过程作了比较详细的描述和分析，这为我们分析"起来"的语法化提供了基础。

1."起来"语法化的轨迹

从前面的考察，我们看到："起来"最初是个连动结构，复合成词后的"起来"可以作谓语，也可以作趋向补语，趋向补语分为趋向义、结果义、状态义三种。"起来"正是按照这样一个轨迹语法化的，即作连动结构的"起来"→作谓语趋向动词的"起来"→作趋向义趋向补语的"起来"→作结果义趋向补语的"起来"→作状态义趋向补语的"起来"。

1）作连动结构的"起来"

作连动结构的"起来"虽然在汉代的文献中已经出现，但"起"和"来"还属于不同层面上的两个词。例如：

① 齐王曰："寡人之小所以为宝与王异。吾臣有檀子者，使之守南城，则趮人不敢北乡为寇，泗水上有十二诸侯皆起来朝。"（《韩诗外传》卷第十）

② 使云雨之气如武帝之心，虽知土龙非真，然犹爱好感起而来。（《论衡·乱龙篇》）

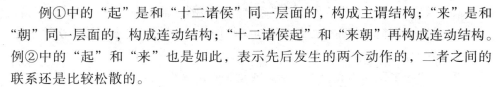

例①中的"起"是和"十二诸侯"同一层面的，构成主谓结构；"来"是和"朝"同一层面的，构成连动结构；"十二诸侯起"和"来朝"再构成连动结构。例②中的"起"和"来"也是如此，表示先后发生的两个动作的，二者之间的联系还是比较松散的。

2）作谓语的趋向动词"起来"

钟兆华（1985）认为，复合趋向动词"起来"是由作为人体起立动作的"起"粘附"来"而形成的。"起"和"来"经常连用，而且语义相宜，二者之间逐渐消失了词的界限，复合成一个词。"起来"复合成词大概在东汉和魏晋时期。例如：

① 是时萨陀波伦菩萨安隐从三昧觉起，并与五百女人共至昙无竭宫门外，门外立，自念言："今我用经法起来，师入在内，我义不可卧、不可坐，须我师来，出上高座，说般若波罗蜜，乐乃坐耳。"（东汉·支娄迦谶译《道行般若经》）

② 比丘先自思量有如是等力，又此诤事起来未久，此人心调软，诤事易可灭。（东晋·佛陀跋陀罗共法显译《摩诃僧祇律》）

在唐代《敦煌变文集》中见到更多的用例，句法格式更加多样。例如：

③ 庆闻语，举身自仆，七孔之中，皆流鲜血，良久乃苏。从地起来，乃成偈。（《敦煌变文集·庐山远公话》）

④ 因得听闻不退转，起来礼谢不休停。（《敦煌变文集·维摩诘经讲经文（四）》）

⑤ 比至礼三拜起来，早已化作一千躯佛众。（《敦煌变文集·悉达太子修道因缘》）

⑥ 良久而死，复乃重苏，两手按地起来。（《敦煌变文集·大目乾连冥间救母变文》）

例③是"起来"单独作谓语，例④是用在连动式第一个动词位置上，例⑤、例⑥是用在连动式第二个动词位置上。

"起来"作谓语的用法一直沿用到现代汉语中。但"起来"作谓语的语义基本局限在"由卧而坐或由坐而立"的本义上，与"起来"联系的施事是自身能够发出"由卧而坐或由坐而立"这种动作的人或动物，"起来"的动作意义还非常突出。

3）趋向义趋向补语"起来"

大约在晚唐五代时期，出现了"起来"作趋向义趋向补语的用法。我们在《祖堂集》中见到较早的用例：

① 见一星火，夹起来云："这个不是火是什摩？"沩山便悟。（《祖堂集》卷十四）

宋代及以后，趋向义趋向补语"起来"的用例逐渐增多，格式也更加丰富。

由作谓语的趋向动词发展为作趋向义趋向补语，是"起来"第一次语法化的结果。在"起来"第一次语法化的过程中，发生了一些有意义的变化。

第一，"起来"的语义，由表示人或动物"由躺而坐或由坐而站"这一动作行为，变为表示由人或动物自身或外力致使其产生"由躺而坐或由坐而站"这一结果。例如：

①他起来开门。

②他站起来开门。

例①的"起来"表示具体的动作行为，例②的"起来"表示"站"的结果。趋向义趋向补语"起来"虽然还保留了比较多的趋向意义，但动作行为的意义已经有所减弱了。

第二，"起来"的句法功能，由充当主干成分谓语降级为充当非主干成分补语。整个句子的重心发生了变化。充当谓语时，"起来"是句子的重心；充当补语时，句子的重心前移至"起来"前的动词。

第三，"起来"的语义指向，由指向句子的施事变成可能指向施事，也可能指向受事。"起来"作谓语时，不管施事在句中是否出现，其语义指向都是句子的施事，"起来"作趋向义趋向补语时，其语义指向根据与"起来"搭配的 V 的不同，可以指向施事，也可以指向受事。具体说来，当 V 是自移动词时，"起来"的语义指向施事；当 V 是致移动词时，"起来"的语义指向受事。例如：

③他起来开门。

④他站起来开门。

⑤他捡起来一本书。

例③中，"起来"作谓语，"起来"的语义指向"他"，是"他起来"；例④中的"起来"作趋向义趋向补语，前面的 V 是自移动词，"起来"的语义指向"他"，是"他起来"；例⑤中的"起来"也作趋向义趋向补语，前面的 V 是致移动词，"起来"的语义指向后面的受事"一本书"，是"一本书起来（因'捡'这个动作）"。

4）结果义趋向补语"起来"

大约在宋代时，出现了"起来"作结果义趋向补语的用例。我们在《朱子语类》中见到较早的用例。例如：

①这般事若能追念起来，在己之德既厚，而民心亦有所兴起。(《朱子语类·论语四》)

由趋向义趋向补语到结果义趋向补语，是"起来"第二次语法化的结果。在"起来"第二次语法化的过程中，也发生了一些有意义的变化。

第一，"起来"的语义，由表示具体空间的位移趋向变为表示比较抽象的结果，语义发生了明显的虚化。如例①中的"起来"根本不表示空间的位移或位移的方向，而是表示前面的 V 的结果。

第二，与"起来"搭配的 V 的范围由位移动词扩大到非位移动词。V 的范围的扩大与"起来"语义的变化是相辅相成的，V 的范围扩大，导致"起来"的语义虚化，"起来"语义的虚化又会进一步推动 V 的范围扩大。

第三，"起来"的语义指向，只能指向动词中心语。趋向义趋向补语"起来"的语义指向施事或受事，说明"起来"和 V 之间的语义联系并不特别紧密，而结果义趋向补语"起来"的语义只能指向 V，说明"起来"不仅在句法上与 V 紧密结合，在语义上的联系也更紧密，"起来"的虚化程度相对更高。

5）状态义趋向补语"起来"

状态义趋向补语"起来"大约在宋代出现，我们在《朱子语类》中见到较早的用例：

① 当时邠也只是一片荒凉之地，所以他去那里辑理起来。（《朱子语类·论语十七》）

由结果义趋向补语到状态义趋向补语，是"起来"第三次语法化的结果。在"起来"第三次语法化的过程中，也发生了一些有意义的变化。

第一，"起来"的语义，进一步虚化：由原来表示动作行为的结果虚化为表示性质、状态的开始、持续，变得与动作行为没有多少关系，而主要只表示与动作行为有关的时体意义。

第二，与"起来"搭配的述语进一步扩大，不仅位移动词、非位移动词可以和"起来"搭配，形容词也可以和"起来"搭配，这也说明"起来"的语义进一步虚化了。

第三，作状态义趋向补语的"起来"，没有相应的可能式，可能式是意义相对比较实在的一种格式，趋向义和结果义的趋向补语都有相应的可能式，这也从另一个方面说明了状态义趋向补语"起来"的虚化程度比趋向义和结果义趋向补语"起来"更高。

3. "起来"语法化的机制

"起来"语法化的机制主要有四个：泛化、隐喻、重新分析、类推。

1）泛化

泛化是语法化的一个重要机制，沈家煊（1998）认为，泛化是一个实词的语义要素部分消失，从而造成自身适用范围扩大。我们从对"起来"语法化过程的考察中，可以看到，随着"起来"的语义发生泛化，"起来"的语法化也不断向前推进。"起来"作谓语动词时，其语义是具体的、唯一的，只表示人或动物由下而上的位移，而在"起来"语法化的过程中，"起来"由表示趋向变为表示非趋向，由表示空间概念转为表示时间概念。同时，"起来"具体实在的意义成分逐步减少，抽象虚化的意义成分逐步扩大，最后发展到不能从字面意义推测其真正意义。

2）隐喻

隐喻是语法化的另一重要机制。隐喻是把概念从一个认知域投射到另一个认知域，是从隐喻的象似性上完成从实际意义到抽象意义的演变。趋向义趋向补语"起来"发展成结果义和状态义趋向补语"起来"，从认知的角度看，就是由空间域转向了时间域，而这种转向是以空间范畴和时间范畴的象似性为基础的。认知语言学认为，"空间关系及其词语是最基本的，这可能因为人的最初感知是从感知自身运动和空间环境开始的。在认知发展的连续体中，空间概念的形成先于时间概念，最初被用于空间共现的词语后来被用来喻指时间、状态、过程、关系等等抽象概念，这是概念隐喻认知的结果"。[①]"起来"就是通过隐喻的作用，将本来表示空间范畴的概念投射到了时间范畴，"起来"的语义也由具体变得越来越抽象。

3）重新分析

如果说泛化和隐喻主要与语义的虚化相关的话，那么重新分析和类推主要是作用于句法层面。重新分析是语法化过程中一个重要的句法机制。Langacher（1977）说："重新分析是一个表达结构的变化，不会立刻改变表层形式，常导致成分之间边界的创立、迁移或者消失。"[②]"起来"在语法化过程中经历了两次重新分析，第一次是"起来"本身，由两个词"起""来"分属不同层面构成连动结构重新分析成同一层面的趋向动词"起来"；第二次是位于 V 后的"起来"由连动式中的谓语重新分析为动补结构中的补语。第一次重新分析是由于汉语复音化的发展以及"起""来"本身语义相宜、位置相邻，使得"起来"有可能从连动结构重新分析成一个动词。第二次重新分析与汉语组织句子的原则有关，汉语是以一个动词为中心组织句子的，"一个动词如果经常出现在别的动词后面，就会逐渐失去主要动词的地位，逐步虚化成别的成分，变成一个能使小句有界

---

① 赵艳芳：《认知语言学概论》，上海外语教育出版社 2004 年版，第 48 页。

② 转引自石毓智、李讷：《汉语语法化的历程——形态句法发展的动因和机制》，北京大学出版社 2004 年版，第 392-393 页。

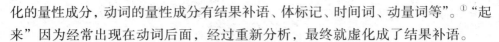

化的量性成分，动词的量性成分有结果补语、体标记、时间词、动量词等"。①"起来"因为经常出现在动词后面，经过重新分析，最终就虚化成了结果补语。

4）类推

类推是诱发语法化的另一个重要机制。重新分析是创立新的语法手段，类推则是一个句法规则的扩展，"它使得通过重新分析而产生的新语法格式扩展到整个语言中去"。②"V 起来"经过重新分析后，由连动结构变为动补结构，但在语法化的初期，这种重新分析局限在 V 为位移动词的范围内，正是通过类推的作用，将 V 的范围扩大到非位移动词甚至是形容词，"起来"的语法化进程才得以不断推进。

前面我们分别讨论了"出""出来""出去""起"的语法化轨迹，后面我们还会讨论"起去""往""至""到"的语法化。我们只在此处讨论"起来"的语法化机制，实际上，我们发现，影响"起来"语法化的机制对其他趋向动词的语法化同样有效，只是由于各个趋向动词本身的语义不同，或受到语言中其他因素的影响，而影响了其语法化的方向和等级。因此，我们仅以这些趋向动词中语法化过程比较典型的"起来"为例来分析趋向动词语法化的机制，在其他趋向动词的语法化讨论中不再重复。

第三节 "起去" 的历时演变

一、"起去" 的历时演变过程

"起去"在现代汉语中作为趋向动词一直以来有不同的看法，有的学者认为它是趋向动词，以邢福义为代表；有的学者不承认普通话中有"起去"这个趋向动词，以朱德熙为代表。我们暂时不讨论现代汉语中"起去"的定性，先从历时的角度客观地考察一下它在现代汉语形成以前的发展历程。

（一）作为短语的"起去"

"起去"连用，出现的时间很早，《史记》中就有：

---

① 石毓智、李讷：《汉语语法化的历程——形态句法发展的动因和机制》，北京大学出版社 2004 年版，第 158-169 页。
② 石毓智、李讷《汉语语法化的历程——形态句法发展的动因和机制》，北京大学出版社 2004 年版，第 396-397 页。

① 歌数阕,戚夫人嘘唏流涕,上起去,罢酒。(《史记·留侯世家》)

后代沿用:

② 锺起去,康曰:"何所闻而来?何所见而去?"(《世说新语·简傲》)

③ 因起去:"明日更来。"(《搜神记》卷五)

④ 各请万寿暂起去,见了师兄便入来。(《敦煌变文集·难陀出家缘起》)

⑤ 石霜再举,师便起去。(《祖堂集》卷五)

⑥ 道吾便起去。(《景德传灯录》卷十五)

上引各例中的"起去"是连动式结构,意义是"起"和"去"的加合,"起"表示"由低处向高处位移","去"表示"离开","起去"表示人或事物由低处向高处移动并离开原地。连动式"起去"中所包含的位移实际上有两次:一次是由低处向高处移动,另一次是向背离原点的方向移动。

(二)作为趋向动词的"起去"

关于"起去"由连动式发展为趋向动词,邢福义等人有过比较精辟的论述,邢先生认为,是由于句法格式和语义两方面的作用,使得"起去"由近似连动式变为近似"动补"式的趋向动词。他说:连动式"起去","'起'表示由下而上,'去'表示背移而去。'起'和'去'都由人物主动施行,而'去'的移动有某个目的地,或者指动作者需要回转的原位置,或者指动作者需要前往的新位置。从'起'到'去',两个趋向性行为先后紧接,近似'连动'关系"①,趋向动词"起去","在语义内涵上,'去'已经不再代表一个有目标、有过程的行为,在作用上,'去'已经成了帮助表示背离性趋向的一个附着成分"②。我们基本赞同邢先生的意见,但对于"起去"的语义弱化,我们觉得,应该还与"去"的语义本身在历史上的发展有关。根据胡敕瑞等人的考察,"去"由最初的"离开"义产生出"往、至"义(参见胡敕瑞 2006、孙占林 1991、朱庆之 1992、王国栓 2002、杨克定 1988)。虽然以上数家学者对"去"的"往、至"义产生的时间和原因说法并不完全相同,但至迟在魏晋时期已经出现了"去"的"往、至"义是可以肯定的。"离"表示位移离开原点,"往"表示位移的路径,"至"表示位移到达终点(目标)。这样"去"可以表示一个完整的位移动作的三个阶段。当它们跟表示位移原点的动词"起"组合时,也会产生不同的意义。当"去"为"离"义时,"去"和"起"所表达的位移阶段是一致的,都表示离开了位移的原点,所以"去"的意义在"起去"里不用作调整就可以很好地和"起"配

---

① 邢福义:《"起去"的语法化与相关问题》,载《方言》2003 年第 3 期,第 207 页。

② 邢福义:《"起去"的语法化与相关问题》,载《方言》2003 年第 3 期,第 208 页。

合，表现在句法上，这种"起去"是成句功能很强的一种结构：可以不出现宾语，可以不出现修饰语，不大和别的动词或动词性词语连用等。连动式"起去"中的"去"正是这种用法。而"往、至"义的"去"语义中隐含位移的终点，这与"起"表示位移原点的意义相违背，因此，在"起"与"去"的搭配中，要不是各自带上不同的宾语（起+O_1+去+O_2），要不就要对语义做出调整，即当"起去"直接搭配时，"去"表示位移终点的意义就要弱化，只是表示一种位移趋向。而"去"的语义的弱化，又使得它可以和"起"经常连用，并受到句法格式的制约，最终成为近似动补式的趋向动词。此外，从连动式"起去"和趋向动词"起去"产生的时间来看，也可以提供一些佐证：连动式"起去"早在《史记》中就已见到，而这时，"去"的"往、至"义还没产生；趋向动词"起去"则晚至宋代才出现，这时，"去"的"离"义已基本不用，基本是"往、至"义了。

因此，我们认为连动式的"起去"和趋向动词的"起去"实际上受到了"去"的词义演变的影响，连动式"起去"中的"去"是"离开"的意思，由于和"起"语义相宜，而保留了完整的意思，连动式"起去"包含了两次位移：一次是由低处向高处移动，另一次是向背离原点的方向移动。趋向动词"起去"中的"去"是对"去"的语义作了调整之后产生的，趋向动词"起去"只包含一次位移：由低处向高处位移，"去"仅仅标明立足点，并不表示位移。

1．作谓语的"起去"

作谓语的"起去"表示人或事物自身向背离说话人方向或说话人心里设定的方向由低处向高处移动。包含"动作行为""位移""方向""立足点"等语义特征。"动作行为""位移""方向"由"起"承担，"立足点"由"去"表示。

1）作谓语的"起去"能进入的句法格式

作谓语的"起去"主要能进入两类格式：一是单独作谓语，二是和其他动词构成连动式一起作谓语。下面我们对汉语史上各期作谓语的"起去"能进入的句法格式作具体的描述。

（1）单独作谓语的"起去"。

相比较"起来"，"起去"连用出现的时间要早，如前所述，"起去"连用，早在《史记》中就有，而据王灿龙的考察，在东汉和东晋时期的译经中才出现"起来"连用的用例：[①]

①是时萨陀波伦菩萨安隐从三昧觉起，并与五百女人共至昙无竭宫门外，门外立，自念言："今我用经起来，师入在内，我义不可卧、不可坐，须我师来，

[①] 王灿龙：《"起去"的语法化未完成及其认知动因》，载《世界汉语教学》2004年第3期，第28页。

出上高座，说般若波罗蜜，乐乃坐耳。"（东汉·支娄迦谶译《道行般若经》）

② 欲灭诤事者，当先自筹量身力、福德力、辩才力、无畏力，知事缘起。比丘先自思量有如是等力，又此诤事起来未久，此人心调软，诤事易可灭。此比丘尔时应作灭诤。（东晋·佛陀跋陀罗共法显译《摩诃僧祇律》）

但我们也发现，宋以前的"起去"均是作连动式用的，真正作趋向动词用，直到宋代才出现，而上引两例"起来"就是趋向动词。因此，实际上，趋向动词"起去"出现的时间还是要晚于"起来"。

宋代，《景德传灯录》中见到这样的例子：

③ 师待不见来，便归庵见僧卧。师亦去一边而卧，僧便起去。（《景德传灯录》卷八）

④ 师曰："五州管内只有这和尚较些子。"雪峰便起去。（《景德传灯录》卷十九）

《景德传灯录》的这两例，由于上下文的提示，"起去"表示与"卧"相对的"起"的意义，大约与"起身"或"起来"相当，"去"的"离开"意义已经有所弱化，但还是可以包含"离开"的意义，我们把它们看作是介于连动式和趋向动词之间的过渡阶段。

《朱子语类》中的这一例，则"起去"已经是趋向动词了，格式是："（S+）起去"。

⑤ 静坐久时，昏困不能思；起去，又闹了，不暇思。（《朱子语类·学六》）

后代有所沿用：

⑥ 祖师道："你等起去。"（《西游记》第二回）

⑦ （凤姐）说着喝声"起去。"（《红楼梦》第六十七回）

（2）和其他动词构成连动式一起作谓语的"起去"。

和其他动词构成连动式一起作谓语的"起去"，主要表示的是本义，动作位移意义没有虚化。例如：

⑧ 我们起去对母亲说去。（《西游记》第十三回）

⑨ 判官喝令起去，上前引着太宗，从金桥而过。（《西游记》第十回）

⑩ 那李瓶儿见秋千起去了，唬的上面怪叫道："不好了，姐夫你也来送我送儿！"（《金瓶梅》第二十五回）

⑪ 一面喝令画童儿起去，分付："再不消过那边去了。"（《金瓶梅》第七十六回）

2．作趋向补语的"起去"

趋向补语"起去"可以表示三种语法意义：趋向义、结果义、状态义。我们从这三种意义分别考察其历时发展过程。考察分几个方面进行：趋向补语的意义、句法格式、述语的特点、宾语的情况等。

1）趋向义趋向补语"起去"

趋向义趋向补语"起去"表示"人或事物通过动作由低处向高处向背离说话人位置或说话人心里设定的位置移动"的意思。它的语义中包含"位移""方向""立足点"，但由于前面有了述语，动作行为的语义转而由前面的述语表达，"起去"主要是表示位移、位移的方向和立足点。试比较下面两个例子：

① 他起去开门。

② 他站起去开门。

例①的"起去"包含了"站"的语义，例②的"起去"只包含"由低处向高处"位移、位移的方向和立足点，动作行为的意义主要由"站"来表示。

（1）趋向义趋向补语"起去"能进入的句法格式。

趋向义趋向补语"起去"出现的时间相对较晚，我们检索的语料中，元代才看到用例，主要是用于以下格式。

第一，"V+起去"格式：

① 我买了个风筝，放起去落在这人家梧桐上。（《元曲选外编·绯衣梦一折》）

明清时期，趋向义趋向补语"起去"可以用于较多的格式中，除了沿用第一式外，还可以用于以下格式。

第二，"V+O+起去"格式：

② 宝玉忙把袭人扶起来，叹了一声，在床上坐下，叫众人起去。（《红楼梦》第三十一回）

第三，"V+将+起去"格式：

③ 话说孙行者一筋斗跳将起去，唬得那观音院大小和尚并头陀、幸童、道人等一个个朝天礼拜。（《西游记》第十七回）

④ 那些怪见呆子凶猛，一个个现了本相，飞将起去。（《西游记》第七十二回）

第四，把字句"将/把+O+V（+将）+起去"格式：

⑤ 行者忍不住焦躁，把金箍棒丢将起去，喝声"变！"（《西游记》第五十回）

⑥ 如来将金钵盂撒起去，正盖着那蜂儿，落下来。（《西游记》第五十八回）

第五，被字句"被+N+V（+将）+起去"格式：

⑦ 众神、八戒、沙僧不解其意，被他抛起去，又都装在里面，只是走了行者。（《西游记》第六十五回）

第六，可能式"V+不+起去"格式：

⑧ 独有宝玉的美人放不起去。（《红楼梦》第七十回）

现代汉语中，趋向义趋向补语"起去"比明清时期白话小说中的用例和形式都要少一些，主要是"V+起去"格式。例如：

⑨ 第一次挑起去的还没有落地，第二次便又挑起，横着看起来，飞到空中的谷秆好像一排雁儿一个接一个连续着往下落。（赵树理《三里湾》）

⑩ 民兵们抬头一看，见院墙有丈数高，后门倒关着，雷石柱叫武二娃站在二愣肩上架起去。（马烽、西戎《吕梁英雄传》第二十七回）

第七，"V₁+起去+V₂（+O）"格式：

⑪ 黑娃看见她省去了条盘，双手托着走来了，黑娃连忙站起去接。（《白鹿原》第九章）

⑫ 于是，他慌忙转过身来，站起去扶她，他说："干啥，这是干啥呢？"（《羊的门》二）

从以上考察我们发现，元代我们见到较早的"起去"作趋向义趋向补语的用例，但用例还较少。明清时期，"起去"作趋向义趋向补语的用法有了发展，出现了"V+将+起去"格式，出现了趋向义趋向补语"起去"用于"把"字句和"被"字句的用例，出现了趋向义趋向补语可能式的否定用法。"起去"在现代汉语书面语中逐渐衰落。

（2）趋向义趋向补语"起去"共现的述语类型。

从结构形式上看，主要是单音节及物动词和不及物动词：

单音节及物动词： 放、丢、摄、抛、撒、叫、掷。

单音节不及物动词： 跳、飞、飘、站、爬。

从语义类型上，与趋向义趋向补语"起去"共现的基本是位移动词。有自移动词，也有致移动词。

自移动词： 站、爬、跳、飞、飘。

致移动词： 放、丢、摄、抛、撒、叫、掷。

从上面的考察我们可以看到，与趋向义趋向补语"起去"共现的述语基本是位移动词，而且一般都能表示明确的位移方向；音节上，基本上是单音节动词；在及物性上，述语可以是及物动词，也可以是不及物动词。

（3）与趋向义趋向补语"起去"共现的宾语的类型。

从语法结构上看，宾语主要是名词或名词性短语。例如：

⑬ 那老者见他打来，将身一转，化作一阵阴风，呼的一声，把个长老摄将起去，飘飘荡荡，不知摄去何所。（《西游记》第六十四回）

⑭ 宝玉忙把袭人扶起来，叹了一声，在床上坐下，叫众人起去。（《红楼梦》第三十一回）

从语音上看，宾语基本上是双音节或多音节的，如以上所举各例。

从语义上看，宾语基本上是受事宾语。

2）结果义趋向补语"起去"

结果义趋向补语"起去"表示动作的完成，某一行为的实现或产生某种结果。

（1）结果义趋向补语"起去"能进入的句法格式。

结果义趋向补语"起去"的用例，从我们检索的语料来看，出现的时间比趋向义趋向补语"起去"要晚一些，我们在《西游记》中始见，而且搜集的例句也相对比较少。

第一，"V+起去"格式：

① 好大圣，捻着诀，念声咒，叫："长！"即长了丈数高下，那瓶紧靠着身，也就长起去，他把身子往下一小，那瓶儿也就小下来了。（《西游记》第七十五回）

② 说着，把平儿的一分拿了出来，说道："平儿，来！把你的收起去，等不够了，我替你添上。"（《红楼梦》第四十三回）

③ 虽然放一天车份是个便宜，可是谁肯白吃一顿，至少还不得出上四十铜子的礼；况且刘四的话是那么难听，仿佛他办寿，他们就得老鼠似的都藏起去。（《骆驼祥子》）

第二，"V+将+起去"格式：

④ 要一百张桌子，五十张作一禅台，一张一张迭将起去，不许手攀而上，亦不用梯凳而登，各驾一朵云头，上台坐下，约定几个时辰不动。（《西游记》第四十六回）

现代汉语中，我们检索的语料中没有找到"起去"作结果义趋向补语的用例。

（2）与结果义趋向补语"起去"共现的述语类型。

与结果义趋向补语"起去"共现的述语主要是单音节的非位移动词，如长、迭、收、藏等，这些动词都不能表示明确的空间位移。

（3）与结果义趋向补语"起去"共现的宾语类型。

主要是名词或名词性短语，例见前面，此处不再重复。

3）状态义趋向补语"起去"

状态义趋向补语"起去"在文献中很少见：

① 她的声音又高了起去。（《骆驼祥子》）

② 她的嗓门又高起去，街上的冷静使她的声音显着特别的清亮，使祥子特别的难堪。（《骆驼祥子》）

我们把"起去"的历时演变过程列表2.20如下：

表 2.20 "起去"的历时演变过程

作谓语					
发展轮廓	语义	语料来源	句法格式		
			单独作谓语	作连动式第一个动词	作连动式第二个动词
宋代出现,明清沿用,现代用法萎缩	人或事物自身向背离说话人方向或说话人心里设定的方向由低处向高处移动	论语左传	—	—	—
		史记论衡	—	—	—
		搜神世说	—	—	—
		敦煌祖堂	—	—	—
		景德朱子	S_施+起去	—	—
		元曲西游红楼	S_施+起去	起去+V+去	V+(O)+起去
		祥子	—	—	—

趋向义补语									
发展轮廓	语义	语料来源	句法格式	共现述语类型			共现宾语类型		
				语义	语法	语音	语义	语法	语音
元代出现,明清时期格式有较大发展,现代汉语中用法萎缩	人或事物通过动作由低处向高处向背离说话人位置或说话人心里设定的位置移动	论语左传	—	—	—	—	—	—	—
		史记论衡	—	—	—	—	—	—	—
		搜神世说	—	—	—	—	—	—	—
		敦煌祖堂	—	—	—	—	—	—	—
		景德朱子	—	—	—	—	—	—	—
		元曲等	V+起去	致移	及物	单			

续表

趋向义补语									
发展轮廓	语义	语料来源	句法格式	共现述语类型			共现宾语类型		
				语义	语法	语音	语义	语法	语音
元代出现,明清时期格式有较大发展,现代汉语中用法萎缩	人或事物通过动作处由低处向高处背离说话位置或说话人心里设定的位置移动	西游红楼	V+起去 V+O+起去 V+将+起去 将/把+O+V(+将)+起去 被+O+V(+将)+起去 V+不+起去	致移自移	及物不及物	单	受事	具体名词名词性短语	双多
		祥子等	V+起去 V₁+起去+V₂(+O)	致移自移	及物不及物	单	受事	具体名词名词性短语	双多

结果义补语									
发展轮廓	语义	语料来源	句法格式	共现述语类型			共现宾语类型		
				语义	语法	语音	语义	语法	语音
明代出现,用例较少,现代用法萎缩	动作的完成,或某一行为的实现,或产生某种结果	论语左传	—						
		史记论衡	—						
		搜神世说	—						
		敦煌祖堂	—						
		景德朱子	—						
		元曲西游红楼	V+起去 V+将+起去	非位移	及物不及物	单	—	—	—
		祥子	—						

二、"起去"的历时演变有关问题的讨论

（一）关于"起去"的比较

1. 不同句法位置的"起去"的比较

"起去"既可以出现在谓语中心的位置上，充当谓语，也可以出现在谓语动词之后，充当补语。不同位置上的"起去"在语义、句法、发展轮廓等方面有同有异，有着密切的联系。

1）语义上

作谓语的"起去"有比较实在的词汇意义，表示人或事物自身向背离说话人方向或说话人心里设定的方向由低处向高处移动，含有"动作行为""位移""方向""立足点"等语义特征。而作趋向补语的"起去"在词汇意义上已经有所虚化，"位移"和"方向"等语义特征可以包含也可以不包含。具体说来，趋向义趋向补语主要指示方向，由于前面有表示动作行为的述语，"起去"的位移义已经稍有减弱；结果义趋向补语在趋向义趋向补语的基础上进一步虚化，已经不再表示具体的位移和位移方向，而表示动作行为的实现或产生了某种结果；状态义趋向补语则更加虚化，表示动作开始或持续，或进入某种新的状态，不大能表示具体的词汇意义。

2）句法上

作谓语的"起去"主要是单用，或是用在连动式第一个动词位置上和连动式第二个动词位置上，作补语的"起去"用在谓词性成分后。由于动趋式的发展，单用的作谓语的"起去"在意义和句法上受到很大限制，语义上一般用于"由卧而起或由坐而起"的本义，句法上一般用于祈使句语境中。用在连动式第一个动词位置上的"起去"也基本用它的本义，连动式第二个动词位置上的"起去"则逐渐虚化为趋向补语。

3）发展演变轮廓上

作谓语的"起去"比作趋向补语的"起去"先产生，作趋向补语的"起去"是作谓语的"起去"语法化的结果。但二者在共时层面上并不是一种完全的替代关系，它们在相当长的一段时间内共存，承担各自的使命。作谓语的"起去"宋代开始出现，作趋向补语的"起去"产生元明之际，明清时期获得一定的发展，也许是"起去"本身语义的限制，再加上"起""起来"的竞争，"起去"在现代汉语普通话中出现的频率一直比较低。

2. 同一句法位置上的"起去"的比较

"起去"既可以充当趋向义趋向补语，也可以充当结果义趋向补语，还可以作状态义趋向补语，但由于趋向补语"起去"在实际语料中，只有在明清时期的白话小说中有相对较多的用例，而且主要是作趋向义趋向补语，结果义和状态义趋向补语在实际语料中只有极少数的用例，这使得我们在比较三种类型的补语时主要关注它们所表示的语法意义，其他方面不再作比较。趋向义趋向补语"起去"表示人或事物通过动作由低处向高处向背离说话人位置或说话人心里设定的位置移动，包含"位移""方向""立足点"等语义特征，但位移义比作谓语时有所减弱，而且不再隐含具体动作行为的语义；结果义趋向补语"起去"表示动作行为的实现或产生了某种结果，不再表示具体的位移和位移方向；状态义趋向补语"起去"的意义更加虚化，表示动作开始、持续，或进入某种新的状态，相当于一种表示始续体标记，不大能表示具体的词汇意义。三者的语义呈现出由趋向义＞结果义＞状态义的虚化连续统。

第四节　本章小结兼论"起、起来、起去"不对称现象

本章主要讨论"起""起来""起去"的演变问题。根据"起""起来""起去"的句法功能，以入句情况为纲，结合语义，分别从作谓语和作补语两个方面对其发展演变过程进行了细致的描述和分析。本章选取各时期的代表作品一至二部进行穷尽性的调查，描述和分析了"起""起来""起去"在各期能进入的句法格式，共现的述语、宾语类型，对"起""起来""起去"在各期出现的总次数、作谓语和作趋向补语的次数进行了数量统计，以比较翔实的数据比较客观地勾勒了它们在历史上发展演变的轨迹。调查结果显示：作谓语的"起"比作趋向补语的"起"先产生，《左传》中就有作谓语的"起"，作趋向义和结果义趋向补语的"起"大约产生于汉代，状态义趋向补语大约产生于宋代，作趋向补语的"起"是作谓语的"起"语法化的结果。"起来""起去"是"起"粘附于"来/去"而形成的复合趋向动词，产生的时间比"起"晚，作谓语的"起来"大约出现在汉代，趋向义趋向补语"起来"大约在唐代出现，结果义和状态义趋向补语"起来"大约出现在宋代。作谓语的"起去"大约在宋代才出现，作趋向义、结果义、状态义的趋向补语 "起去"则晚至元、明、现代才出现。

作谓语的"起"由于受到复音化趋势及"起"作补语的影响，在唐五代后萎缩。趋向义和结果义的"起"在唐代开始受到"起来"和其他格式的竞争开始逐渐衰退，在《红楼梦》中"起"的出现频率已经低于"起来"。在对"起"组趋向动词演变过程详细描述的基础上，还对趋向动词语法化的轨迹及语法化过程中语义、句法功能、语义指向等方面的变化进行了具体分析，并对趋向动词的语法化机制进行了讨论。

同时，我们发现，"起""起来""起去"是意义和用法上紧密相关的一组趋向动词，它们在形式上呈现出整齐的对应性，但在使用上却存在不对称现象，关于复合趋向动词的不对称现象，现代汉语学界有多人进行过研究，但对其历时情况的研究很少见到。

我们主要从历时的角度来探讨"起""起来""起去"在使用上的不对称。

一、"起"与"起来""起去"的不对称

"起"是单音节的趋向动词，"起来""起去"是复合趋向动词，是在"起"的基础上粘附"来/去"形成的，因此，"起"与"起来""起去"的不对称首先反映在出现时间的早晚上，单趋"起"在先秦就已存在，而"起来"在东汉译经中有少量用例，"起去"则在宋代才出现。其次，"起"与"起来""起去"的意义也存在不对称，"起"的语义中不包含主观位移，"起来""起去"则包含。再次，"起"与"起来""起去"出现的频率一直表现此消彼长的状态：虽然"起来""起去"在唐、宋已经复合成词，但《红楼梦》时期以前，"起"的出现频率高于"起来""起去"，《红楼梦》时期，"起"的出现频率才低于"起来""起去"，这种情况一直延续到现代汉语中。最后，"起""起来""起去"作趋向义趋向补语和作结果义趋向补语的频率也是变化的："起"在东汉就可以作趋向补语，"起来""起去"到唐代、元代才出现趋向补语的用法，在《红楼梦》时期以前，作趋向补语的"起"的出现频率高于"起来""起去"，《红楼梦》时期，"起来"作趋向补语特别是作结果义和状态义趋向补语的频率要高于"起"，这种情况也一直延续到现代汉语中。

表 2.21　各期"起""起来""起去"出现次数统计表

	左传	史记	论衡	搜神	世说	敦煌	祖堂	景德	朱子	西游	红楼
起	4	107	48	30	39	66	131	197	105	434	191
起来	0	0	0	0	0	14	21	6	13	207	567
起去	0	0	0	0	0	1	3	4	1	31	5

表 2.22　各期"起""起来""起去"作趋向义、结果义、状态义趋向补语统计表

	趋向义补语"起"	趋向义补语"起来"	趋向义补语"起去"	结果义补语"起"	结果义补语"起来"	结果义补语"起去"	状态义补语"起"	状态义补语"起来"	状态义补语"起去"
论衡	0	0	0	7	0	0	0	0	0
搜神	0	0	0	0	0	0	0	0	0
世说	1	0	0	0	0	0	0	0	0
敦煌	6	0	0	5	0	0	0	0	0
祖堂	87	1	0	3	0	0	0	0	0
景德	111	0	0	10	0	0	4	0	0
朱子	27	1	0	29	5	0	25	4	0
西游	218	102	25	84	10	2	50	40	0
红楼	40	101	1	91	83	1	47	295	0

二、"起来""起去"的不对称

"起来""起去"在形式上虽然对称，但在使用上存在不对称现象。
我们以历时的角度从以下几个方面来看"起来""起去"的不对称情况。

（一）"起来""起去"出现频率的不对称

第一，"起来""起去"出现总频率上的不对称。

表 2.23　"起来""起去"出现次数统计表

	敦煌	祖堂	景德	朱子	西游	红楼
起来	14	21	6	13	207	567
起去	1	3	4	1	31	5

"起来"的使用频率要高于"起去"，明清时期，这种不对称更加明显。
第二，"起来""起去"作谓语出现频率的不对称。

表 2.24　"起来""起去"作谓语出现频率统计表

	敦煌	祖堂	景德	朱子	西游	红楼
起来	14	20	6	3	54	88
起去	1	3	4	1	4	3

"起来""起去"作谓语，也是"起来"出现的频率高于"起去"。

第三，"起来""起去"作趋向义趋向补语出现频率的不对称。

表 2.25 "起来""起去"作趋向义趋向补语出现频率统计表

	祖堂	景德	朱子	西游	红楼
起来	1	0	1	102	101
起去	0	0	0	25	1

"起来""起去"作趋向义趋向补语在《西游记》以前，由于用例较少，还看不出频率的变化，在《西游记》及以后，"起来"的频率明显高于"起去"。

第四，"起来""起去"作结果义趋向补语出现频率的不对称。

表 2.26 "起来""起去"作结果义趋向补语出现频率统计表

	朱子	西游	红楼
起来	5	10	83
起去	0	2	1

"起来""起去"作结果义趋向补语在《西游记》以前，由于用例较少，还看不出频率的变化，在《西游记》及以后，"起来"的频率明显高于"起去"。

第五，"起来""起去"作状态义趋向补语出现频率的不对称

在我们检索的语料中，从《朱子语类》开始，"起来"已经可以作状态义趋向补语，《红楼梦》时期有了很大的发展，但"起去"在明清时期还没有发展出作状态补语的用法，大概在现代汉语中才有少量的用例。

（二）"起来""起去"虚化程度的不对称

前面的考察，我们已经看到，趋向动词从作谓语到作趋向义趋向补语、作结果义趋向补语，再到作状态义趋向补语，虚化程度不断加深。如果我们把表2.24 和表2.25、表2.26 结合起来看，就会发现，在《西游记》之前，由于"起来""起去"作趋向补语的情况都不多，还看不出频率上的差别，《西游记》及以后，"起来"作趋向补语的频率要远远高于"起去"，特别是"起来"作结果义、状态义趋向补语的频率要大大高于"起去"，说明"起来"的虚化程度要高于"起去"。

（3）"起来""起去"使用不对称的认知解释

我们从历时的考察得知，"起来""起去"不仅能表示具体的空间关系，还

可以表示抽象的非空间关系。我们可以用认知语言学中的起点—路径—目标图式来说明"起来""起去"由具体空间关系到抽象非空间关系的发展。起点—路径—目标图式有四个构成要素：起点、终点、路径、方向[1]。"人们从空间结构获得了起点—路径—目标图式，又将它用于对世界其他经验的建构，即将其他非起点—路径—目标的事物、状态等也看作是起点—路径—目标，并依此来认识和描述，词的意义也通过投射发展了隐喻意义。"例如：

① 他把小孩抱起来。

② 他高兴起来。

例①的"起来"有明显的位移起点、终点、路径和方向。例②是把人的情绪变化过程看作一个包含起点、终点、路径和方向的位移过程，"起来"的意义也随之发生了变化，获得了隐喻意义。

当起点—路径—目标图式用于具体的空间概念时或抽象的非空间概念时，说话者就有一个观察角度的问题，同样是由起点向终点的位移，观察角度不同，说话者的主观感受不同，说法就不一样，也使得有些说法是合格的，有些说法则不合格。这些就造成了"起来""起去"在使用上的不对称。马庆株（1997）认为："汉语中亲眼见到的与不是亲眼见到的事情表示法不同，这与说话人的主观态度和感知有关，动作造成可见结果的动词，后面出现'来'或者'X来'（X指客观趋向动词'上、下、进、出'等，笔者注）；反之，后面出现'去'或者'X去'；如果既可能见到结果，又可能见不到结果，那么在可能见到结果的时候动词后面出现'来'或者'X来'，在可能见不到结果的时候动词后面出现'去'或者'X去'。"[2]钟兆华（1988）指出："历史上的'起去'与'起来'之间有两个近似而又互相区别的特性：第一，'起去'和'起来'都具有由低往高运动的特性，但它们的程度不同：'起来'只是表明离开了地面，'起去'不但是离开地面，而且具有往空中去的动向；第二，'起去'和'起来'都可以表示由跪、坐、卧而起的行为，但是'起来'只表示由坐、跪的状态而立，或由卧的状态而坐等，并不表明离开原来的位置，'起去'则必须是起而且离开原来的位置。明清之际，'起去'逐渐失去了'向空中去的动向'和'离去'的特性，这也就失去了它作为一个词语独立存在的基础，结果便向'起来'靠拢；而'起来'又逐渐产生了'起去'原来所具备的词义特征，即有了'向空中去的动向'和'离去'的意义，加上'起来'的使用远比'起去'活跃，两方面的因素结合在

---

[1] 赵艳芳：《认知语言学概论》，上海外语教育出版社2004年版，第71页。

[2] 马庆株：《"V来/去"与现代汉语动词的主观范畴》，载《语文研究》1997年第3期，第16页。

一起，'起去'逐渐被'起来'取代，在普通话中失去了原有的地位，以至渐渐消失。"[1]王灿龙（2004）从"来""去"理想认知模型的角度探讨了"起去"消失的原因，他认为："'起来'的目标是突显的，可以直接感知的，表现出最大关联性；而'起去'的目标是非突显的，难以感知的，不具有关联性。正是这种关联性的有无使人们最终在认知原则的作用下作出了保留'起来'、舍弃'起去'的选择。"[2]综合三位学者的意见，我们发现，"起来""起去"使用上的不对称主要与两个因素有关：一是"起来""起去"本身的意义，"起来"不表示离开原来的位置，观察点就是人的站立体位，如果"起去"也不表示离开原来的位置，那么观察点就是与"起来"相对的比坐卧等体位更低的位置，这在一般的情况下是很少出现的，因此，"起去"在现实语料中很少出现。二是如马庆株和王灿龙所言，与"来""去"的主观化或可感知度有关。

最后，要指出的是：尽管"起来"和"起去"从历时和共时的角度考察都呈现出明显的不对称，而且也有比较合理的认知动因，但词语的消失是一个漫长的历史过程，而且在发展过程中会受到语言系统各种因素的影响，因此，我们不同意关于"起去"已经消失的说法，因为据邢福义[3]和我们自己的考察，历史上和现代汉语中都存在"起去"作谓语和补语的用法，甚至还出现了"起去"作状态义趋向补语的用法。例如：

①她的声音又高了起去。（《骆驼祥子》）

②她的嗓门又高起去，街上的冷静使她的声音显着特别的清亮，使祥子特别的难堪。（《骆驼祥子》）

"起去"作趋向动词不仅在南方的方言中存在，也在北方作家的作品中存在，这种事实恐怕不能完全用"起去"只用在方言中来概括。其实，"趋向动词+来/去"都存在不对称现象，只是"起来""起去"更突出而已，或许由于"起去"自身的词义与人们的认知模式相冲突，"起去"便逐渐失去其存在的理由和空间，但目前就断定"起去"已经消失恐怕还为时过早，也与语言事实不符。

---

[1] 钟兆华：《动词"起去"和它的消失》，载《中国语文》1988年第5期，第380-385页。

[2] 王灿龙：《"起去"的语法化未完成及其认知动因》，载《世界汉语教学》2004年第3期，第27-37页。

[3] 邢福义：《"起去"的普方古检视》，载《方言》2002年第2期，第97-107页；《有关"起去"的两点补说》，载《方言》2002年第3期，第245页；《"起去"的语法化与相关问题》，载《方言》2003年第3期，第205-213页。

第三章 "往、至、到"的历时演变

"往、至、到"在上古汉语中是一组同义词,《说文》对三者的解释是:

往:之也。

至:鸟飞从高下至地也。

到:至也。

《汉语大字典》对这三个词语基本意义的解释是互训的:

往:①去;到(某处)。与"来"、"返"相对。(①表示义项序号,下同)

至:②到;来到。

到:①抵达;达到。②往。

这三个词在先秦时期从句法功能上说基本都是作趋向动词用。例如:

① 琴张闻宗鲁死,将往吊之。(《左传·昭公二十年》)

② 叔武将沐,闻君至,喜,捉发走出,前驱射而杀之。(《左传·僖公二十八年》)

③ 管仲相桓公,霸诸侯,一匡天下,民到于今受其赐。(《论语·宪问篇》)

但以后这三个词的发展路径并不完全相同:有的主要作趋向动词,有的主要作介词,有的主要作为构词成分。本章我们主要探讨这三个上古的同义趋向动词的演变过程及原因。

第一节 "往"的历时演变

一、"往"的历时演变过程

(一)先秦时期的"往"

先秦时期的"往"主要出现在以下格式中:

第一,"(S+)往"格式:

①子曰:"譬如"为山,未成一篑,止,吾止也。譬如平地,虽覆一篑,进,吾往也。"(《论语·子罕篇》)

②公曰:"吾将略地焉。"遂往,陈鱼而观之。(《左传·隐公五年》)

此种格式中,"往"单用作谓语,意思是"去"。

第二,"往+V(+O)"格式:

③八月,寡君又往朝。(《左传·文公十七年》)

④琴张闻宗鲁死,将往吊之。(《左传·昭公二十年》)

此种格式中,"往"作连动式第一个动词,意思是"去",是句中的主要动词,与V表示先后发生的两个动作。

第三,"V+往"格式:

⑤椒举请辞焉。王使往。(《左传·昭公四年》)

⑥及密,使公子鱼请,不许。哭而往,共仲曰:"奚斯之声也。"乃缢。(《左传·闵公二年》)

此种格式中,"往"作连动式第二个动词,意思是"去",是句中的主要动词,与V表示先后发生的两个动作。

第四,出现了"往"带宾语的特殊的用法:"O+往"。

⑦公孙段赋《桑扈》,赵孟曰:"'匪交匪敖',福将焉往?若保是言也,欲辞福禄,得乎?"卒享。(《左传·襄公二十七年》)

⑧陈、鲍方睦,遂伐栾、高氏。子良曰:"先得公,陈、鲍焉往?"遂伐虎门。(《左传·昭公十年》)

⑨己氏曰:"杀女,璧其焉往?"遂杀之而取其璧。(《左传·哀公十七年》)

疑问句中,代词"焉"充当"往"的宾语,宾语提前。这是古汉语中常见的一种用法。

先秦时期的"往",单用作谓语的居多,《论语》中有8例,《左传》中有42例。而用于连动式中的相对较少,《论语》中有2例,《左传》中有32例。不论"往"是单独用作谓语,还是用在连动式中,"往"基本上不能带处所宾语。能带处所宾语的只有极少数,如例⑦、例⑧、例⑨,宾语均为表处所的疑问代词"焉",而且均用在疑问句中,句式为倒装句。

在语义上,"往"表示"到某处去",可以分化出"位移""处所"两个义素。连动式中,"往"和"V"表示先后发生的两个动作,且与"往"连用的另一动词V均为非位移动词。此时的"往"是"往$_1$",是实义动词。

（二）汉代的"往"

汉代的"往"与先秦时期相比，有了新的发展。

第一，出现了"往+O"格式。

① 宛若祠之其室，民多往祠。（《史记·孝武本纪》）

② 平原君往祠，其后子孙以尊显。（《史记·孝武本纪》）

第二，"往"用于连动式的用法有了大的发展。

由于连动式的发展，"往"用于连动式的用例大大增加，既可以用在"往+V"中，又可以用在"V+往"中，总体上看，"往+V"的用例要比"V+往"的用例多得多，在《史记》中，用于"往+V"的有123例，用于"V+往"的有76例。

③ 桓公闻而怒，兴师往伐。（《史记·齐太公世家》）

④ 襄公六年，楚灵王会诸侯，襄公称病不往。（《史记·卫康叔世家》）

⑤ 吴王闻昭王往，即进击随。（《史记·楚世家》）

⑥ 方孔悝作乱，子路在外，闻之而驰往。（《史记·仲尼弟子列传》）

⑦ 乃分遣御史廷尉正监分曹往，即治郡国缗钱，得民财物以亿计，奴婢以千万数，田大县数百顷，小县百余顷，宅亦如之。（《史记·平准书》）

⑧ 于是景公许之，使庄贾往。（《史记·司马穰苴列传》）

此时，不论"往"用在连动式的第一个动词位置上还是第二个动词位置上，都还不能带处所宾语。句中的"V"都是非位移动词，"往"和"V"表示的依然是先后发生的两个动作。而且"V+往"中的"V"大部分是"使、遣、令"之类的使令动词，后面一般带有兼语，如例⑦、例⑧。或者句中的"V"是一般动词，"V"往往带上了宾语，而不直接和"往"组合。因此，"往"的位移义还没有虚化，"往"是"往₁"，还是实义动词。

（三）魏晋南北朝时期的"往"

魏晋南北朝的"往"，与汉代比，有了比较大的发展，主要表现在：

1. "往+O"用例大大增加，"往"带处所宾语已经成为普遍现象

《世说新语》中，"往"单用的有32例，不带宾语的有11例，带宾语的有21例。例如：

① 长舆曰："必大夏门下盘马。"往大夏门，果大阅骑，长舆抱内车，共载归，坐如初。（《世说新语·方正》）

② 阮光禄赴山陵，至都，不往殷、刘许，过事便还。（《世说新语·方正》）

2. 出现了"往+O+V"

"往"不但可以用在连动式的第一个动词位置上，而且，还可以带处所宾语。但"往"带处所宾语的用例还相对较少。在《世说新语》中，用在连动式第一个位置上的"往"，不带宾语的，即"往+V"，有 35 例，带宾语的，即"往+O+V"，有 6 例。例如：

①王恭随父在会稽，王大自都来拜墓，恭暂往墓下看之。(《世说新语·识鉴》)

②后至奕醉，温往主许避之。(《世说新语·简傲》)

3. 出现了"V+往+O"

"往"不但可以用在连动式的第二个动词位置上，而且，还可以带处所宾语。但"往"带处所宾语的用例还相对较少。在《世说新语》中，用在连动式第二个位置上的"往"，不带宾语的，即"V+往"，有 7 例，带宾语的，即"V+往+O"，有 2 例。例如：

①后孙与支共载往王许，王都领域，不与交言。(《世说新语·文学》)

②王司州尝乘雪往王螭许。(《世说新语·忿狷》)

魏晋南北朝时，"往"单用时经常带处所宾语，并且产生了连动式中"往"带处所宾语的用法，这是"往"向介词虚化的关键一步。为"往"向介词虚化提供了句法上的条件。直到魏晋南北朝，"往"带处所宾语，主要是单独作谓语的时候，连动式中，"往"带处所宾语用例还比较少。而且不论是单用还是用在连动式中，"往"后所带的宾语都表示"往"的位移目的地。连动式中，与"往"连用的另一动词 V 依旧均为非位移动词，"位移"的语义依然要"往"来表示。此时的"往"是"往$_1$"，仍然是实义动词。

(四) 唐五代的"往"

唐五代的"往"，在用法上又有新的发展。

1. "往+O+V""V+往+O"两种形式有了大发展，逐渐成为"往"用于连动式的主要格式

在《敦煌变文集》中，"往+V"有 35 例，"往+O+V"有 24 例；"V+往"有 6 例，"V+往+O"则有 22 例。到了《祖堂集》中，"往+V"有 13 例，"往+O+V"有 17 例；"V+往"有 1 例，"V+往+O"则有 7 例。例如：

①太子共四天王便往雪山修道。(《敦煌变文集·太子成道经》)

②尔时迦叶作大神通，往须弥顶而说偈。(《祖堂集》卷一)

③ 舜来历山，俄经十载，便将米往本州。(《敦煌变文集·舜子变》)

④ 来蒙世尊不以智惠浅劣，词辩荒虚，教往方丈室中，慰问有疾菩萨。(《敦煌变文集·维摩诘经讲经文（四）》)

2. 连动式中的 V 出现了位移动词

① 化一老人，便往下界来至。(《敦煌变文集·舜子变》)

② 辩和怪于师，送往县令瞿仲偘。(《祖堂集》卷二)

唐代，连动式中位移动词的出现，使得"往"的位移义有可能弱化甚至脱落，为"往"虚化为介词提供了语义上的条件。

3. 出现了"往+O+V+去"和"V+往+O+去"格式

① 世尊会上特申宣，遣往毗耶方丈去。(《敦煌变文集·维摩诘经讲经文（七）》)

② 南泉山下有僧住庵，有人向他道："此间有南泉，近日出世，何不往彼中礼拜去？"(《祖堂集》卷十六)

（五）宋代的"往"

宋代的"往"，在用法上与唐五代时没有多少区别。例如：

① 是夜会族人，往官司打酒，有灰，乍饮，遂动脏腑终夜。(《朱子语类·鬼神》)

② 先生往净安寺候蔡。(《朱子语类·朱子四》)

③ 又曰："若一件事，民人皆以为是，便是天以为是；若人民皆归往之，便是天命之也。"(《朱子语类·大学三》)

④ 后在同安，出往外邑定验公事，路上只管思量，方思量得透。(《朱子语类·论语三十一》)

⑤ 某人遂寄往都下制造，及得之，以示针匠。(《朱子语类·礼八》)

（六）元明清时期的"往"

元明清时代的"往"，在用法上有新的发展，表现在：

1. 连动式中，"V"为位移动词的数量大为增加。而且，"往+O+V"中的位移动词比较集中到"去/来"上

① 梁中书早饭已罢，带领杨志上马，前遮后拥，往东郭门来。(《水浒传》第十二回)

② 次日起来，省过贾母，因往王夫人处来，正值王夫人与熙凤在一处拆金

陵来的书信看，又有王夫人之兄嫂处遣了两个媳妇来说话的。(《红楼梦》第三回)

③ 今日武二蒙知县相公差往东京干事，明日便要起程。(《水浒传》第二十四回)

2. "往+O+V"在数量上大大超过"V+往+O"，成为"往"用于连动格式中的主要格式

《水浒传》中，"往+O+V"有 61 例，"V+往+O"有 30 例；《红楼梦》中，"往+O+V"有 599 例，"V+往+O"有 26 例。这与现代汉语中的用法已极为接近。

3. 在"往+O+V"或"V+往+O"后再加上另一个动词，构成"往+O+V$_1$+V$_2$"或"V$_1$+往+O+V$_2$"的用例增多，而且其中 V$_1$ 或 V$_2$ 主要为"去/来"

① 不如趁早，天色未晚，取了行李，只得往别处去寻个所在。(《水浒传》第十一回)

② 慌忙收拾起枪棒和药囊，同宋江便往邻近酒肆内去吃酒。(《水浒传》第三十七回)

③ 却说春燕一直跑入院中，顶头遇见袭人往黛玉处去问安。(《红楼梦》第五十九回)

④ 朱仝差往东京去，雷横不知差到那里去了。(《水浒传》第三十五回)

⑤ 急得霍启直寻了半夜，至天明不见，那霍启也就不敢回来见主人，便逃往他乡去了。(《红楼梦》第一回)

⑥ 众小厮见他太撒野了，只得上来几个，揪翻捆倒，拖往马圈里去。(《红楼梦》第七回)

4. "往+O+V"中，O 为方位词的用例大大增加

《红楼梦》中有 176 例。例如：

① 众嬷嬷引着，便往东转弯，穿过一个东西的穿堂。(《红楼梦》第三回)

② 众小厮听了，一带辔马，岔出人群，往北飞走。(《红楼梦》第十五回)

③ 只是林黛玉素习不大喜看戏文，便不留心，只管往前走。(《红楼梦》第二十三回)

还出现了 O 为"形容词+方位词"的用例。例如：

④ 你闹了学堂，不说变法儿压息了才是，倒要往大里闹！(《红楼梦》第九回)

⑤ 我是个没心眼儿的人，只求姑娘我说话别往死里挑拣，我从小儿到如今，没有爹娘教导。(《红楼梦》第八十三回)

这种用法在现代汉语中非常普遍。例如：

⑥他自己觉出来，仿佛还得往高里长呢。(《骆驼祥子》)

⑦把她招急了，她还会抬出刘四爷来，刘四爷要是买出一两个人——不用往多里说——在哪个僻静的地方也能要祥子的命!(《骆驼祥子》)

⑧在不准知道事情的吉凶的时候，人总先往好里想。(《骆驼祥子》)

二、"往"语法化的句法环境和语义条件

"往"最初为表趋向义的实义动词，意思是"到某处去"，语义中包含"位移""处所"两个义素。从以上历时平面的考察，我们发现，"往"存在两个虚化的方向：往₁（实义动词）>往₂（介词）；往₁（实义动词作谓语）>往₃（趋向补语）。"往"在作实义动词用的时候，与趋向义动词"来"的用法大体相同，经常与"来"相对举。但比较"来"和其他比较典型的趋向义动词的语法化过程，我们发现，"往"的语法化方向与一般趋向义动词的语法化方向不同，一般的趋向义动词是语法化为趋向补语，有的会进一步语法化为各种助词。"往"则主要是语法化为介词。那么，趋向义实义动词"往"语法化为介词的句法环境和语义条件是什么？为什么"往"的语法化方向会与"来""到"之类的趋向义动词的语法化方向不同？下面我们试着回答这两个问题。

历时平面的考察显示：实义动词"往"虚化为介词后，可以出现在动词前，也可以出现在动词后。那么，动词前和动词后的"往"是怎样虚化成介词的呢？

石毓智曾经用时间一维性原则对介词的衍生做出过推测，他认为："介词从动词的演化构成大致经历了三个阶段：普通动词——经常或者只出现于次要动词的位置——退化掉普通动词与指示时间信息有关的句法特征而转化为介词。"[①]

我们同意石毓智的观点。根据时间一维性原则对介词产生的制约性，我们认为，必须同时满足以下的条件，介词"往"才可能产生：第一，"往"用在连动式中；第二，"往"带处所宾语；第三，"往"和 V 表示同时发生的动作；第四，"往"和 V 在语义上密切相关。

上述的解释，在"往"的历时演变中也得到了证实。

从先秦时起，"往"就可以出现在连动式中，构成"往+V""V+往"，直到《史记》时代，用于连动式的"往"均为不带处所宾语的"V+往"和"V+往"。而且，"V"和"往"表示先后不同的两个动作，"往"和 V 在语义上也没有什

① 石毓智、李讷：《汉语语法化的历程——形态句法发展的动因和机制》，北京大学出版社 2004年版，第384页。

么直接联系，"往"表示"位移""处所"的义素没有脱落，此时的"往"只满足了上述第一个条件，"往"和 V 都是句中的主要动词，"往"的虚化过程还没有开始。

例如：

① 八月，寡君又往朝。(《左传·文公十七年》)

② 椒举请辞焉。王使往，曰："属有宗桃之事于武城，寡君将堕币焉，敢谢后见。"(《左传·昭公四年》)

③ 桓公闻而怒，兴师往伐。(《史记·齐太公世家》)

直到魏晋南北朝，连动式中的"往"才开始带处所宾语，不过数量不多，而且 V 和"往"表示先后不同的两个动作，"往"和 V 在语义上也没有什么直接联系，"往"表示"+位移""+处所"的义素没有脱落，此时的"往"只满足了上述第一、第二条件，"往"和 V 依然是句中的主要动词，"往"的虚化过程还没有正式开始。

例如：

④ 后至奕醉，温往主许避之。(《世说新语·简傲》)

⑤ 王司州尝乘雪往王螭许。(《世说新语·忿狷》)

但是，"往+O+V"和"V+往+O"格式的出现，使得"往"的虚化有了句法上的条件。由于"往"带上了处所宾语，使得"往"可能向介词转化。石毓智曾经指出："凡是可以引进施事、受事、处所等对象的动词，用作次要动词的频率就高。这样长期使用的结果，就可能使得次要动词的句法特征在这些动词身上稳固下来，永久丧失了普通动词的与指示时间信息有关的特征，最后成为介词。"①

当 V 和"往"不再表示先后不同的两个动作，而是表示同时共现的两个动作时，"往"就会向介词转化。

到唐代以后，"往+O+V""V+往+O"格式大量出现。特别是出现了 V 是位移动词的用例。

例如：

⑥ 化一老人，便往下界来至。(《敦煌变文集·舜子变》)

⑦ 后在同安，出往外邑定验公事，路上只管思量，方思量得透。(《朱子语类·论语三十一》)

⑧ 梁中书早饭已罢，带领杨志上马，前遮后拥，往东郭门来。(《水浒传》

---

① 石毓智、李讷：《汉语语法化的历程——形态句法发展的动因和机制》，北京大学出版社 2004 年版，第 381 页。

第十二回）

　　⑨ 谁晓这拐子又偷卖与薛家，他意欲卷了两家的银子，再逃往他省。（《红楼梦》第四回）

　　当 V 是位移动词时，V 和"往"变成类义词，两个动作没有先后关系，是同时发生的，由于"往"后带有处所宾语，而 V 没有带，根据时间一维性原则，V 成为主要动词，"往"变成次要动词，又由于"往"的源词是趋向义动词，与之关系最自然的共现成分就是处所宾语，"往"带宾语的频率很高，这又导致"往"在连动式中充当次要动词的频率变得很高。因此，"往"便虚化为介词。

　　综上所述，我们认为，动词前后的"往"语法化为介词的句法环境是"往+O+V""V+往+O"，根据时间一维性原则，"往"后处所宾语的出现为"往"的语法化提供了可能。但不是所有出现在这一环境中的"往"都会马上语法化为介词，还应该有动词的语义对其语法化的制约，即只有 V 和"往"不再有时间的先后分别，而是同时出现，时间一维性原则才能起作用，"往"才能由和 V 并列的动词变成介引处所的介词。当 V 是位移动词时，"往"的位移义进一步弱化，当 V 是趋向动词"去/来"时，"往"的动作性彻底脱落，仅仅介引 V 的处所和方向，"往"的介词性质进一步确立。与"往"的介词化相关的是，元明清时期，新的连动形式"往+O+V₁+V₂"或"V₁+往+O+V₂"的用例增多，而且其中 V₁ 或 V₂ 主要为"去/来"。这又在形式上进一步确认了"往"的介词化。因此，动词前后"往"的语法化是句法条件和语义条件共同作用的结果，缺一不可。

　　动词前后"往"虚化为介词，除了上述制约因素外，还受到以下几个方面的影响。

　　第一，"去"的"往/至"义的产生对"往"的语法化的影响。

　　前面我们提到，位移动词 V 与"往"共现使"往"和 V 由以前的表示先后发生的两个动作变成了两个同时发生的动作，才使得"往"在连动式中带处所宾语的情况下向介词转化。那么，为什么位移动词会出现在与"往"共现的句法环境中呢？我们认为，这应该与另一个趋向义动词"去"的语义变化有关。据胡敕瑞的考察，"去"的"往/至"义产生于东汉，成熟于魏晋（参见胡敕瑞2006）。"去"的"往/至"义产生后，必然会对"往"的位移义产生挤压，由于"去"的使用频率比"往"高，"往"的位移义逐渐被"去"占据，"往"便要向别的用法发展。在唐代"往"向介词转化的句法条件"V+往+O""往+O+V"成熟之后，由于格式中"往"的位移义被"去"占据，"往"的位移义逐步脱落，格式中的 V 的语义类型就会发生相应的变化，原来由"往"表示的位移义，就要由 V 和"往"共同承担，甚至由 V 独自承担，因此 V 逐渐由原来的"－位移"

变成了"+位移",甚至在元明清时代的文献中,"往"经常是和"去/来"共现的,"往"的位移义彻底脱落,整个句子的位移义完全由"去/来"承担。这样,"往"的介词性得到彻底确认。同时,在 V 成为位移义动词后,尽管"往"的位移义已经脱落,但"往"作为趋向义动词能够带上且经常带上处所宾语的用法却保留下来,而这种用法又进一步促使"往"作为次要动词的频率增高。两种因素的综合作用,使"往"向介词方向发展。

第二,"到"的介词化对"往"的语法化的影响。

在对"往"的语法化过程的考察中,我们发现"往"在动词前的用例要多于在动词后的用例,而且这种频率上的差别到明清以后变得尤为显著。我们推测,这也许与"到"的介词化有关。大致到唐代,"到"语法化为表"到达"的介词。"到"语法化为介词后,主要引进与动词相关的目的处所。本来,"往"的语义中含有"处所",而且,与"往"的语义最自然的联系就是目的处所(早期的"往"的宾语基本上是指目的地),但由于"到"已经占据了引进目的地的位置,因此,"往"只好又向别的用法发展。由于"目的地"语义中蕴含了"方向"语义,因此,"往"最后发展成主要介引方向的介词。当然,"到"没有完全取代"往"介引目的处所的位置,但"往"介引目的地处所的用法已经非常有限了,主要是用在有限的动词之后(参见储泽祥 2005)。根据时间一致性原则(参见戴浩一 1998),动词前后的介词短语在用法和语义上有明显的分工,表示目的地的介宾短语被放在动词的后面,表示方向的介词短语被放在动词的前面(参见张赪 2002)。因此,动词前"往"的出现频率要比动词后"往"的出现频率高得多。这也就解释了为什么"V+往+O"中的 O 必须是处所词,或者是表处所的方位短语,而不能是单纯的方位词(参见储泽祥 2005)。而"往+O+V"中的 O 则既可以是处所词,又可以是单纯的方位词。而且由于动词前"往"的介引方向的用法成为"往"的主要用法,随着这种用法使用频率的进一步增高,导致在元明清时期出现了"往"后的宾语为"形容词+方位词"表示虚化的方位的用法,而且这种用例在现代汉语中在不断扩大。

此外,有一类现象值得注意,即当"往"由实义动词演化成介词后,"V+往+O"中的 V 一般为与"往"方向相宜的位移动词,但也有不表位移的"派、押"等。(参见吕叔湘 1984,王小溪 2004,储泽祥 2005)我们认为,其中的 V 主要为使令动词,而且这种格式其实自古有之。《史记》中有大量的"V+O+往",和"往"共现的 V 很大一部分是"使、遣、令"一类表示使令意味的使令动词,"V+O+往"即是兼语句,这种句型在以后历代的文献中仍可以见到,只是在《史记》中,"往"还不能带处所宾语,而后代的文献中"往"可以带上处所宾语。

例如：

⑩ 汉王使郦生往说齐王田广，广叛楚，与汉和，共击项羽。(《史记·高祖本纪》)

⑪ 于是代王乃遣太后弟薄昭往见绛侯，绛侯等具为昭言所以迎立王意。(《史记·孝文本纪》)

⑫ 既至明年，差富平郡王进朝往于蕃中，看李陵在无？ (《敦煌变文集·李陵变文》)

⑬ 侍郎令使往彼三请，皆不赴。(《祖堂集》卷五)

⑭ 向未经凿治时，龙门正道不甚泄，故一派西兖入关陕，一派东兖往河东，故此为患最甚。(《朱子语类·尚书二》)

⑮ 只来早便差此人迳往京师，只消旬日，可以往回。(《水浒传》第三十九回)

⑯ 次日早，便进城来料理出殡之事，一面又派人先往铁槛寺，连夜另外修饰停灵之处。(《红楼梦》第十四回)

由于兼语句自古至今都存在，而且能充当兼语句前一个动词的数量有限，兼语句的结构形式一直比较稳固。因此，当"V+往+O"格式中的"V"基本上向位移动词靠拢时，格式中较特殊的 V 随着兼语句这种比较稳固的结构保存了下来。当兼语句中的兼语在上下文语境中可以找到，或不需要特别说明时，兼语就可以省略，"派、押、差"之类的动词和"往"的结合就更紧密起来，句型也由"V+O兼语+往+O处所"变成了"V+往+O处所"。但"往"的位移义并没有脱落，整个句子的位移意义依然是由"往"来表现的，"往"可以看作是趋向性补语。

第二节　"至"的历时演变

"至"在现代汉语中，基本上不单用作谓语，而常常是和"于""甚"等组合起来，构成"至于""甚至"等，充当话语衔接连词。但"至"在古代汉语中，最初是个趋向动词，能够比较自由地充当谓语，然后逐步演变为作趋向补语的动词、副词、连词。下面我们就来具体地考察一下"至"的历时演变过程。

一、"至"的历时演变过程

"至"在上古汉语中就是个高频词，意义和用法比较多样。

（一）先秦时期的"至"

先秦时期的"至"，主要有以下几种用法：

1. 单用

1）单用作谓语

（1）"至"单独作谓语，后面不带 O。

"至"为"到达"义。例如：

①子曰："凤鸟不至，河不出图，吾已矣夫！"（《论语·子罕篇》）

②天子七月而葬，同轨毕至；诸侯五月，同盟至；大夫三月，同位至；士逾月，外姻至。（《左传·隐公元年》）

③急子至，曰："我之求也。此何罪？请杀我乎！"（《左传·桓公十六年》）

④齐侯之出也，过谭，谭不礼焉。及其入也，诸侯皆贺，谭又不至。（《左传·庄公十年》）

这是"至"的基本义，表示（某人从某处）到达某处的意思。由于上下文中可以找到"至"的处所，"至"后没有出现处所宾语。先秦时期，"至"单用时，多为此义。在上面这种用法中，"至"的主语一般为人（或动物），但也有表示抽象事理的名词，例如：

⑤子曰："仁远乎哉？我欲仁，斯仁至矣。"（《论语·述而篇》）

⑥子曰："女奚不曰，其为人也，发愤忘食，乐以忘忧，不知老之将至云尔。"（《论语·述而篇》）

⑦寡人闻之，哀乐失时，殃咎必至。（《左传·庄公二十年》）

在这种用法中，"至"的意义由表示具体的位移虚化为表示抽象的位移。

"至"为"达到极点"义，例如：

⑧子曰："中庸之为德也，其至矣乎！民鲜久矣。"（《论语·雍也篇》）

⑨至矣哉！直而不倨，曲而不屈，迩而不逼，远而不携，迁而不淫，复而不厌，哀而不愁，乐而不荒，用而不匮，广而不宣，施而不费，取而不贪，处而不底，行而不流，五声和，八风平，节有度，守有序，盛德之所同也。（《左传·襄公二十九年》）

⑩德至矣哉！大矣！如天之无不帱也，如地之无不载也，虽甚盛德，其蔑以加于此矣。（《左传·襄公二十九年》）

（2）"至"后带 O。

"至+于+O"格式。例如：

⑪夫子至于是邦也，必闻其政。（《论语·学而篇》）

⑫有澹台灭明者，行不由径，非公事，未尝至于偃之室也。(《论语·雍也篇》)

⑬赐我先君履，东至于海，西至于河，南至于穆陵，北至于无棣。(《左传·僖公四年》)

⑭入自皇门，至于逵路。(《左传·宣公十二年》)

⑮自日中以争，至于昏，晋人许之。(《左传·昭公十三年》)

⑯晋公子，姬出也，而至于今，一也。(《左传·僖公二十三年》)

⑰子在齐，闻《韶》，三月不知肉味，曰："不图为乐之至于斯也!"(《论语·述而篇》)

⑱子曰："齐一变，至于鲁；鲁一变，至于道。"(《论语·雍也篇》)

此种格式中，O 主要为表示具体地点的处所名词，表示具体的空间位移，意思是"到达某处"，如例⑪、例⑫、例⑬、例⑭等。也有不少是时间名词，表示的是相对抽象的时间位移，意思是"到某时"，如例⑮、例⑯等。还可以是表人的名词，表某种程度的代词等，表示更为抽象的程度、状态的变化，意思是"到某种地步、程度"，如例⑰、例⑱等。这其中，"到达某处"是基本意思，由此基本意思向两个方向虚化："到达某处"→"到某时"；"到达某处"→"到某种地步、程度"。

"至+自+O"格式，格式中的 O 不表示"至"所到达的终点，而是表示"至"的原点位置。例如：

⑲五年春，公至自晋。(《左传·襄公五年》)

⑳仲至自齐，季孙欲立之。(《左传·昭公五年》)

㉑九月，公至自楚。(《左传·昭公七年》)

这种介词放在动词后引进动作（或时间）原点的格式在《左传》中非常常见，有 123 例，占《左传》"至"所有用例的 30.15%。说明至迟在《左传》时代，汉语介词结构引进动作（或时间）还以放在动词之后为常。这与张赪的考察结果相吻合（参见张赪《汉语介词词组词序的历史演变》，2002）。

"至+O"格式。例如：

㉒冬，公如晋，至河，有疾，乃复。(《左传·昭公二十三年》)

㉓夏，楚公子庆、公孙宽追越师，至冥，不及，乃还。(《左传·哀公十九年》)

㉔今大国多数圻矣! 若无侵小，何以至焉? (《左传·襄公二十五年》)

"至+O"式也有一个和"至+于+O"式相类似的虚化过程。不同的是，"至+O"式中，"至"后不必再用介词"于"引进宾语，而是直接带上了宾语，因为

"至"的基本意义是"到达"，语义中蕴含有"目的处所"，因此，直接带上目的处所宾语是自然而然的事。在我们调查的先秦典籍中，"到达"义的"至"和"达到极点"义的"至"的用例已经没有显著的频率上的区别：《论语》中，"到达"义的"至"有9例，占《论语》所有用例的47.37%，"至+O"1例，占5.26%；《左传》中，"到达"义的"至"、"达到极点"义的"至"共179例，占《左传》所有用例的43.88%，"至+O"10例，占2.45%。说明此时期"至"后如果带宾语常常需要用介词引进。《论语》和《左传》"到达"义的"至"用法的不同，主要是介词不同，《论语》中常用"于"，其后的宾语主要是目的处所宾语，《左传》中常用"自"，其后的宾语主要是起点处所宾语。

"自/从/由+O_1+至（于）+O_2"，这种格式主要表示空间或时间的位移："自/从/由"后的O_1表示位移的原点，"至（于）"后的O_2表示位移的终点。这种格式在《左传》中有17例，占其"至"的所有用例的4.17%。例如：

㉕齐国庄子来聘，自郊劳至于赠贿，礼成而加之以敏。（《左传·僖公三十三年》）

㉖自是至今，亦皆循之。（《左传·襄公二十八年》）

㉗自命夫、命妇，至于老疾，无不受冰。（《左传·昭公四年》）

2）单用作定语

"至"单用作定语，一般修饰抽象名词，意思是"最高的（最好的）"等。例如：

①泰伯，其可谓至德也已矣。（《论语·泰伯篇》）

2. "至"用在连动式中

1）用在连动式第一个动词位置上

第一，"至+（于）+（而）+V"格式：

①事至而战，又何谒焉？（《左传·桓公十七年》）

②公孙敖如京师，不至而复。（《左传·文公八年》）

"至"和V表示先后发生的两个动作，二者之间常有"而"连接，"至"的位移意义比较实在，"至"是句中的主要动词。

第二，"至+（于）+$O_处$+V"格式：

③夏六月，公子遂如齐，至黄乃复。（《左传·宣公八年》）

④子冯、公子格率锐师侵费滑、胥靡、献于、雍梁，右回梅山，侵郑东北，至于虫牢而反。（《左传·襄公十八年》）

"至"和V表示先后发生的两个动作，二者之间常有"而"连接，"至"的

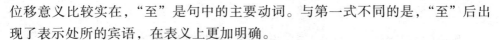

位移意义比较实在，"至"是句中的主要动词。与第一式不同的是，"至"后出现了表示处所的宾语，在表义上更加明确。

第三，"至+（于）+O时+V"格式：

⑤ 我诸戎除翦其荆棘，驱其狐狸豺狼，以为先君不侵不叛之臣，至于今不贰。（《左传·襄公十四年》）

⑥ 齐有仲孙之难而获桓公，至今赖之。（《左传·昭公四年》）

"至"和V表示先后发生的两个动作，二者之间常有"而"连接，"至"的位移意义还保留，"至"是句中的主要动词。"至"后的宾语为时间词，说明"至"的位移意义已经由具体的空间位移虚化为时间位移。

第四，"至+（于）+O₁+V+O₂"格式：

⑦ 还自郑，壬申，至于狸脤而占之。（《左传·成公十七年》）

"至"和V后分别带不同的宾语，"至"和V表示先后发生的两个动作。

2）用在连动式第二个动词位置上

第一，"V+至"格式：

① 诸侯唯宋事晋，好逆其使，犹惧不至。（《左传·定公八年》）

② 期，期而不至，无赦。（《左传·僖公二十三年》）

V和"至"表示先后发生的两个动作，"至"是实义动词。

第二，"V+O+至"格式：

③ 叔武将沐，闻君至，喜，捉发走出，前驱射而杀之。（《左传·僖公二十八年》）

④ 甲寅，晋荀盈从赵武至。（《左传·襄公二十七年》）

O是V的宾语，V和"至"表示先后发生的两个动作，"至"是实义动词。

第三，"V+O₁+（以）+至+（于）+O₂"格式：

⑤ 齐崔杼使大子光先至于师，故长于滕。（《左传·襄公十年》）

⑥ 左尹郤宛、工尹寿帅师至于潜，吴师不能退。（《左传·昭公二十七年》）

V和"至"分别带不同的宾语，二者分别表示不同的动作行为，"至"是实义动词。

总体来说，先秦时期的"至"主要是单用，《论语》中没有见到"至"用于连动式的用例，《左传》中有43例，占《左传》所有用例的10.54%，而且句子结构一般比较简单，可见，用于连动式还不是"至"的主要用法。而且连动式中的"至"的意义还很实在，"至"前还有副词或连词等修饰语，说明"至"还是作谓语的趋向动词，没有虚化成作补语的趋向动词。

（二）汉代的"至"

相比较先秦而言，汉代"至"有三个比较显著的变化。

1."至"后直接带宾语，即"至+O"格式，取代了"至+于+O"格式，成为"至"单用带宾语时的主要格式

《左传》中，"至+于/自+O"格式有179例，占《左传》"至"的所有用例的43.88%，"至+O"格式有10例，占《左传》"至"的所有用例的2.45%；而《史记》中"至+于/自+O"格式有208例，占《史记》"至"的所有用例的10.52%，而"至+O"格式有808例，占《史记》"至"的所有用例的40.85%。说明"至"已经由先秦基本不直接带宾语变为直接带宾语。例如：

① 西伯既卒，周武王之东伐，至盟津，诸侯叛殷会周者八百。（《史记·殷本纪》）

② 武王至商国，商国百姓咸待于郊。 （《史记·周本纪》）

③ 至孝惠帝时，唯独长沙全，禅五世，以无，竟无过，为藩守职，信矣。（《史记·惠景间侯者年表》）

④ 至元朔元年，郢人昆弟复上书具言定国阴事，以此发觉。（《史记·荆燕世家》）

⑤ 贪于权势至如此，未可为求仙药。（《史记·秦始皇本纪》）

《史记》中，"至"后直接带的宾语，可以是处所宾语，"至"表示具体的空间位移，如例①、例②等；也可以是时间宾语，"至"表示相对抽象的时间位移，如例③、例④；还可以是表示程度等的代词，"至"表示更加抽象的"到（某种程度或地步）"，如例⑤。

2. 部分"至（+于）+O"中的"至"虚化为表示"另提一事"的连词

无论是"至+O"还是"至+于+O"，都可以通过认知的作用，将"从某处到某处"表示空间位移的意义，投射到表示事件的转换这样一个领域，因为事件的转换和空间位置的变化具有相似性。因此，"至"便可以表示"另提一事"的意思了，即"到达某处"→"另提一事"。例如：

① 夫贤主所作，固非浅闻者所能知，非博闻强记君子者所不能究竟其意。至其次序分绝，文字之上下，简之参差长短，皆有意，人莫之能知。（《史记·三王世家》）

② 今自张骞使大夏之后也，穷河源，恶睹本纪所谓仑者乎？故言九州山川，《尚书》近之矣。至《禹本纪》《山海经》所有怪物，余不敢言之也。（《史记·大

宛列传》)

③项王为人，恭敬爱人，士之廉节好礼者多归之。至于行功爵邑，重之，士亦以此不附。(《史记·陈丞相世家》)

④文帝曰："嗟乎，此真将军矣! 曩者霸上、棘门军，若儿戏耳，其将固可袭而虏也。至于亚夫，可得而犯邪!"(《史记·绛侯周勃世家》)

"至(+于)+O"之前的句子或分句说的是一件事或一种意思，之后的句子或分句说的是另一件事或另一种意思，"至"起话语衔接连词的作用。

3. "至+形容词"格式中，"至"作状语，表示"最、非常、极"等意思

①汉兴，至孝文四十有余载，德至盛也。(《史记·孝文本纪》)

②楚将子玉怒曰："王遇晋公子至厚，今重耳言不孙，请杀之。"(《史记·晋世家》)

③子贡曰："夫子之道至大也，故天下莫能容夫子。夫子盖少贬焉?"(《史记·孔子世家》)

④吕太后崩，大臣诛诸吕，辟阳侯于诸吕至深，而卒不诛。(《史记·郦生陆贾列传》)

4. "至"的连动式用法得到极大发展

"至"用于连动式中，不仅在数量上更多，而且类型上也更丰富。这与汉语连动式的整体发展状况相吻合。《史记》中，"至"的连动式用法有402，占《史记》所有"至"的用例的 20.32%，大大高于《左传》的 10.54%。《史记》中的连动式除了沿用《左传》中的格式外，还出现了几种新的、更复杂的格式。

第一，"至+V+O"格式：

①余以为其人计魁梧奇伟，至见其图，状貌如妇人好女。(《史记·留侯世家》)

第二，"V+至+(于)+O"格式：

②行未至彭城，疽发背而死。(《史记·项羽本纪》)

连动式中，与"至"连用的 V 带上了 O，表义更明确。

第三，"V_1+O_1+至(于)+(O_2)+V_3+(O_3)"格式：

③且吾所以还军霸上，待诸侯至而定约束耳。(《史记·高祖本纪》)

④齐王曰："善。"乃使人至境候秦使。(《史记·孟尝君列传》)

第四，"V_1+(O_1)+V_2+至+(O_2)"格式：

⑤秦将王翦破赵，虏赵王，尽收入其地，进兵北略地至燕南界。(《史记·刺客列传》)

⑥ 南海僻远，吾恐盗兵侵地至此，吾欲兴兵绝新道，自备，待诸侯变，会病甚。（《史记·南越列传》）

用于连动式中的"至"格式越来越复杂，表义也越来越丰富、精确。

5.《史记》中连动式中的"至"，有的已经开始发展成趋向补语

第一，"V+至+O"格式：

① 五年，王游至北河。（《史记·秦本纪》）

② 十一月，行至云梦，望祀虞舜于九疑山。（《史记·秦始皇本纪》）

③ 廉颇送至境，与王诀。（《史记·廉颇蔺相如列传》）

④ 郁成王亡走康居，桀追至康居。（《史记·大宛列传》）

第二，"V_1+至+O_1+V_2"格式：

⑤ 二十六年，晋率诸侯伐秦，秦军败走，追至泾而还。（《史记·秦本纪》）

⑥ 当小市西入里，里门闭，暴开门，乘舆直入此里，通至金氏门外止。（《史记·外戚世家》）

⑦ 数召至前谈语，人主未尝不说也。（《史记·滑稽列传》）

6. 出现了较多含"至"的合成词，如"及至""比至""至如""至若""乃至（于）""以至（于）""所至"

其中，"及至""比至"是同义复合，意思是"到""等到"。例如：

① 及至厉王，以恶闻其过，公卿惧诛而祸作，厉王遂奔于彘，乱自京师始，而共和行政焉。（《史记·十二诸侯年表》）

② 毛遂比至楚，与十九人论议，十九人皆服。（《史记·平原君虞卿列传》）

"所至"是"至"加上名词性前缀变成名词性附加词，表示"到的处所"。例如：

③ 于是分沟割燕君所至与燕，命燕君复修召公之政，纳贡于周，如成康之时。（《史记·齐太公世家》）

④ 骞身所至者大宛、大月氏、大夏、康居，而传闻其旁大国五六，具为天子言之。（《史记·大宛列传》）

"至如""至若"相当于"至于"，表示另提一事，起到话题衔接的作用。例如：

⑤ 今诸君徒能得走兽耳，功狗也。至如萧何，发踪指示，功人也。（《史记·萧相国世家》）

⑥ 然此十人中，其廉者足以为仪表，其污者足以为戒，方略教导，禁奸止邪，一切亦皆彬彬质有其文武焉。虽惨酷，斯称其位矣。至若蜀守冯当暴挫，

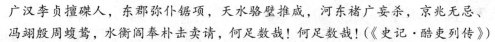

广汉李贞擅磔人，东郡弥仆锯项，天水骆璧推成，河东褚广妄杀，京兆无忌、冯翊殷周蝮鸷，水衡阎奉朴击卖请，何足数哉！何足数哉！（《史记·酷吏列传》）

"乃至（于）""以至于"的意思是"直到"，表示在时间、程度、范围、数量上的延伸，或表示由于上文所说的情况，引出了下文的结果。例如：

⑦ 自五帝以至秦，轶兴轶衰，名山大川或在诸侯，或在天子，其礼损益世殊，不可胜记。（《史记·封禅书》）

⑧ 自常山以至代、上党，东有燕、东胡之境，而西有楼烦、秦、韩之边，今无骑射之备。（《史记·赵世家》）

⑨ 吴娃死，爱弛，怜故太子，欲两王之，犹豫未决，故乱起，以至父子俱死，为天下笑，岂不痛乎！（《史记·赵世家》）

⑩ 于是舜乃至于文祖，谋于四岳，辟四门，明通四方耳目，命十二牧论帝德，行厚德，远佞人，则蛮夷率服。（《史记·五帝本纪》）

⑪ 二世入内，谓曰："公何不蚤告我？乃至于此！"（《史记·秦始皇本纪》）

例⑦表示时间的延伸，例⑧、例⑩表示范围的延伸，例⑨、例⑪表示程度上的延伸。

魏晋南北朝时期，"至"主要沿用前代的用法，没有多大发展。

（三）唐宋元明清时期的"至"

唐、宋、元明清时期的"至"，还是大体沿用前代的用法，不过有使用频率上的变化，值得注意。

一是"至"单用作谓语（不带宾语）的比例大大降低。

《敦煌变文集》中，"至"单独作谓语（不带宾语）的用例有43例，占《敦煌变文集》的"至"所有用例的8.32%，远远低于《论语》26.32%、《左传》35.29%、《史记》14.36%、《世说新语》63.55%的比例。说明至迟从唐代始，"至"单独作谓语（不带宾语）的用法大大减少，"至"或者带上了宾语，或者用于连动式中，或者与其他语素复合成词。

二是连动式第二个动词位置上"至"的变化。

位于连动式第二个动词位置上的"至"比例从唐五代开始一直到明清时期都显著增大，但到现代汉语中几乎见不到"至"在连动式第二个动词位置上的用例。这说明"至"曾经一度向趋向补语发展，但到现代汉语时期基本衰退。具体比例见表3.1。

三是"至+于+O"格式的变化。

"至+于+O$_处$""至+于+O$_时$"的用法逐渐衰微，"至+于+O$_程度$"的用法变化不大，而"至+于+O_另提一事"的用法则逐渐增多，并在《红楼梦》中超过"至+于+O_处"的比例，在《骆驼祥子》中，我们没有检索到"至+于+O_处"的用例，而"至+于+O_另提一事"则有 4 例，占《骆驼祥子》"至"的所有用例的 4.95%。与此相反的是"至+O_处"的出现频率一直比较高，而"至+O_另提一事"却很少见到。

表 3.1　连动式第二个动词位置上"至"的变化

至	论语	左传	史记	世说	敦煌	景德	西游	红楼	祥子
"至"在连动式第二个动词位置上出现的次数	0	19	256	8	151	107	164	333	0
"至"出现的总次数	19	408	1978	203	517	524	651	825	81
比例（%）	0	4.66	12.94	3.94	29.21	20.42	25.19	40.36	0

三是"至+于+O"格式的变化。

"至+于+O_处""至+于+O_时"的用法逐渐衰微，"至+于+O_程度"的用法变化不大，而"至+于+O_另提一事"的用法则逐渐增多，并在《红楼梦》中超过"至+于+O_处"的比例，在《骆驼祥子》中，我们没有检索到"至+于+O_处"的用例，而"至+于+O_另提一事"则有 4 例，占《骆驼祥子》"至"的所有用例的 4.95%。与此相反的是"至+O_处"的出现频率一直比较高，而"至+O_另提一事"却很少见到。

四是表示时间、程度、范围、数量延伸的"乃至（于）"和"甚至（于）"在使用频率上的变化。

"乃至（于）"在《敦煌变文集》《景德传灯录》中用例较多，分别为 7 例和 20 例，到《西游记》《红楼梦》中用例就比较少了，分别只有 3 例和 2 例；相反的是"甚至（于）"在《敦煌变文集》《景德传灯录》《西游记》中均未检索到，但在《红楼梦》中检索到 28 例，占《红楼梦》"至"所有用例的 3.39%，《骆驼祥子》中有 13 例，占到了"至"所有用例的 16.06%。这说明从《红楼梦》时期开始，表示时间、程度、范围、数量延伸的"甚至（于）"已经基本取代了"乃至（于）"，发生了词语的替换。

二、话语衔接词"至于（至如、至若）""甚至"的产生

前面我们考察了"至"的历时演变过程，我们发现，"至"有两条发展演变的轨迹：作谓语的趋向动词→作补语的趋向动词；单独或与其他词语组合作谓语的趋向动词→副词→连词。那么，这样的演变是在怎样的句法环境和语义条

件下实现的呢？

关于"至"从作谓语的趋向动词向作补语的趋向动词的虚化，主要是由于位于连动式第二个动词位置上的"至"语义虚化，与"到、往"等虚化的条件大致相同，这一变化大致是在汉代开始的。在此，我们不做详细的论述，只举几个虚化后的例子。

①晋赵盾欲立之，使随会来迎雍，秦以兵送至令狐。(《史记·秦本纪》)

②在道失路乃昏迷，不觉行由来至此。(《敦煌变文集·伍子胥变文》)

③语已，即以右手擎金钵举至梵宫。(《景德传灯录·卷二》)

④好猴王，跳至桥头，使一个闭水法，捻着诀，扑的钻入波中，分开水路，径入东洋海底。(《西游记》第三回)

⑤士隐见女儿越发生得粉妆玉琢，乖觉可喜，便伸手接来，抱在怀内，逗他顽耍一回，又带至街前，看那过会的热闹。(《红楼梦》第一回)

我们着重关注一下"至"是怎样由单独或与其他词语组合作谓语的趋向动词演变为程度副词，最后演变成话语衔接连词的。

先看单独作谓语的"至"是怎样演变成副词的。

"至"本身是个及物动词，本义是"从某处到达某处"，"至"后可以自然地带上处所宾语。"至"从趋向动词演变为程度副词，关键在于与之搭配的宾语类型的变化。先秦时期，与"至"搭配的宾语均为体词，可以是处所名词、时间名词、代词等，这时，"至"还是趋向动词。例如：

⑥夫子至于是邦也，必闻其政。(《论语·学而篇》)

⑦晋公子，姬出也，而至于今，一也。(《左传·僖公二十三年》)

例⑥后的宾语"邦"是处所名词，表示施事到达的空间位置，"至"的具体位移意义非常明显；例⑦后的宾语"今"是时间名词，表示施事到达的时间位置，"至"的具体位移意义虽有所弱化，但还是能表示抽象的位移意义，这两种用法中的"至"都还是趋向动词。

但当与"至"搭配的宾语变为谓词性的，而且语义的重心落在后一词语上时，"至"的动词性就有可能减弱，从而演变成程度副词，这一变化大概出现在汉代。例如：

⑧汉兴，至孝文四十有余载，德至盛也。(《史记·孝文本纪》)

⑨楚将子玉怒曰："王遇晋公子至厚，今重耳言不孙，请杀之。"(《史记·晋世家》)

从历时的考察我们发现，"至"在起话语连接作用时主要是与"于""甚"组合成词使用。

（一）话语衔接连词"至于"的产生

由于"于"在很早的时候就已经虚化，据学者的考察，"于"在甲骨文中即虚化为介词（详见郭锡良 1997，2005，时兵 2003，梅祖麟 2004），因此"于"就有可能附在别的词语后面与别的词语组合成新词，历时语料显示有大量的"至于"。对于这类词语，学界有过专门的论述：杨锡彭认为，"这类'X于'构造的合成词，在古汉语中是两个词，后来由于汉语语音节律的制约而词化。这种词化导致了句法结构的变化，即由"动词/形容词+（于十名词或名词短语）"变成了"（X于）十名词或名词短语/动词或动词短语"。①不管合成词"X于"的词根是动词性的还是形容词性的，从构成的词的整体语法功能来看，都是动词性的。马真、陆俭明在《"名词+动词"词语串研究》一文中提到的"企图类"动词包括"易于、敢于、宜于、在于"等，"成为类"动词包括"处于、位于、属于"等，并指出这类动词"绝对不能单独跟名词构成主谓关系"。②杨锡彭也列举了一系列"X于"格式的动词，称它们为"黏宾动词"。认为"于"作为构词要素有以下作用："与另一个黏着语素构成新词，如'介于、疲于'；与另一自由语素构成一个新词，如'大于、高于'；改变动词次范畴，使一些能够单说的自由动词变成了黏宾动词，如'陷于、敢于'，作为汉语词汇双音化的手段"。③

"至于"在先秦典籍《论语》中即可见到，它带宾语时，主要是处所宾语，这时的"至于"还是动词性的。例如：

① 夫子至于是邦也，必闻其政。（《论语·学而篇》）

② 有澹台灭明者，行不由径，非公事，未尝至于偃之室也。（《论语·雍也篇》）

但在《史记》中，"至于"后带上表人/事的名词宾语，构成"至+于+O$_{人/事}$"，这类句式中的"至于"既可以分析为动词性的"到"，也可以看作是另起一个话题，因为《史记》中，"至+于+O$_{人/事}$"出现的时候，大部分前面有"自……"结构，构成"自……，至+于+O$_{人/事}$"，在《史记》中也有不出现"自……"结构的，"自……"的消失，为"至于"演变成话语衔接词提供了句法上的条件。例如：

③ 自黄帝至舜、禹，皆同姓而异其国号，以章明德。（《史记·五帝本纪》）

④ 孔子因史文次春秋，纪元年，正时日月，盖其详哉。至于序尚书则略，无年月；或颇有，然多阙，不可录。（《史记·三代世表》）

---

① 杨锡彭：《汉语语素论》，南京大学出版社 2003 年版，第 164 页。

② 马真、陆俭明：《"名词+动词"词语串浅析》，载《中国语文》1996 年第 3 期，第 183-188 页。

③ 杨锡彭：《汉语语素论》，南京大学出版社 2003 年版，第 260 页。

例⑤ "至+于+O_{人/事}" 前有"自……"结构，"自……至……"表示的是时间的推移，显示出"自……至……"的连续性，"至"还可以看作是动词性成分，而例④没有了"自……"结构，前后提到的事情没有了时间或其他方面的连续性，而"至"语义中本身含有的"到达某处"所表达的空间转换可以通过隐喻转指事件、话题的转换，因此，"至于"就可以充当话语衔接连词了。

"至于"的这种用法在宋代就很常见了。例如：

⑥ 常又问会中耆德曰："尝见祖图，或引五十余祖。至于支派差殊，宗族不定。或但有空名者。以何为验。"（《景德传灯录》卷三）

⑦ 这是说天地无心处。且如"四时行，百物生"，天地何所容心？至于圣人，则顺理而已，复何为哉！（《朱子语类·理气上》）

后世沿用"至于"的这一用法。

（二）话语衔接连词"甚至"的产生

"甚至"连用，大约在汉代就已经出现，但还是作为一个短语用，意思是"大至""甚而至于"等。例如：

① 孔子葬母于防，既而雨甚至，防墓崩。（《论衡·论死篇》）

"甚至"大约在魏晋南北朝时期凝固成程度副词。此时，作为程度副词的"甚至"一般用在动词之后，所修饰的动词一般为简单的形式。"甚至"表示的是"到达极点"的意思。例如：

② 镇西谢尚所乘马忽死，忧恼甚至。（《搜神记》卷二）

大约在宋代，"甚至"的位置开始从动词后移到了动词前，与之搭配的成分也逐渐复杂化，出现了小句形式，"甚至"开始向表示递进的连词发展。例如：

③ 晋天福之末，天下大蝗，连岁不解。行则地，起则蔽天。禾稼草木，赤地无遗。其蝻之也，流引无数，甚至浮河越岭，逾池渡堑，如履地。（《太平广记》卷四七九）

这种用法在清代得到进一步发展，用例大量增加。例如：

④ 想父母在家，若只管思念女儿，竟不能见，倘因此成疾致病，甚至死亡，皆由朕躬禁锢，不能使其遂天伦之愿，亦大伤天和之事。（《红楼梦》第十六回）

⑤ 如今这两首虽无考，凡说书唱戏，甚至于求的签上皆有注批，老小男女，俗语口头，人人皆知皆说的。（《红楼梦》第五十一回）

"甚至"在由动词向副词、连词演变的过程中，虽然语法功能发生了很大的变化，语义也随之发生了变化，但"甚至"最初的语义中所蕴含的表示程度高、强度大的意思还是保留了，因此，会演变成表程度的副词和表示强调的递进连词。可见，在词语的语法化过程中，基本的义素往往会保留下来，这就是语法化过程中的"语义滞留"现象，它往往会对词语的语法化方向产生一定的影响。

第三节　"到"的历时演变

一、"到"的历时演变过程

（一）先秦时期的"到"

先秦时期的"到"，主要是单独作谓语，可以用于以下格式中。

第一，"（S+）到"格式：

① 蹶父孔武，靡国不到。（《诗经·大雅·荡之什》）

第二，"到+O处所"格式：

② 寡人无良，边垂之臣，以干天祸，是以使君王沛焉，辱到敝邑。（《公羊传·宣公十二年》）

第三，"到+于+O时间+V"格式：

③ 管仲相桓公，霸诸侯，一匡天下，民到于今受其赐。（《论语·宪问篇》）

④ 伯夷、叔齐饿于首阳之下，民到于今称之。（《论语·季氏篇》）

以上三种格式中的"到"都是表示"到达"的实义动词。"到"的词义中蕴含着"位移""目的地"两个义素。表示"到达"义的趋向义动词"到"，其最自然的语义联系就是目的地处所了，因此，除了不必说明或前后文已提及处所的情况外，"到"后可以而且经常性地带上了O处所，如例②。例①中的"到"后没有出现处所宾语，但它前面出现的"国"就是"到"的处所。例③、例④中出现了"到"后的O为时间词的情况，是由于隐喻的作用，将空间域投射到时间域。Anderson & Lyons曾指出："语言中表示空间的词是最基本的，它们是派生其他词语的基础。派生是通过隐喻或引申从空间这个认知域转移到其他认知域，如时间域、目的域等等。"[1]但这时的"到"依然是实义动词，这可以从"到"后的"于"体现出来，"于"为介词，介引动作涉及的时间，"于"前的"到"只能是动词，因为汉语中不可能出现有两个介词而没有动词的情况。当然，后面带时间词的"到"在语义上比较起带处所宾语的"到"的动作意味更弱化了。

---

① 转引自沈家煊：《"语法化"研究综观》，载《外语教学与研究》1994年第4期，第18页。

（二）汉代的"到"

汉代"到"的用法大体延续了先秦时期"到"的用法，主要是单独用在句中作谓语。例如：

①高祖以亭长为县送徒郦山，徒多道亡。自度比至皆亡之，到丰西泽中，止饮，夜乃解纵所送徒。（《史记·高祖本纪》）

②赵相徵至长安，乃使人复召赵王。王来，未到。（《史记·吕太后本纪》）

此期也出现了一些新的用法和格式：

1. 单用的"到"，出现了："到+O$_{时间}$"

③十二渠经绝驰道，到汉之立，而长吏以为十二渠桥绝驰道，相比近，不可。（《史记·滑稽列传》）

④到其四月，昌邑王贺行淫辟，立二十七日，大将军霍光白皇太后废贺。（《汉书·天文志》）

汉代，"到"直接带上了时间词，介词"于"不出现在时间词之前介引时间词，这是汉代与先秦时期在用法上的一个显著区别。何乐士在总结《史记》的语法特点的时候曾经指出："在 D（D 表示动词，引者注）后的修饰语有三种：部分'介宾'短语，……部分不由介词引进的表处所、对象、时间……的补语；结果、趋向、程度补语。……在后者主要表示与动作行为有关的处所（所在之地或所到之地）的结果，其次表示动作行为的工具、方法、与动作有关的原因或时间等，还有比较的对象和被动行为的施动者。"[1]

"到+O$_{时间}$"的用法在《史记》中有 2 例，《汉书》有 7 例，呈现出逐渐增多的趋势，以前由介词"于"介引的时间名词直接地用在了动词"到"之后，反映了"到"的空间位移意义已经有所虚化。

2."到"出现在连动式第一个动词位置上

"到"出现在连动式第一个动词位置上，有以下几种格式。

第一，"到+O$_{处所}$+以+V"格式：

①愿得自当一队，到兰干山南以分单于兵，毋令专乡贰师军。（《汉书·李广苏建传》）

第二，"到+而+V"格式：

②参之国，上书愿至中山见王、太后。行未到而王薨。（《汉书·冯奉世传》）

第三，"到+O$_{时间}$（+而）+V"格式：

---

[1] 何乐士：《〈史记〉语法特点研究》，商务印书馆 2005 年版，第 261-262 页。

③ 汉家常以正月上辛祠太一甘泉，以昏时夜祠，到明而终。(《史记·乐书》)

④ 到秋马肥，变必起矣。(《汉书·赵充国辛庆忌传》)

此期，"到"与 V 之间常有表承接的"以/而"，或者"到"后带有处所宾语，与之共现的 V 均为非位移动词，因此，"到"是表"到达某个处所位置或时间位置"的实义动词。汉代，用在连动式第一个动词位置上的"到"用例很少，《史记》中仅上述 1 例，《汉书》仅 6 例。

3. "到"常出现在连动式第二个动词位置上

"到"出现在连动式第二个动词的位置上，有以下几种格式。

第一，"$N_{施1}$+V+$N_{施2}$+到"格式：

① 匈奴遮狭绝道，陵食乏而救兵不到，虏急击招降陵。(《史记·李将军列传》)

第二，"V+（$O_{受事}$）+到+（$O_{处所}$）"格式：

② 以骑渡河南，送汉王到雒阳，使北迎相国韩信军于邯郸。(《史记·樊郦滕灌列传》)

③ 有倾，广汉将吏到家，自立庭下，使长安丞龚奢叩堂户晓贼。(《汉书·赵尹韩张两王传》)

④ 豹往到邺，会长老，问之民所疾苦。(《史记·滑稽列传》)

⑤ 后五年，始皇南至湘山，遂登会稽，并海上，几遇海中三神山之奇药。不得，还到沙丘崩。(《汉书·郊祀志上》)

第三，"V+到+$O_{时间}$"格式：

⑥ 遂散六国之从，使之西面事秦，功施到今。(《史记·李斯列传》)

第四，"V+到+$O_{表某种地步}$"格式：

⑦ 孝文曰："朕能任衣冠，念不到此。"(《史记·律书》)

此期，用在连动式第二个动词位置上的"到"所出现的几种格式，应该有一个先后顺序："到"先是作为动作性很强的实义动词用在并列式的双动词结构中，V 和"到"有不同的施事，即第一式中，然后是表示先后两个动作的第二式，由于隐喻的作用，"到"后的 O 可由空间位置投射到时间位置，就产生了第三式，又由于"到"的语义中蕴含"目的地"义素，当"目的地"义素由具体的空间或时间位置虚化为抽象意义上的某种程度或某种地步时，就产生了第四式。"到"的虚化就处在这样一个连续统中。这时，连动式中的 V 和"到"还是表示先后发生的两个动作，"到"还有比较实在的位移义。因此，这时位于连动式第二个动词上的"到"还正处在向趋向补语虚化的过程中，还不能看作是真正的趋向补语。

（三）魏晋南北朝时期的"到"

魏晋南北朝时期的"到"，在用法上大致与前代相同，不过细究起来，还是发生了一个很有意义的变化，就是"到"在用于连动式第一个动词时，与之相搭配的 V 出现了位移动词"来"的用例。例如：

① 父母诸弟，衰绖到来迎丧。（《搜神记》卷十七）

例①中的"到"后出现了"来"，可以看作是"到"后的处所宾语省略了，因为在词句的上文中已经明确标示了（即南阳延叔坚处）。

（四）唐五代时期的"到"

唐代的"到"在用法上与前代相比，有了比较大的发展，表现在：

1. 单用的"到"，出现了新的用法

第一，"到+得+O$_{处所}$"格式：

① 到得南岸，应是舟船，溺在水中。（《敦煌变文集·韩擒虎话本》）

第二，"到+如斯（此）"格式：

② "阿孃何必到如斯，盖是逆儿行事拙。（《敦煌变文集·汉将王陵变》）

③ 若说娇奢，谁人到此！（《敦煌变文集·妙法莲华经讲经文（一）》）

第三，"到+O$_{受事}$"格式：

④ 日日不备欢乐，次弟渐到王郎，排备酒馔。（《敦煌变文集·金刚丑女因缘》）

2. "到"在连动式第一个动词的位置上，出现了几种新格式

第一，"到+O$_{处所}$+来/去"格式：

① 大王屈请圣仙才，侵晨便到门守（首）来。（《敦煌变文集·八相变（一）》）

② 广政十年八月九日在西川静真禅院写此弟廿卷文书，恰遇抵黑书了，不知如何得到乡地去。（《敦煌变文集·维摩诘经讲经文（四）》）

第二，"到+来+O$_{处所}$"格式：

③ 斋了到来寺门前，钵盂扑碎街头卧。（《敦煌变文集·佛说阿弥陀经讲经文（二）》）

第三，"到+O$_{处所}$+V+去"格式：

④ 佛与难陀曰："共汝暂到地狱看去，来便与汝剃头不迟。"（《敦煌变文集·难陀出家缘起》）

3. "到"在连动式第二个动词的位置上，出现了几种新格式

第一，"V$_1$+到+O$_{处所}$+（而）+V$_3$"格式：

①走到下坡而憩歇，重整戈牟问大臣。(《敦煌变文集·捉季布传文》)

②归到壁前看季布，面如土色结眉频。(《敦煌变文·捉季布传文》)

第二，"V₁+到+O_{受事}+V₃"格式

催子玉奏曰："二太子在来多时，频通款状，苦请追取陛下。□□称诉冤屈，词状颇切，所以追到陛下对直。"(《敦煌变文集·唐太宗入冥记》)

4."到"还出现在第三个动词的位置上

第一，"V₁（+O_{受事}）+V₂+到（+O_{处所}）"格式：

①有人言某村、某聚落，有一处士名医，急令人召到，便令候脉。(《敦煌变文集·维摩诘经讲经文（三）》)

②皇帝闻说，大悦龙颜，遂诏宰相，速令引到。(《敦煌变文集·金刚丑女因缘》)

③须臾白庄领诸徒党来到寺下，于是白庄捕（布）阵于其横岭。(《敦煌变文集·庐山远公话》)

④便将太子入到龙城，敕下宫人，严持侍养。(《敦煌变文集·太子成道变文（三）》)

唐代的"到"，有两种主要用法：一是单用作谓语。单用作谓语的"到"，出现了后加"如此"和受事的情况，表明"到"的位移意义进一步虚化。二是用在连动式中。出现了大量的和"来、去、入"等位移动词或"走、召、引"之类的使致位移动词搭配的用例，使"到"的位移意义有可能发生虚化。当"到"后出现处所宾语时，"到"作前一动词的趋向义趋向补语；当"到"后没有出现处所宾语时，"到"可作前一动词的结果义趋向补语。

五代时的用法与唐代差不多，只是"到来""来到""去到"连用的情况较多。例如：

⑤有康、德二僧来到院，在路上遇师看牛次，其僧不识。(《祖堂集》卷九)

⑥师便去到南岳让和尚处。(《祖堂集》卷四)

⑦沩山教仰山探石室，仰山去到石室。(《祖堂集》卷五)

⑧维那白和尚云："有个后生到来，暂礼和尚，不宿。"(《祖堂集》卷七)

（五）宋代的"到"

宋代的"到"，在用法上有两个新的发展。

第一，"到"与"得"连用的情况显著增加。

①且如四时，到得冬月，万物都归窠了；若不生，来年便都息了。(《朱子语类·理气上》)

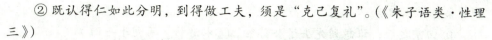

② 既认得仁如此分明，到得做工夫，须是"克己复礼"。(《朱子语类·性理三》)

第二，"到"与"想""思量""看"之类的表示主/客观感觉的动词连用，表达一种主/客观的结果。

③ 想到第九重，只成硬壳相似，那里转得又愈紧矣。(《朱子语类·理气下》)

④ 人只是不思量到这里，所以追感之诚不至也。(《朱子语类·论语四》)

⑤ 以是察人，是节节看到心术隐微处，最是难事。(《朱子语类·论语六》)

⑥ 理会这一件，也看到极处；理会那一件，也看到极处，便都自见得。(《朱子语类·性理三》)

前代的"到"用在动词后作趋向义趋向补语或结果义趋向补语时，句中与"到"搭配的动词为位移动词或致使位移动词，并且其后所带的宾语均为处所宾语，"到"的意义表示由位移动词或致使位移动词带来的趋向或结果。而宋代的"到"与表主/客观感受的动词连用，其后所带的宾语也不是处所宾语，"到"的客观位移意义进一步虚化。

(六)元明清时期的"到"

元明清时代的"到"，在"来到""到来""去到""到去"连用的情况和表示主/客观结果的"到"(与"看""听""想"等感觉动词连用)的情况大大增加。例如：

① 夜宿邮亭，朝行驿站，远程近接，渴饮饥餐，不止一日，来到江西信州。(《水浒传》第一回)

② 说话之间，已来到了天香楼的后门，见宝玉和一群丫头们在那里玩呢。(《红楼梦》第十一回)

③ 朝中今上仁宗天子，差个洪太尉，赍擎丹诏御香，到来山中，宣我往东京做三千六百分罗天大醮，祈禳天下瘟疫。(《水浒传》第一回)

④ 先是贾琏，贾蔷到来，先看了各处的座位，并问："有什么顽意儿没有？"(《红楼梦》第十一回)

⑤ 制使若有心落草时，到去那里入伙，足可安身。(《水浒传》第十七回)

⑥ 等我去到东府瞧瞧我们珍大奶奶，再向秦钟他姐姐说说，叫他评评这个理。(《红楼梦》第十回)

⑦ 鲁提辖正看到那里，只听得背后一个人大叫道："张大哥，你如何在这里！"拦腰抱住，直扯近县前来。(《水浒传》第三回)

⑧ 眼前道路无经纬，皮里春秋空黑黄。看到这里，众人不禁叫绝。(《红楼

梦》第三十八回）

⑨ 回京之后，谁想到先去了公孙胜。(《水浒传》第九十一回）

⑩ 况且如今又没个好大夫，我想到他这病上，我心里倒像针扎似的。(《红楼梦》第十回）

现代汉语中，"来到"还经常连用，"去到""到去"已不大能连用，"到来"连用时的语用意义已与"来到"有分工。"到来"一般用于比较正式的场合，而"来到"用于一般的场合。"到"与感觉、认知动词的搭配范围进一步扩大，出现了诸如"感到、体会到、认识到"之类的用法。例如：

⑪ 春雨不一定顺着人民的盼望而降落，可是战争不管有没有人盼望总会来到。(《骆驼祥子》）

⑫ 他不会在身上作些彩，去到庙会上乞钱，因为没受过传授，不晓得怎么把他身上的疮化装成动人的不幸。(《骆驼祥子》）

⑬ 这一些是以前决没想到自己能与洋车发生关系，而到了生和死的界限已经不甚分明，才抄起车把来的。(《骆驼祥子》）

⑭ 祥子，听到自己的名字，赶了出来，立在小福子的身后。(《骆驼祥子》）

⑮ 一眼便看到新街口，道路是那么宽，那么直，他的眼发了光，和东边的屋顶上的反光一样亮。(《骆驼祥子》）

⑯ 他感到疲乏，可是很痛快的，值得骄傲的，一种疲乏，如同骑着名马跑了几十里那样。(《骆驼祥子》）

二、"到"语法化的句法环境和语义条件

以上历时平面的考察显示，"到"总体来说可以出现在两种句法格式中：一是单独在句中作谓语，二是用于连动句中。下面我们从这两方面分析"到"的语法化。

（一）单独作谓语的"到"

"到"最初为表示趋向意义的作谓语的实义动词，意思是"到达某处"，语义中蕴含"位移""目的处所"两个义素。"到"的"目的处所"义素早在先秦就由于隐喻的作用而由具体的空间处所抽象为时间处所，"到"的"位移"义素也相应地由表示具体的空间位移而抽象化为时间位移，"到"的语义虚化为"到达某时"。汉代，"到"后的"目的处所"意义更加抽象，开始出现"此"等表示某种地步或程度的用法，"到"的空间位移意义进一步虚化。

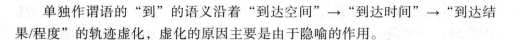

单独作谓语的"到"的语义沿着"到达空间"→"到达时间"→"到达结果/程度"的轨迹虚化，虚化的原因主要是由于隐喻的作用。

（二）"到"用于连动式中

1.　"到"用在连动式第二个动词位置上

汉代，出现了"V+到+O"格式，为"到"由单独充当谓语的实义动词向作趋向补语的趋向动词虚化提供了句法条件。但此时的"到"还正处在重新分析的过程中，因为此期"V+到+O"中的"到"既可以看作是和V共同充当谓语，把"V+到"看作是连动式，也可以把"到"看作是补语，补充说明"V"的趋向。到唐代，连动式第二个动词位置上的"到"已经实现了由作谓语的实义动词向作补语的趋向动词的演变。而且由于"到"的O的范围由处所扩大到受事，"到"的语义中蕴含"目的地"，很自然地可以表达由V引起的结果，"到"就虚化为结果补语。唐五代用在连动式第二个动词位置上的"到"的一个显著变化是：与"到"搭配的动词为"来/去"之类的位移动词的用例大大增加，使原来必须由"到"单独表达的"位移"，变为由"来/去"和"到"共同表达，甚至是由"来/去"表达，而"到"主要表达的是"来/去"的结果。因此，从这种意义上，"来/去+到"构成的动趋式又可以看作是动结式。试比较：

① 师便去到南岳让和尚处。

② 师便到南岳让和尚处去。

例①表示"去"的结果是"（到）南岳让和尚处"，整句表示的意思是：师已经到了南岳让和尚处。例②表示的是"去"的目的地是"南岳让和尚处"，并不表示已经到达目的地。"到"由表趋向的补语到表结果的补语，在语义和语法上都进一步虚化。"到"作趋向补语的"V+到+O"格式中O的语义指向是指向"到"的，这从语义的角度说明了"到"和O密切相关，O是"到"的补充成分。

由于与"到"搭配的V的增多，宋代开始，V的范围扩大到表达主客观感受的"想、思量、看、听"等，现代汉语中又扩大到表主观感受、认知的"感、体会、认识、领会"等，"到"的位移意义进一步虚化。特别是"到"用在表主观感受、认知的动词"感、体会、认识、领会"等词之后，已经完全没有"位移"的意思，与后面的宾语的联系也近似于无，而紧紧地与前面的动词联系在一起，渐渐地失去了独立运用的能力，降级为构词语素。这时，"V+到+O"格式中的O的语义指向是指向V的，"到"只起到帮助V构词的作用。例如：

① 他感到疲乏，可是很痛快的，值得骄傲的，一种疲乏，如同骑着名马跑了几十里那样。（《骆驼祥子》）

连动式第二个动词位置上的"到"经历了这样一个虚化的过程：作谓语的实义动词→作趋向补语的趋向动词→作结果补语的趋向动词→不能单独运用的语素。在这个过程中，连动式的出现为"到"的虚化提供了句法条件，同时，"到"本身的语义使得它可能通过隐喻的作用向趋向补语虚化，此外，由于类推的作用，跟"到"搭配的 V 的范围不断扩大，使得"到"不断地在语义和句法功能上虚化。

2. "到"用在连动式第一个动词位置上

汉代开始，"到"出现在连动式第一个动词位置上，也为这一位置上的"到"的虚化提供了句法条件。但此时连动式中的"到"和"V"之间常常有"以、而"等表示承接的连词，"到"和"V"表示先后发生的两个动作，"到"还是动作意义比较强的作谓语的实义动词。魏晋南北朝时，"到+O+V"格式中出现了少量 V 为位移动词的用例，这为"到"向介词的虚化提供了语义条件。唐代开始，出现了大量的 V 为位移动词的用例，特别是出现了大量的 V 为"来/去"的用例，"到"由作谓语的实义动词向介词演化。

我们看到，虽然连动式中的"到"，在唐代就已经具备了向介词演化的条件，但是，以上历时平面考察的结果告诉我们：并不是所有的连动式中的"到"都在唐代虚化为介词，相反，只有少数的"到"向介词转化。在"到"的演化过程中，表现出了明显的特点："V+到+O"中的"到"并没有向介词转化，"到+O+V"中的"到"也只有少数完成了向介词的转化。这是为什么呢？

石毓智在《时间的一维性对汉语介词衍生的影响》[①]中指出："介词从动词的演化构成大致经历了三个阶段：普通动词—经常或者只出现于次要动词的位置—退化掉普通动词与指示时间信息有关的句法特征而转化为介词。"

从动词向介词演化的三个阶段，我们可以看出，第一阶段是动词阶段，第二阶段是动词开始向介词演化的阶段，第三阶段是动词向介词演化完成的阶段，即介词阶段。换句话说，只有到了第三阶段，也就是退化掉了普通动词与指示时间信息有关的句法特征时，才能确定该词是介词。与指示时间信息有关的句法特征，主要是能带体标记（"着、了、过"）、能重叠表示动量小或时间短。具体到"到"，因为"到"的本义是"到达"，是表示动作终结意义的词，不能表示动量或时量，因此不可能重叠。那么，要考察其是否退化掉了与指示时间信息有关的句法特征，我们主要依据的是，"到"后能不能带体标记"了"（同样

---

① 石毓智、李讷：《汉语语法化的历程——形态句法发展的动因和机制》，北京大学出版社 2004 年版，第 381 页。

是受到"到"的语义限制,"到"后如带体标记,只能带表完成的"了")。

比较两个句子:

① 我走到校门口。

我走到了校门口。

② 到上海开会。

*到了上海开会。(*表示有语病)

我们发现,例①("V+到+O")中的"到"没有演化成介词(这与我们前面历时平面的考察结果相符),而例②("到+O+V")中的"到"已经演化成了介词。

那么,我们要进一步追问的是,为什么"V+到+O"中的"到"能加体标记"了",而"到+O+V"中的"到"不能加体标记"了"呢?是不是"到+O+V"中的"到"都已经向介词转化了呢?

我们推测,这应该跟汉语句子组织信息的原则以及由此引起的语序、语义的变化有关。

首先看"V+到+O"中的"到"。

"到"在"V+到+O"中的语义是"到达",O是"到"的目的处所,也是V的目的处所。在这一结构中,V和"到"两个动作的时间位置不一样,V发生在前,"到"发生在后。例如:

③ 走到河边。

"走"这个动作所处的时间位置在前,"到"在后,是先有"走"这个动作,然后才有"到河边"这个动作的发生。因为"时间一维性只作用于两个(或多个)发生在同一时间位置上而且又有内在联系的动词",[1]因此时间一维性并不对这种格式中的动词发生作用,表现在"到"后可以加体标记"了"。例如:

④ 走到河边。

⑤ 走到了河边。

上面的两种说法都是成立的。

再看"到+O+V"中的"到"。

"到"的本义是"到达",强调的是施事已经到了运动(时间、程度等)的终点。早期的"到"用的都是此义。我们记作到$_1$。但随着"到+O+V"格式的产生,至迟到汉代,"到"的语义由"到达"衍生出"去、往"的意思。我们记作到$_2$。到$_2$和到$_1$的差别在于到$_2$不再强调施事已经到达目的地,而在于强调施事已

---

[1] 石毓智、李讷:《汉语语法化的历程——形态句法发展的动因和机制》,北京大学出版社 2004 年版,第 381 页。

往目的地去，可能已到目的地，也可能还没到。"到+O+V"就分化出两个格式："到$_1$+O+V"和"到$_2$+O+V"。

如果"到+O+V"是"到$_1$+O+V"，那么，格式中的 O 既是"到"的目的处所，同时又是 V 的起始处所，换句话说，"到$_1$"所指示的时间位置和 V 所指示的时间位置可以是同一的，因此，时间一维性就会对句子中的动词发生作用，即只能有一个动词带上体标记，而另一个动词要失去体标记。根据句子句末信息焦点原则，"到$_1$+O+V"的语义焦点应落在 V 上，"到$_1$"就处在次要动词的位置上，久而久之，"到$_1$"的动作意义就变得不那么重要了，主要的作用变成为主要动词 V 引进一个时间位置，即 V 是与"到$_1$+O"同时发生的。因此，"到$_1$"最终失去了体标记"了"，变为介词。

如果"到+O+V"是"到$_2$+O+V"，而且 V 是非位移动词的话，那么，格式中的"到$_2$"与 V 的时间位置不一致，时间一维性原则对"到$_2$"不起作用，"到$_2$"仍是动词。只有当 V 是"来/去"之类的位移动词时，由于和"到"是类义的关系，分不出"到""来"两个动词的时间位置的先后，可以看作是同一位置的，又因为"到"后经常性地带上了处所宾语，因此，"到"处在次要动词位置上，失去了体标记"了"，因此"到$_2$+O+V$_{位移}$"中的"到"可以看作是介词。

但我们发现，"到$_1$+O+V"格式在"到+O+V"中所占比例很小，"到+O+V"中的"到"大多是"到$_2$"。这可能与汉语共同语中"在+O+V"格式的存在有关，"在+O+V"与"到+O+V"的区别主要在于前者引进静态的动作的处所，后者引进动态的动作的处所。由于在"到$_1$+O+V"中，"到$_1$"的动态位移义已经变得无足轻重，因此，"到$_1$+O+V"常被"在+O+V"代替，而"到+O+V"中保留的基本上是"到$_2$+O+V"。由于"到$_2$+O+V"中只有"到$_2$+O+V$_{位移}$"中的"到"演化成了介词，因此，"到+O+V"格式中"到"演化成介词的就只有少数了，大部分还处在向介词演化的过程中。这也与我们历时平面的考察结果相符。

从历时角度的考察，我们对现代汉语共时平面上的"到"的性质得出的结论是：在不同的结构中，"到"是一个异质的成分，原因是历时演变的结果在共时平面的遗留，不能一概而论。"到"还处在向介词语法化的过程中，在不同的结构和语义条件下，其语法化的程度是不同的，有的已经完成，有的还在进行。

此外，介词"在"（由"著"和"在"演化合并而来）和"到"在语音和语义上有许多可以相通的地方。在汉语共同语中，表示静态的动作处所和表示动态的动作处所是由"在"和"到"两个词语分担的。如果汉语共同语中没有介词"在"的存在，表示静态的动作处所和表示动态的动作处所都是由"到"一个词承担的，那么，"到"在"X+O_{处所}+V_{非位移}"格式中是完全可以虚化为介词的。汉语方言的事实为此提供了证明，如西南官话中的沅陵话就是这样。例如：

⑥ 你到哪里？（你在哪里？）

⑦ 我到屋里看电视。（我在家里看电视。）

第四节　本章小结兼及"往、至、到"历时演变的比较

"往、至、到"在上古汉语中是一组同义词，这三个词在先秦时期从句法功能上说也基本都是作趋向动词用的，但以后的发展路径并不完全相同。

一、"往、至、到"共同的演变方向

"往、至、到"三个词语有共同的发展演变方向，就是由作谓语的趋向动词虚化为作补语的趋向动词。

由作谓语的趋向动词虚化为作补语的趋向动词，在语义和句法功能两个方面都有了变化：语义上，由原来表示位移动作、位移方向、立足点等意义变成主要表示位移方向和立足点，甚至主要表示某种结果，位移义弱化，"往、至、到"的语义发生泛化，这是"往、至、到"由作谓语的趋向动词虚化为作补语的趋向动词的语义上的条件。句法功能上，"往、至、到"由充当主干成分谓语降级为充当非主干成分补语，这是由于"往、至、到"可以位于连动式第二个动词位置上并逐渐失去主要动词身份而形成的。不过，在向趋向补语虚化的时间上，三者并不完全一致："至"大致发生在汉代，"到""往"大致发生在唐代。

二、"往、至、到"不同的演变方向

"往"的发展演变主要有两个方向：作谓语的趋向动词→作补语的趋向动词；作谓语的趋向动词→介词。

"到"的发展演变方向与"往"大致相同：作谓语的趋向动词→作补语的趋向动词；作谓语的趋向动词→介词。

二者不同的是，"往"在唐代以后基本上向介词方向发展，只有少数发展为

作补语的趋向动词。而"到"在唐代以后主要还是向趋向补语方向发展，只有少量发展成了介词。

"至"的发展演变与"往"和"到"不同，"至"的演变方向也有两个：作谓语的趋向动词→作补语的趋向动词；作谓语的趋向动词→单独或与其他词语组合作谓语的趋向动词→副词→连词。而且第一类演变大概在现代汉语时期就已经基本衰退，主要是向第二类演变。

三、"往、至、到"向不同方向演变的原因分析

"往"在唐代以后主要向介词方向发展是由于："往"经常处于连动式第二个动词位置上；"往"后只能带上处所宾语；"往"与"到""去"的相互竞争和影响。

"到"在唐代以后主要向趋向动词发展，很少发展为介词，原因是："到"经常处于连动式第二个动词位置上；"到"的语义的分化；"到"与"往""在"的相互竞争和影响。

"至"在清代以后基本上不用作趋向补语主要是由于"至"基本上不用于连动式第二个动词位置上，这就失去了"至"继续向趋向补语虚化的句法条件。"至"向副词演变主要是由于："至"的语义；"至"后出现了谓词性宾语。"至"向连词演变主要是由于："至"的语义；"至"后出现了表人/事的宾语；"至"后出现了小句宾语。

由此可见，影响"往、至、到"历时演变的因素是多方面的，既有语义上的，也有句法上的；既有各个词语本身的因素，也有相关词语的相互竞争和影响。由此，我们得到两点启示：

第一，词语的历时演变受句法和语义两方面的制约，单具备一方面的条件，演变难以实现。在考察某个词或某类结构的演变问题时，应该尽可能地找到句法和语义两方面的制约因素。

第二，语言的系统性对词的演变有着重要影响。某个词所处的句法环境变化，或者与之相关的词的词义发生变化，或者韵律发生变化，都可能影响词的演变。我们应该尽可能地把词的演变放在相关的系统下进行考察，以此发现影响词语演变的重要因素。

第四章 结 语

本书在充分占有材料的基础上，综合运用数量统计、义素分析、语义指向、认知功能语法、语法化等现代语言学理论和方法，对汉语趋向动词"出、出来、出去""起、起来、起去""往、至、到"的历时演变进行了比较深入的研究。

趋向动词是汉语中很特殊的一个动词小类，它数量较少相对封闭；单趋和复趋之间在形式上基本呈对称分布；有统一的句法功能：既能作谓语，又能作补语；在历时发展过程中，基本上遵循从作谓语到作补语的演变路径。同时，趋向动词又是非常复杂的一个动词小类，客观趋向动词、主观趋向动词、复合趋向动词的意义、用法各不相同，句法灵活多样，历时演变的过程也不完全相同。这些使得趋向动词呈现出一种复杂多变的状态，吸引了众多学者的目光，对趋向动词进行了长期的、富有成果的研究。我们的研究是在前人研究成果的基础上进行的。

本书详细地描述了"出、出来、出去""起、起来、起去""往、至、到"的演变过程。与以往研究不同的是，我们没有以整个趋向系统或某个单独的趋向动词为考察对象，因为我们觉得以整个趋向系统为考察对象，涉及的趋向动词太多，而趋向动词基本上都是高频词，容易导致考察流于粗疏；而以单个趋向动词为考察对象又无法看到趋向动词系统演变的共性和个性。因此，我们选择其中比较有特色的几组趋向动词作为考察对象，既分别考察它们各自的发展演变过程，又将它们放在一块加以比较，以便更加全面、细致地考察各组趋向动词及它们之间演变的共性和个性。

本书以几组趋向动词的入句功能为纲，结合语义，分别从作谓语和作各类趋向补语两个方面，细致描述它们在各个历史时期的面貌，勾勒其发展演变的轨迹。"出"先秦时期在句法和语义上就灵活多变，句法功能上，可以充当谓语和补语；语义上，可以表示具体的位移，也可以表示抽象的位移。"出来""出去"作谓语和趋向补语大约出现在唐代，语义也是灵活多变的。"出来""出去"产生后，由于表达更加复杂、准确，很长一段时间里，一直与"出"处在竞争共存的局面中，大概在《红楼梦》以前，"出"是处于优势地位的，在《红楼梦》

及以后"出来""出去"取得了优势地位。"起"在先秦充当谓语,作趋向义、结果义趋向补语的用法大约出现在东汉,作状态义趋向补语的用法则在宋代形成,语义上,可以表示具体的位移,也可以表示抽象的位移。"起来"大约在东汉开始作谓语,趋向义趋向补语"起来"在唐五代时才见到,结果义、状态义趋向补语"起来"则在宋代才出现。"起去"虽然在宋代就已复合成词,可以作谓语,但大概到元代,才发展出作趋向义趋向补语的用法,而结果义趋向补语的"起去"大约在明代才出现,状态义趋向补语"起去"更是晚至现代汉语中才见到。而且,各期的"起去",特别是作补语的"起去",除了在明清时期小说中用得相对多一点以外,用例一直比较少。大约也是在《红楼梦》时期,"起来"取代了"起"的优势地位,成为"起"组趋向动词中出现频率最高的一个词。"往、至、到"在上古汉语中词义相同,句法功能相近,是一组同义趋向动词,但在唐以后,走上了不同的发展道路:"往"一小部分继续作趋向动词,大部分发展成了介词;"至"一小部分继续作趋向动词,大部分则失去了独立成词的能力,降级为语素,主要粘附于别的语素上,成为话语连词;"到"则主要是继续作趋向动词,一小部分发展成了介词。

本书在全面、细致描述"起"组、"出"组、"到"组趋向动词历时演变的基础上,对三组趋向动词语法化的轨迹和机制进行了分析和探讨。我们发现,不同的趋向动词在语法化的过程中,由于有相同的语义基础和句法功能,有着大体相同的语法化路径:由作谓语的趋向动词虚化为作补语的趋向动词。其语法化的机制也是相同的:泛化、隐喻、重新分析、类推。但具体到每组或每个趋向动词,它们的语法化过程和方向又不完全相同:"起"组趋向动词语法化的时间相对"出"组较晚,但可以作状态义趋向补语,"出"组趋向动词语法化的时间相对较早,但不能作状态义趋向补语,"起"组语法化的程度要高于"出"组。我们认为这可能跟两组趋向动词不同的意向图式有关,"起"组趋向动词反映的是"起点—路径—目标"图式,这种图式中蕴含了"起点""路径或过程""目标""方向"等要素,当叙述者想要突显哪个要素时,"起"组趋向动词就可以突显哪个要素,因此,"起"组趋向动词可以表示位移的"起点"(或通过隐喻表示事情、状态的开始)、位移的"路径"(或通过隐喻表示事情、状态的持续)、位移的"目标"(或通过隐喻表示事情或状态的结果)等。而"出"组趋向动词反映的是"容器"图式,这种图式中蕴含的是"里""外""边界"等要素,只能表示人或事物等从里到外的位移(具体的或抽象的),只能反映位移和位移的结果,不能标明位移的起点、路径,因此无法通过隐喻产生状态义趋向补语的用法。"到"组趋向动词直接表示位移的结果,不能表示位移的起点、路径，也不能产生状态义趋向补语的用法。同时，各组趋向动词在由作谓语的趋向动词向作趋向义趋向补语语法化的过程中，泛化、隐喻、重新分析是主要的语法化机制，而在由趋向义向结果义、状态义趋向补语语法化的过程中，主要是泛化、隐喻和类推在起作用。

"出"组、"起"组趋向动词在历时演变过程中，存在着明显的不对称现象，"到"组趋向动词则走上了不同的发展道路。文章对各个时期中"出"组、"起"组每个趋向动词出现的总数、作谓语出现的次数、作各类趋向补语出现的次数作了数量统计，以此为依据，比较详细、全面地展示了历时发展过程中，"出"组、"起"组趋向动词使用不对称的情况，并从复合趋向动词对单音节趋向动词的替换、"来、去"的主观化等方面分析了"出"组趋向动词不对称分布的原因，结合"起"组趋向动词本身的语义和"来、去"的主观化等方面分析了"起"组趋向动词不对称分布的原因。我们认为"起"组趋向动词不对称现象在所有的趋向动词中尤为突出，除了"来、去"的主观化等认知因素以外，"起"本身的语义（不表示离开原来位置，只表示身体姿势的变化"由卧而坐或由坐而站"）也是一个重要的原因。关于"起去"，我们认为，汉语史上存在"起去"的用例，而且直到现代汉语中一直都有"起去"作谓语和作各类趋向补语的用法，特别是出现了"起去"作状态义趋向补语的用例，尽管"起去"的用例相对较少，而且由于自身的语义和人们认知习惯的问题，可能会导致"起去"消失，但汉语的事实说明，"起去"已经消失或语法化未完成的说法是不够严谨的，我们还是应该尊重事实，承认"起去"作为趋向动词的合法地位。"到"组趋向动词在唐以后走上了不同的发展道路，我们认为主要受到了几方面的影响：一是趋向动词在连动式中位置的变化，二是带宾语的情况，三是语义的分化，四是同一语义场中词语的竞争。这些因素综合作用，最后导致了同义的趋向动词向不同的方向发展。由此可见，影响趋向动词历时演变的因素是多方面的，既有语义上的，也有句法上的，既有各个词语本身的因素，也有相关词语的相互竞争和影响。因此，考察词语的演变应尽量结合句法和语义两方面的情况，并且尽可能考虑到语言的系统性对词语演变的重要影响。

本书注重对语料的充分占有，穷尽性地调查了14部作品，以此为基础，全面梳理了"出"组、"起"组、"到"组趋向动词历时演变的过程。充分重视语言的系统性，始终将研究的问题放在语言系统中进行观察，注重句法、语义的相互作用，探讨了几组趋向动词语法化的轨迹、机制，揭示了趋向动词发展过程中分布上的不对称现象，并从语义和认知方面分析了产生的原因。在描述、分析的过程中，注意比较分析，既揭示了几组趋向动词发展演变的共性，也说明了其发展演变的个性。这些或许是本书研究中值得肯定的地方。

　　本书的研究也存在一些不足：描写的成分多，解释的成分少。由于研究的几组动词都是高频词，对语料的整理和分析耗费了大量的时间和精力，因此对几组趋向动词历时演变的过程描述得比较充分，但对于影响其发展演变的动因和机制的解释则相对比较薄弱，有些解释是尝试性的，解释面也不一够宽。同时，方言中和其他语言中这几组趋向动词的使用情况也应该纳入本书的研究范围，因为时间和精力的原因，没有涉及或者是一笔带过。这些都是笔者深感遗憾的地方，期待以后有机会在这些方面加以补充、扩展，使研究得以进一步拓宽和深入。

参考文献

[1] 北京语言学院语言教学研究所. 现代汉语补语研究资料[M]. 北京：北京语言学院出版社，1992.

[2] 曹广衢. 壮侗语趋向补语的起源和发展[J]. 民族语文，1994（4）.

[3] 曹广顺. 近代汉语助词[M]. 北京：语文出版社，1995.

[4] 陈昌来. 动后趋向动词性质研究述评[J]. 汉语学习，1994（2）.

[5] 陈昌来. 论动后趋向动词的性质——兼谈趋向动词研究的方法[J]. 烟台师范学院学报：哲社版，1994（4）.

[6] 陈平. 论现代汉语时间系统的三元结构[J]. 中国语文，1988（6）.

[7] 陈泽平. 试论完成貌助词"去"[J]. 中国语文，1992（2）.

[8] 储泽祥，等. 近代汉语的"V 出 N 外"格式[J]. 古汉语研究，1999（4）.

[9] 储泽祥. "V 往+O"的语义约束[J]. 江汉大学学报，2005（4）.

[10] 戴浩一. 时间顺序和汉语的语序[J]. 国外语言学，1988（1）.

[11] 戴耀晶. 现代汉语时体系统研究[M]. 杭州：浙江教育出版社，1997.

[12] 邓守信. 汉语使成式的语义[C]//戴浩一，薛凤生. 功能主义与汉语语法. 北京：北京语言学院出版社，1994.

[13] 丁声树，等. 现代汉语语法讲话[M]. 北京：商务印书馆，1961.

[14] 范继淹. 动词和趋向性后置成分的结构分析[J]. 中国语文，1963（2）.

[15] 范晓. 关于动补格句式的句义重心[J]. 中国语文通讯，1984（4）.

[16] 范晓. 略论 V-R[C]//中国语文杂志社. 语法研究和探索（三）. 北京：北京大学出版社，1985.

[17] 范晓，等. 汉语动词概述[M]. 上海：上海教育出版社，1987.

[18] 龚千炎. 谈现代汉语的时制表示和时态表达系统[J]. 中国语文，1991（4）.

[19] 龚千炎. 汉语的时相时制时态[M]. 北京：商务印书馆，1995.

[20] 郭继懋，王红旗. 粘和补语和组合补语表达差异的认知分析[J]. 世界汉语教学，2001（2）.

[21] 郭锐. 汉语动词的过程结构[J]. 中国语文, 1993（6）.

[22] 郭锡良. 介词"于"的起源和发展[J]. 中国语文, 1997（2）.

[23] 郭锡良. 汉语介词"于"起源于汉藏语说商榷[J]. 中国语文, 2005（4）.

[24] 何宝妹. "动趋式"研究综述[C]//胡裕树, 等. 动词研究综述. 太原：山西高校联合出版社, 1996.

[25] 贺国伟. 动词后"起来"的非趋向用法[C]//胡裕树, 范晓. 动词研究. 郑州：河南大学出版社, 1995.

[26] 何乐士. 从《左传》和《史记》的比较看《史记》的动补式[J]. 东岳论丛, 1984（4）.

[27] 何乐士.《史记》语法特点研究[M]. 北京：商务印书馆, 2005.

[28] 胡敕瑞. "去"之"往/至"义的产生过程[J]. 中国语文, 2006（6）.

[29] 胡明扬. 再论语法形式和语法意义[J]. 中国语文, 1992（5）.

[30] 黄伯荣. 汉语方言语法类编[M]. 青岛：青岛出版社, 1996.

[31] 黄南松. 试论短语自主成句所应具备的若干语法范畴[J]. 中国语文, 1994（6）.

[32] 蒋绍愚. 近代汉语研究概况[M]. 北京：北京大学出版社, 1994.

[33] 今井敬子. 现代汉语趋向结构的层次[J]. 山西大学学报, 1987（2）.

[34] 居红. 汉语趋向动词及动趋短语的语义和语法特点[J]. 世界汉语教学, 1992（4）.

[35] 柯理思. 从普通话与"得"有关的格式去考虑方言类型学[J]. 语言研究, 2001（2）.

[36] 柯理思, 刘淑学. 河北冀州方言里"拿不了走"一类格式[J]. 中国语文, 2001（5）.

[37] 孔令达. 影响汉语句子自足的语言形式[J]. 中国语文, 1994（6）.

[38] 黎锦熙. 新著国语文法[M]. 北京：商务印书馆, 1992.

[39] 李临定. 动补格句式[C]//北京语言学院语言教学研究所. 现代汉语补语研究资料. 北京：北京语言学院出版社, 1992.

[40] 李临定. 现代汉语动词[M]. 北京：中国社会科学出版社, 1990.

[41] 李子云. 补语的表述对象问题[J]. 中国语文, 1990（5）.

[42] 李冠华. "V 去了"说略[J]. 汉语学习, 1991（3）.

[43] 李思明. 晚唐以来可能性动补结构中宾语位置的发展变化[J]. 古汉语研究, 1992（4）.

[44] 林焘. 现代汉语补足语里的轻音现象所反映出来的语法和语义问题[C]//北京语言学院语言教学研究所. 现代汉语补语研究资料. 北京：北京语言学

院出版社，1992.

[45] 梁银峰. 汉语动补结构的产生与演变[M]. 上海：学林出版社，2006.

[46] 梁银峰. 汉语趋向动词的语法化[M]. 上海：学林出版社，2007.

[47] 刘光明等. "单音动词+往"里"往"的语法化[J]. 古汉语研究，2006（2）.

[48] 刘月华. 关于趋向补语"来""去"的几个问题[J]. 语言教学与研究，1980（3）.

[49] 刘月华. 表示状态意义的"起来"与"下去"比较[J]. 世界汉语教学，1987（1）.

[50] 刘月华. 几组意义相关的趋向补语语义分析[J]. 语言研究，1988（1）.

[51] 刘月华. 趋向补语的语法意义[C]//中国语文杂志社. 语法研究和探索（四）. 北京：北京大学出版社，1988.

[52] 刘月华. 趋向补语通释[M]. 北京：北京语言文化大学出版社，1998.

[53] 刘叔新. 关于助词的性质和类别问题[J]. 南开学报：哲社版，1981（3）.

[54] 刘叔新. 试论趋向范畴[C]//中国语文杂志社. 语法研究和探索（三）. 北京：北京大学出版社，1995.

[55] 卢英顺. 论趋向动词问题[J]. 徐州师范大学学报，2001（1）.

[56] 陆宗达，俞敏. 现代汉语语法（上）[J]. 北京：群众书店，1954.

[57] 吕叔湘，等. 现代汉语八百词[M]. 北京：商务印书馆，1980.

[58] 吕叔湘. 汉语语法论文集（增订本）[M]. 北京：商务印书馆，1982.

[59] 马庆株. 自主动词和非自主动词[C]//《中国语言学报》编委会.《中国语言学报》第三期. 北京：商务印书馆，1988.

[60] 马庆株. "V 来/去"与现代汉语动词的主观范畴[J]. 语文研究，1997（3）.

[61] 马庆株. 结构、语义、表达研究琐义[J]. 中国语文，1998（3）.

[62] 马文忠. 大同方言的动趋式[J]. 中国语文，1986（6）.

[63] 马真，陆俭明. "名词+动词"词语串研究[C]//罗振声，袁毓林. 计算机时代的汉语和汉字研究. 北京：清华大学出版社，1996.

[64] 梅祖麟. 现代汉语完成貌句式和词尾的来源[J]. 语言研究，1981（1）.

[65] 梅祖麟. 唐宋处置式的来源[J]. 中国语文，1990（3）.

[66] 梅祖麟. 从汉代的"动、杀"、"动、死"来看动补结构的发展——兼论中古时期起词的施受关系的中立化[J]. 北京大学中文系《语言学论丛》第十六辑，1991.

[67] 梅祖麟. 先秦两汉的一种完成貌句式——兼论现代汉语完成貌句式的来源[J]. 中国语文，1999（4）.

[68] 梅祖麟. 介词"于"在甲骨文和汉藏语里的起源[J]. 中国语文，2004（4）.

[69] 孟琮，等．动词用法词典[M]．上海：上海辞书出版社，1987．

[70] 潘允中．汉语动补结构的发展[C]//北京语言学院，语言教学研究所．现代汉语补语研究资料．北京：北京语言学院出版社，1992．

[71] 潘家懿．临汾方言里的"来"和"去"[J]．语文研究，1984（1）．

[72] 乔全生．洪洞话的"去"、"来"[J]．语文研究，1983（3）．

[73] 沈家煊．句法的象似性问题[J]．外语教学与研究，1993（1）．

[74] 沈家煊．"语法化"研究综观[J]．外语教学与研究，1994（4）．

[75] 沈家煊．"好不"不对称用法的语义和语用解释[J]．中国语文，1994（4）．

[76] 沈家煊．"有界"与"无界"[J]．中国语文，1995（5）．

[77] 沈家煊．不对称与标记论[M]．南昌：江西教育出版社，1998．

[78] 沈家煊，等．语法化与语法研究（二）[M]．北京：商务印书馆，2005．

[79] 沈家煊，等．语法化与语法研究（三）[M]．北京：商务印书馆，2007．

[80] 宋玉柱．论带"得"兼语式[J]．徐州师范学院学报，1979（1）．

[81] 宋玉柱．说"起来"及与之有关的一种句式[J]．语言教学与研究，1980（1）．

[82] 宋绍年．汉语结果补语式的起源再探讨[J]．古汉语研究，1994（2）．

[83] 石毓智，李讷．汉语语法化的历程——行态句法发展的动因和机制[M]．北京：北京大学出版社，2004．

[84] 时兵．也论介词"于"的起源和发展[J]．中国语文，2003（4）．

[85] 孙锡信．汉语历史语法要略[M]．上海：复旦大学出版社，1992．

[86] 王灿龙．"起去"的语法化未完成及其认知动因[J]．世界汉语教学，2004（3）．

[87] 王国栓．趋向问题研究[M]．北京：华夏出版社，2005．

[88] 王力．汉语语法史[M]．北京：商务印书馆，1989．

[89] 王云路．词汇训诂论稿[M]．北京：北京语言文化大学出版社，2002．

[90] 魏丽君．也谈动趋式的产生[J]．古汉语研究，1996（4）．

[91] 吴福祥．敦煌变文12种语法研究[M]．郑州：河南大学出版社，2004．

[92] 吴福祥．试论现代汉语动补结构的来源[C]//吴福祥．语法化与汉语历时语法研究．合肥：安徽教育出版社，2006．

[93] 吴福祥．汉语能性述补结构"V得/不C"的语法化[J]．中国语文，2002（1）．

[94] 吴福祥，等．语法化与语法研究（一）[M]．北京：商务印书馆，2003．

[95] 吴福祥．汉语语法化研究[M]．北京：商务印书馆，2005．

[96] 吴福祥．汉语方所词语"后"的语义演变[J]．中国语文，2007（6）．

[97] 吴洁敏．谈谈非谓语动词"起来"[J]．语言教学与研究，1984（2）．

[98] 邢福义. "起去"的普方古检视[J]. 方言，2002（2）.

[99] 邢福义. 有关"起去"的两点补说[J]. 方言，2002（3）.

[100] 邢福义. "起去"的语法化与相关问题[J]. 方言，2003（3）.

[101] 徐通锵. 历史语言学[M]. 北京：商务印书馆，1991.

[102] 徐通锵. 自动和使动——汉语语义句法的两种基本句式及其历史发展[J]. 世界汉语教学，1998（1）.

[103] 徐静茜. 也论"·下去""·下来"的引申用法[J]. 汉语学习，1985（4）.

[104] 徐静茜."趋向动词"应归属何种词类？[J]. 湖州师范学院学报，1982(2）.

[105] 杨伯峻，何乐士. 古汉语语法及其发展[M]. 北京：语文出版社，1992.

[106] 杨德峰. 用于将来的"动+了+趋"初探[J]. 语言研究，2002（2）.

[107] 杨锡彭. 汉语语素论[M]. 南京：南京大学出版社，2003.

[108] 俞光中，植田均. 近代汉语语法研究[M]. 上海：学林出版社，1999.

[109] 张嘉宾. 动补结构与其宾语之间的语义、语法关系[J]. 求是学刊，1984(1）.

[110] 张赪. 汉语介词词组词序的历史演变[M]. 北京：北京语言文化大学出版社，2002.

[111] 张敏. 认知语言学与汉语名词短语[M]. 北京：中国社会科学出版社，1998.

[112] 张伯江. 关于动趋式带宾语的几种语序[J]. 中国语文，1991（3）.

[113] 张伯江. 动趋式里宾语位置的制约因素[J]. 汉语学习，1991（6）.

[114] 赵艳芳. 认知语言学概论[M]. 上海：上海外语教育出版社，2004.

[115] 赵元任. 汉语口语语法[M]. 北京：商务印书馆，1979.

[116] 钟兆华. 趋向动词"起来"在近代汉语中的发展[J]. 中国语文，1985（5）.

[117] 钟兆华. 动词"起去"和它的消失[J]. 中国语文，1988（5）.

[118] 朱德熙. 语法讲义[M]. 北京：商务印书馆，1982.

[119] 志村良治. 中国中世语法史研究[M]. 北京：中华书局，1995.

[120] 太田辰夫. 中国语历史文法[M]. 蒋绍愚，徐昌华，译. 北京：北京大学出版社，2003.

[121] 鲍尔·J·霍伯尔，伊丽莎白·克劳丝·特拉格特. 语法化学说[M]. 梁银峰，译. 上海：复旦大学出版社，2008.